AF747688

L'ENCADREMENT JURIDIQUE DE L'ACTION DES NATIONS UNIES EN RÉPUBLIQUE DÉMOCRATIQUE DU CONGO

Collection « Études africaines »

dirigée par Denis Pryen et son équipe

Forte de plus de mille titres publiés à ce jour, la collection « Études africaines » fait peau neuve. Elle présentera toujours les essais généraux qui ont fait son succès, mais se déclinera désormais également par séries thématiques : droit, économie, politique, sociologie, etc.

Dernières parutions

Dingamtoudji MAÏKOUBOU, *La médecine africaine en pays ngàmbáye au Tchad*, 2024.

Tahirou KONE, *Technologies socionumériques en Côte d'Ivoire. Formes d'engagement politique et médiatique*, 2024.

Guy-Eugène DEMBA, *La mise en œuvre du Droit international humanitaire en Centrafrique. De la théorie à la pratique*, 2024.

Charlie MBALLA (dir.), *L'État dans les Afriques. État des lieux en Afrique subsaharienne. Nouvelle édition*, 2024

Maman Aminou A. KOUNDY, *La gouvernance du secteur judiciaire au Niger, Regards critiques*, 2024.

Paul G. ACLINOU, *Le premier festival mondial des arts nègres. Ou la négritude cinquante-cinq ans après*, 2024.

Sous la direction de Yao-Edmond KOUASSI, *Culture, africanologie et humanisme, Hommage au professeur Abou Karamoko*, 2024.

Alpha BA, *Tragédie rwandaise : l'échec fatal de la solution négociée, Responsabilités et répercussions dans la région des Grands Lacs*, 2024.

Cédric ONDAYE-EBAUH, *Vous avez dit développement ?*, Nouvelle édition, 2024.

Francky BOLAMBULI BOSINGA, *Le devoir de l'Homme africain. Repenser la démocratie et la culture négro-africaine avec Phambu Ngoma-Binda*, 2024.

Albert JIOTSA (coord.), *Dynamique de la protection sociale de l'enfance au Cameroun et en Afrique*, 2024.

Ahmed Salem OULD MOHAMED BABA, *Introduction au dialecte ḥassāniyya de Mauritanie. Étude grammaticale et lexicale*, 2024.

Emmanuel NGWE, *La population du Cameroun, Du comptage des effectifs à l'analyse des phénomènes démographiques*, 2024.

Téphy-Lewis EDZODZOMO NKOUMOU, *L'office du juge constitutionnel en Afrique subsaharienne. Etude comparative à partir des exemples béninois, gabonais et malgache*, 2024.

François Konga

L'ENCADREMENT JURIDIQUE DE L'ACTION DES NATIONS UNIES EN RÉPUBLIQUE DÉMOCRATIQUE DU CONGO

Préface de Pierre Bodeau-Livinec

L'Harmattan

5-7, rue de l'École-Polytechnique - 75005 Paris

www.editions-harmattan.fr

ISBN : 978-2-336-43460-5
EAN : 9782336434605

À la mémoire de François Konga Omumu mon père

Préface

Le 9 février 2022, la Cour internationale de justice a condamné l'Ouganda à verser la somme de 325 millions de $ en réparation des dommages causés aux personnes, aux biens et aux ressources naturelles de la République Démocratique du Congo (RDC) pendant le conflit qui a opposé les deux pays lors de ce qu'on a appelé la « deuxième guerre du Congo » (1998-2003).

Si elle a ainsi mis fin à une procédure qui aura duré plus de vingt ans, la Cour contrainte par ses propres règles de compétence et des obstacles probatoires quasiment insurmontables n'a pu rendre justice à toutes les victimes d'un conflit long, complexe et multiforme, dépassant largement les deux seuls protagonistes du procès.

Dès l'introduction de l'étude qu'il a consacrée à l'encadrement juridique de l'action des Nations Unies en République Démocratique du Congo, François KONGA donne la mesure des atrocités commises au cours de l'interminable conflit qui continue de secouer la région des Grands Lacs : crimes de guerre, crimes contre l'humanité, violations massives des droits humains, embrigadements des enfants, intolérables souffrances faites aux femmes, dont le Prix Nobel de la paix décerné en 2018 au docteur Denis Mukwege a porté un vibrant témoignage au monde. Dans ce paysage dévasté, l'action des Nations Unies pose inévitablement question. C'est à cet examen de la conscience commune que nous invite l'auteur, en portant sur le sort de son pays d'origine un regard intimement douloureux mais aussi rigoureux et lucide.

D'abord incarnée par la MONUC (Mission de l'Organisation des Nations Unies en République Démocratique du Congo, créée par la résolution 1279 adoptée par le Conseil de sécurité le 30 novembre 1999) puis, depuis 2010, par la MONUSCO (Mission de l'Organisation des Nations Unies pour la stabilisation en République Démocratique du Congo, résolution 1925 du 28 mai 2010), l'action des Nations Unies dans la région s'avère exceptionnelle à plus d'un titre. Elle l'est d'abord par sa durée puisque, à l'heure où ces lignes sont écrites, le mandat de la MONUSCO court toujours, reconduit à la fin 2022 pour une année supplémentaire. Elle l'est également par l'ampleur du dispositif déployé : si la mission onusienne n'est plus la plus massive aujourd'hui, elle reste considérable par les moyens qu'elle mobilise : elle compte aujourd'hui presque 18 000 membres dont plus de 12 000 militaires), auxquels il faut ajouter un nombre presque équivalent de personnels associés, pour un budget qui dépasse le milliard annuel. Malheureusement, cette mission se caractérise aussi par le nombre de pertes parmi les membres de la mission, l'un des plus élevés dans le champ du maintien de la paix.

Cette dernière statistique reflète dramatiquement une autre caractéristique essentielle de l'engagement des Nations Unies au Congo : sa « robustesse ». Cette notion, qui désigne la capacité de la mission à « employer tous les moyens nécessaires » - ce qui, dans le langage onusien, équivaut à l'emploi proactif de la force armée pour mener à bien son mandat est au cœur de la thèse de François KONGA. Il faut lui savoir gré d'en avoir exploré tous les aspects, de manière systématique et lucide. On découvrira donc, dans les pages qui suivent, comment cette évolution du mandat des « soldats de la paix » bouscule les catégories traditionnelles du droit international humanitaire, modifie la perception et les pratiques de la mission de protection des civils, influence les règles d'engagement des « Casques bleus » sur le terrain mais les expose aussi aux risques de la belligérance.

Pour qui veut comprendre, au-delà des postures idéalistes ou caricaturales et des anathèmes définitifs, les conditions et les défis du maintien de la paix, la lecture de l'ouvrage de M. KONGA est essentielle.

Au cœur de ces ténèbres contemporaines, François KONGA nous montre en effet que la figure du soldat de maintien de la paix a évolué, jusqu'à être exposée au devoir d'assumer la responsabilité de ses actes, de ses manquements et de ses défaillances. Encore les contraintes de la publication ne lui ont pas permis de développer un autre aspect fondamental du maintien de la paix au XXIe siècle : la mission de consolidation de l'État qui, au-delà des programmes de « DDRRR » (désarmement, démobilisation, réintégration, rapatriement et réinsertion), conduit l'ONU à déployer son action dans les multiples strates de la société locale pour y développer la pratique de l'état de droit, la nécessité impérieuse du respect des droits humains et, plus fondamentalement, une culture du vivre ensemble.

Bien évidemment, attendre des Nations Unies et de celles et ceux qui portent son emblème sur le terrain au péril de leur vie qu'elles restaurent la paix dans ses multiples dimensions relèverait d'une cruelle illusion. Critiquée souvent par ceux qui l'ont portée sur les fonts baptismaux, contournée, dévoyée, pire encore ignorée, l'Organisation des Nations Unies souffre aujourd'hui de ne pas parvenir à résoudre certains des conflits les plus durables et complexes qui meurtrissent le monde. En suivant la démonstration proposée par François KONGA, les lectrices et lecteurs pourront au moins se forger leur propre opinion de la pertinence même du concept de maintien de la paix et de la sécurité internationales, tel qu'il a été forgé en 1945 et mis à terrible épreuve en RDC. Pour notre part, en refermant ce livre exigeant, le multilatéralisme universel nous apparaît aussi fragile que précieux.

Pierre Bodeau-Livinec
Professeur de droit public-Université Paris Nanterre
Directeur du Centre de droit international de Nanterre(CEDIN)

Avant-propos

L'idée de rédiger une thèse de doctorat sur l'encadrement juridique de l'action des Nations Unies en République Démocratique du Congo m'est venue après avoir constaté la recrudescence de la violence armée en dépit du déploiement de plus de deux décennies de la force des Nations Unies (MONUC/MONUSCO), chargée de maintenir la paix et la stabilité dans le pays et dans la région. Cette violence permanente qui se manifeste même en présence des Casques bleus me permit d'interroger les limites juridiques de la mission de paix et d'initier des recherches sur la conciliation entre protection juridique des civils, des Casques bleus sous la menace des violences physiques imminentes et la défense du mandat conformément à la Charte des Nations Unies, au droit international humanitaire et aux résolutions du conseil de sécurité de l'Organisation des Nations Unies. Mes recherches coïncident à la période de prise de conscience internationale sur la protection des civils dans les zones de conflits armés, prise de conscience marquée par l'élévation de la protection civile en priorité absolue de mandat des opérations de paix sous commandement onusien, des enquêtes au sujet des abus sexuels et des violations des droits humains commis par des Casques bleus dans la conduite opérationnelle, et des conditions dans lesquelles, ces derniers sont autorisés par le Conseil de sécurité à recourir à la force armée de manière défensive et offensive pour exécuter le mandat. Outre les nombreux documents officiels des Nations Unies, les travaux de la société civile, de la doctrine, de la jurisprudence internationale, mes travaux se sont aussi appuyés sur des témoignages et expériences des acteurs du maintien de la paix sur le terrain et de la population locale. Mes remerciements vont en premier lieu à Pierre Bodeau-Livinec pour avoir dirigé ce travail de recherche et accepté d'en rédiger la préface. Je remercie également ma femme Omoyi KONGA et mes enfants : François-Samuel KONGA et Mike KONGA qui ont été d'un soutien infaillible. À mes frères et sœurs Raphaël Wema KONGA, Armand Wedi KONGA, Pauline Amama KONGA pour leur soutien multiforme et malgré l'éloignement pour certains, leurs pensées aimantes ont été un moteur important à chaque instant. Je remercie aussi les nombreux collègues et amis qui ont accepté de relire les parties de ce travail. Ils se reconnaitront et savent ce que je leur dois. Un travail de thèse est souvent le fruit d'un cheminement et d'une histoire personnelle. Le mien est inextricablement lié à l'histoire de mon pays la République Démocratique du Congo, victime d'un long conflit armé et hôte d'une opération de paix déployée depuis plus de deux décennies. C'est pourquoi ce travail est également dédié aux nombreuses victimes innocentes de ce conflit armé qui continue sur le territoire congolais depuis 1997 jusqu'à ce jour.

Liste des abréviations et sigles annuaires, recueils, revues et textes

A.F.R.I.	Annuaire français de relations internationales
A.F.D.I.	Annuaire français de droit international
R.B.D.I.	Revue belge de droit international
R.D.M.D.G.	Revue de droit militaire et de droit de la guerre
R.D.P.	Revue du droit public et de la science politique
R.G.D.I.P.	Revue générale du droit international public
R.I.C.R.	Revue internationale de la Croix-Rouge
R.C.A.D.I.	Recueil des cours de l'Académie de droit international
R.Q.D.I.	Revue Québécoise du droit international

Centres de recherches-maisons d'édition, institutions et organisations non gouvernementales

C.D.I.	Commission du droit international
C.I.R.G.L.	Conférence internationale sur la région des Grands Lacs
C.I.C.R.	Comité international de la Croix-Rouge
C.P.I.	Cour pénale internationale
C.I.J.	Cour internationale de justice
G.R.I.P.	Groupe de recherche et d'information sur la paix et la sécurité
I.F.R.I.	Institut français des relations internationales
I.C.G.	International Crisis Group
I.RE.D.I.ES	Institut de recherche en droit international et européen de la Sorbonne
L.G.D.J.	Librairie générale de droit et de jurisprudence
O.N.U.	Organisation des Nations Unies
O.T.A.N.	Organisation du traité de l'Atlantique Nord
P.U.A.M.	Presses Universitaires d'Aix-Marseille
P.U.F.	Presses Universitaire de France

RSSGNU	Représentant spécial du Secrétaire Général des Nations Unies
S.F.D.I.	Société française pour le droit international
S.A.D.C.	Communauté de développement de l'Afrique Australe
U.A	Union africaine
U.E	Union européenne

OPÉRATION DE MAINTIEN DE LA PAIX

MONUSCO	Mission de l'Organisation des Nations Unies pour lastabilisation en République Démocratique du Congo
MONUC	Mission de l'Organisation des Nations Unies en République Démocratique du Congo
ONUC	Opération des Nations Unies au Congo

GROUPES ARMES

APC	Armée populaire congolaise (RDC)
ADF-NALU	Forces démocratiques alliées -Armée nationale de libération de l'Uganda
CNDP	Congrès national pour la défense du peuple (RDC)
FDLR	Forces démocratiques pour la libération du Rwanda
FNI	Front des nationalistes et intégrationnistes (RDC)
FRPI	Front de résistance patriotique en Ituri (RDC)
FARDC	Forces armées de la République Démocratique du Congo
LRA	Armée de résistance du Seigneur
MLC	Mouvement de libération du Congo (RDC)
M23	Mouvement du 23 mars (RDC)
Maï-Maï	Groupe d'autodéfense populaire dans les Kivu (RDC)
PARECO	Patriotes résistants congolais (RDC)
RCD	Rassemblement congolais pour la Démocratie (RDC)
UPC	Union des Patriotes Congolais

DIVERS

BI	Brigade d'intervention
c.	Contre
Coll.	Collection
CLI	Interprètes des liaisons communautaires
CPI	Cour Pénale Internationale
CAS	Section des affaires civiles
CLA	Assistants de liaisons communautaires

CAN	Réseau d'alerte communautaire (Community Alert Networks)
COB	Compagnie opérationnelle de base
CG	Convention de Genève
DOMP	Département d'opération de maintien de la paix
DAM	Département d'appui à la Mission
DDR	Désarmement, Démobilisation et réinsertion
DDRRR	Désarmement, démobilisation, rapatriement, réintégration et réinsertion
Dir.	Sous la direction de
DIH	Droit international humanitaire
DIDH	Droit international des droits de l'homme
H.C.R.	Haut-commissariat des Nations Unies aux réfugiés
JPT	Équipe de protection conjointe (Joint Protection Team)
M.O.B.	Base opérationnelle mobile
op.cit	opus citatum
OMP	opération de maintien de la paix
ONG	organisation non gouvernementale
OCHA	Bureau de coordination des affaires humanitaires
ROE	Règles opérationnelles d'engagement
RES	Résolution
Rec.	Recueil de la Cour Internationale de Justice
RDC	République Démocratique du Congo
R.F.I.	Radio France Internationale
SOFA	Accord sur le statut de la force- Statut of force agreement
SOP	Procédure opérationnelle standard
TOB	Base opérationnelle temporaire
U.L. B	Université Libre de Bruxelles
UNHCR	Haut-commissariat des Nations Unies pour les réfugiés
v.	v

Introduction générale

La fin de la guerre froide a marqué le rôle croissant des organisations internationales sur la scène politique. Parmi celles-ci, l'Organisation des Nations Unies tient une place prépondérante en raison de son action en faveur de la paix et de la sécurité internationales que de sa forte représentativité. En tant qu'association d'États regroupés autour d'un intérêt commun et dotée d'organes propres, l'organisation des Nations Unies jouit d'une autonomie. Elle dispose d'une personnalité juridique sur son activité par rapport à une autre entité, qui devrait exercer une influence sur elle[1]. Dans le cadre de maintien de la paix, l'autonomie permet d'appréhender les relations entre les Nations Unies, d'un côté et les États d'envoi et d'accueil des forces de l'autre. Son degré d'autonomie est délimité par les accords internationaux conclus avec les États d'envoi et d'accueil d'opération de paix, lui permettant de remplir la mission qui lui a été confiée par la résolution qui détermine le mandat de l'opération. La conclusion de ces accords entraine une délégation de l'exercice des compétences par l'État d'accueil de la force sans porter atteinte à sa souveraineté en raison de l'acceptation des conditions de déploiement de la force, en application de la théorie de l'autolimitation de l'État. Cette délégation des compétences à l'Organisation se manifeste dans le régime juridique des agents de maintien de la paix. Ces accords fondent la reconnaissance de l'activité de maintien de la paix de l'Organisation par les États de séjour et sont régis par le droit international. Dépourvue de compétences générales et consciente de sa place parmi les sujets de droit, l'organisation internationale est confrontée aux limites politiques de son activité qui la pousse à relativiser le degré même de son autonomie surtout dans le domaine de maintien de la paix.

Depuis plus de 20 ans, la République Démocratique du Congo est déchirée par un long conflit armé, complexe, manifestement oublié et insuffisamment

[1] S. ZASOVA, *Le cadre juridique de l'action des Casques bleus*, publications de la Sorbonne, 2014, pp.15 -16

médiatisé aux multiples ressorts économiques, sécuritaires et politiques[2]. À ses débuts, ce conflit armé a opposé plusieurs pays de la région, les uns pour soutenir les groupes armés et les autres pour appuyer le gouvernement établi[3]. Avec des conséquences humanitaires, sociales, juridiques, économiques, politiques et environnementales difficilement mesurables[4], ce conflit armé s'insère dans un environnement régional conflictuel permanent et interdépendant dans lequel se superposent des revendications ethniques, territoriales et sécuritaires[5]. L'épicentre de cette conflictualité extrême de la région des Grands Lacs africains marque la métastase des conflits anciens insuffisamment résolus et atteste également la déliquescence des États[6]. En 2005, l'International Rescue Committee estimait entre 5 à 6 millions de morts liés au conflit en RDC[7]. Ce constat marque la progression du conflit dans sa force de destruction et la persistance du droit dans sa faiblesse de protection des populations. La dynamique du conflit congolais intègre la catégorie des conflits contemporains dans lesquels, la guerre n'est plus ce qu'elle était et le droit

---

[2] N. DI RAZZA, *La protection des civils par les opérations de la paix de l'ONU, cas de la MONUC/MONUSCO de 1999-2015,* Thèse de Doctorat, Institut d'étude politique des Sciences Politiques de Paris, 2016, pp.118-119.

[3] O. LANOTTE, *La Guerre sans frontières en République Démocratique du Congo*, éd. Complexes, Bruxelles, 2003, pp.20-23 et 30-32. Le conflit armé en République Démocratique du Conflit a opposé les forces armées de 8 pays de la région : le Rwanda, l'Ouganda, le Burundi, le Zimbabwe, l'Angola, la Namibie, la RDC et dans une moindre mesure le Tchad ; S. AUTESSERRE, *Le problème avec le Congo : violence locale et l'échec de la consolidation internationale de la paix*, Cambridge University Press, 2010.

[4] M. DEYRA, *L'essentiel du droit des conflits armés*, Paris Gualino, 2003, p.113. ; N. PAUWELS, « L'économie de guerre en RDC, Un défi pour la paix et la reconstruction », *in* REMACLE (E), ROSOUX (V) et SAUR (L) (dir), *L'Afrique des Grands Lacs. Des conflits à la paix* ? éd. P.I.E. Peter Lang, Bruxelles, 2007, pp.159-186

[5] T. ZOBEL, *Les retombées du génocide rwandais : Analyse géopolitique de l'instabilité perpétuelle du Nord-Kivu*, Thèse de Doctorat en Géopolitique, Université Paris 8, 2015, p.34. ; Mwayila Kayembe, « Typologie des conflits des pays des Grands Lacs », *in* D. DOMERGUE-CLOAREC et A. COPPOLANI (dir), *Des conflits en mutation ? De la guerre froide aux nouveaux conflits,* éd. Complexe, Bruxelles, 2003, pp.217-227. ; N. DI RAZZA, *La protection des civils par les opérations de la paix de l'ONU, op.cit.*, p.117.

[6] P. TEIXEIRA, « Un nouveau défis pour le Conseil de sécurité : comment traiter les États déliquescents ou déchirés par des conflits internes », *AFRI* 2005, p.105. ; N. MACLET, *La normalisation d'un tabou : La Brigade d'intervention de la MONUSCO et l'usage de la force offensive pour maintenir la paix (1990-2013)*, Mémoire de Master en Sciences Politiques, Institut d'Etudes Politiques de Paris, 2014, p.11 ; F. REYNTJENS, « La Guerre des Grands Lacs, Alliances mouvantes et conflits extraterritoriaux en Afrique centrale, Paris, L'Harmattan 1999, pp.30-40 ; S. AUTESSERRE, *Le problème avec le Congo : la violence locale et l'échec de la consolidation internationale de la paix,* New-York, Cambridge University Press, 2010, p.243. L'auteur affirme que « la violence était motivée non seulement par des causes régionales et nationales mais également par des anciens conflits locaux dont les principaux instigateurs étaient les villageois, les chefs traditionnels et administratifs locaux des milices ». ; « Penser les conflits locaux : l'échec de l'intervention internationale au Congo », *l'Afrique des Grands Lacs*, Paris, Harmattan, 2007-2008, pp. 180-186.

[7] Rapport de l'ONG International Rescue Committee, 2005.

n'est toujours pas ce qu'il devrait[8]. La défaillance de l'État congolais qui transparaît dans les rapports du Secrétaire général des Nations Unies et les préambules des résolutions du Conseil de sécurité concernant la RDC exposent les initiatives militaires négatives des groupes armés contre les civils, l'insécurité quasi généralisée, les violations des droits humains, les commerces illicites des armes et des minéraux critiques, de divers crimes conjurant l'instabilité nationale et régionale dans la durée. La Seconde Guerre mondiale qui a infligé des souffrances à l'humanité a marqué un engagement des États à promouvoir la paix et la sécurité internationales[9]. Le droit des conflits armés énonce des principes et des règles applicables au déclenchement et à la conduite des hostilités[10]. L'article 3 de la Convention de Genève de 1949 consacre la protection des civils pendant les conflits armés[11]. Les protocoles additionnels aux Conventions de Genève de 1977 consacrent de façon définitive la distinction entre les populations civiles et combattantes[12]. Tous ces traités universellement ratifiés marquent une prise de conscience générale quant à la nécessité d'un ordre international visant à protéger les populations civiles pendant les conflits armés[13]. Les rapports du Secrétaire général des Nations Unies, des experts des Nations Unies et des ONG relatifs au conflit armé en RDC attestent tous des violations massives des droits humains, de crime de

---

[8] J. COMBACOU et S. SUR, *Le droit international public*, éd. Montchrestien, 7e éd. Paris 2006, pp.669-670. ; C. LAUCCI, « La France adhère au protocole 1 relatif à la protection des victimes des conflits armés internationaux », *R.G.D.I.P,* 2001, pp.696-697.

[9] C. Le BRIS, *L'humanité saisie par le droit international public*, LGDJ, Lextensoéditions, 2012, p.38.

[10] E. DAVID, *Principes de droit des conflits armés*, 5éme éd. Bruylant, Bruxelles 2012, p.77.

[11] L'article 3 des Conventions de Genève précise : « Les personnes qui ne participent pas directement aux hostilités (...) seront, en toutes circonstances, traitées avec humanité (...). À cet effet, sont et demeurent prohibés, en tout temps et en tout lieu, à l'égard des personnes mentionnées ci-dessous : a. Les atteintes portées à la vie et à l'intégrité corporelle, notamment le meurtre sous toutes ses formes, les mutilations, les traitements cruels, tortures et supplices (...) ; c. les atteintes à la dignité des personnes, notamment les traitements humiliants et dégradants (...) » ; Lire aussi la résolution 2444 de l'Assemblée générale des Nations Unies, « toutes les autorités gouvernementales et autres responsables de la conduite d'opérations en période de conflit armé » doivent suivre ces principes : « il est interdit de lancer des attaques contre les populations civiles en tant que telles » et « il faut en tout temps faire la distinction entre les personnes qui prennent part aux hostilités et les membres de la population civile, afin que ces derniers soient épargnés dans toute la mesure du possible ».

[12] Article 48 du Protocole additionnel I et l'article 13 du Protocole additionnel II aux Conventions de Genève, 1977.

[13] Rapport du Secrétaire général des Nations Unies sur les causes des conflits et de la promotion d'une paix et d'un développement durables en Afrique, S/1998/318, du 13 avril 1998, §49. ; LAUCCI (C), « La France adhère au protocole 1 relatif à la protection des victimes des conflits armés internationaux », *R.G.D.I.P,* 2001, pp. 696-697.

guerre et de crime contre l'humanité, voire des actes de pré génocide[14]. Si ces divers crimes violent tous ces traités précités et révoltent la conscience internationale, leur application au conflit congolais souffre également d'une grande inconstance. Les résolutions du Conseil de sécurité fondées sur le Chapitre VII de la Charte qui devaient garantir le caractère processuel de paix confèrent une efficacité relative au mandat. Elles sont caractérisées par leur portée déclaratoire et incantatoire des droits auxquels, les belligérants sont tenus d'observer. Tout ce contexte conduit le conflit congolais à une aporie de droit, réduisant les résolutions du Conseil de sécurité au constat impuissant des violations des droits humains dont ses résolutions sont pourtant chargées de prévenir, au mieux d'empêcher la commission[15]. Alors que certains Etats voisins de la RDC sont nommément cités pour entretenir le conflit dans la durée et piller les richesses naturelles congolaises par les experts des Nations Unies, la réponse de la communauté internationale semble ambivalente. Au lieu d'exiger le retrait sans condition des troupes rwandaises de la RDC et envisager des sanctions pour violation du droit international comme elle agit dans le conflit Ukrainien contre la Russie, elle demande aux congolais de dialoguer avec le Rwanda et appelle à la désescalade sans aucune contrainte, obligeant de retirer les troupes étrangères du sol congolais[16]. Cette position de la communauté internationale permet d'interroger l'irréductible singularité du conflit congolais en application de ce cadre juridique internationalement établi.

Désormais les Nations Unies s'engagent dans une nouvelle ère dans laquelle la paix entre les peuples ne repose plus sur l'équilibre des forces en présence mais sur le respect de la dignité de la personne humaine[17]. En proclamant leur foi dans les droits fondamentaux de l'homme, les nations se sont alors engagées à reconnaître le caractère universel de ces droits et à les élever en norme de

---

[14] Rapport du Projet Mampping concernant les violations les plus graves des droits de l'homme et du droit international humanitaire commises entre mars 1993 et juin 2003 sur le territoire de la République Démocratique du Congo, août 2010. Le rapport estime que sur cette période, une série de crises politiques majeures, de guerres et de nombreux conflits ethniques et régionaux ont provoqué la mort de centaines, voire de millions de personnes. Les violences ont touché presque tous les civils congolais et étrangers vivant sur le territoire de la RDC. Ils ont été victimes de meurtres, d'atteinte grave à leur intégrité physique, de viols, de déplacements forcés, de pillages, de destruction de biens ou de violations de leurs droits économiques et sociaux. Le rapport cite les études de l'International Rescue Committee estimant à 3,8 millions de morts victimes directes et indirectes du conflit entre 1998 et 2004

[15] S. AUTESSERRE, « Penser les conflits locaux : l'échec de l'intervention internationale au Congo », *l'Afrique des Grands Lacs*, Paris, Harmattan, 2007-2008, pp. 180-186.

[16] Rapport final d'experts de l'ONU sur la République démocratique du Congo, 9 juillet 2024

[17] C. LE BRIS, *L'humanité saisie par le droit international public*, *op.cit.*, p.74.

référence. Ainsi, la protection des droits individuels ne relève plus seulement du domaine de l'État, mais également de la communauté internationale qui s'en porte garante[18]. Si le droit international humanitaire dit classique constitué du droit de la Haye et de droit de Genève est fondé sur l'idée de neutralité en protégeant les civils et en limitant l'action des belligérants au cours des hostilités[19], le droit international humanitaire (DIH) moderne, élaboré dans le cadre des Nations Unies repose sur l'idée d'intervention ou d'ingérence[20]. Dans un monde où les rapports internationaux et le rôle des différents acteurs du système international connaissent de profonds bouleversements, l'ONU fait l'objet d'une sollicitation accrue. Elle apparaît comme l'unique organisation légitimant les opérations de maintien de la paix. Dans ce domaine, sa légitimité semble indéniable et elle représente la seule source de légalité universelle. C'est à ce titre que la République Démocratique du Congo (RDC), confrontée à l'occupation de son territoire par les forces étrangères, à des crimes divers et d'atteinte à l'exercice de sa souveraineté, sollicite le déploiement d'une opération de maintien de la paix des Nations Unies pour rétablir et consolider la paix. Constatant que la situation menace la paix et la sécurité internationales dans la région, le Conseil de sécurité décide, en vertu de la résolution 1291 fondée sur le chapitre VII de la Charte des Nations Unies, le déploiement d'une mission de paix dénommée mission de l'Organisation des Nations Unies au Congo (MONUC). Chargée initialement de surveiller l'application de l'accord politique de paix de Lusaka(rés.1279), avant d'étendre ses activités vers la consolidation et la stabilisation(rés.1925)[21]. Cette menace à la paix nationale et régionale constitue un enjeu de sécurité collective qui commande l'intervention de la communauté internationale. Pour répondre à la crise congolaise, la mission de paix assure une diversité d'activités regroupées au sein du concept : action des Nations Unies en RDC. Ce concept peut être entendu juridiquement comme embrassant toutes les activités décidées par le Conseil de sécurité des Nations Unies ou développées par la Mission de paix en vertu des résolutions du Conseil de sécurité pour rétablir et consolider la paix. À une certaine époque, la prépondérance de la mission de paix était très marquée dans la société congolaise. Aucune crise nationale qu'elle soit politique, humanitaire, sociale, économique et sanitaire en RDC n'échappe à l'activisme de la mission de paix.

[18] V. ZANETTI, *L'intervention humanitaire. Droit des individus, devoirs des États*, Labor et Fides, 2008, p.21.

[19] M-F. FURET, J-C. MARTINEZ et H. DORANDEU, *La guerre et le droit*, éd. Pedone Paris, 1979, p.5

[20] S. MIYAZAKI, « L'application du nouveau droit humanitaire ». *RICR*, juillet-Août 1980, N° 724, pp. 184-192.

[21] La mission de l'Organisation des Nations Unies en République Démocratique du Congo créée le 30 novembre 1999 par la résolution 1279 (1999) et chargée de la surveillance de l'application de l'accord de cessez-le feu signé par les parties au conflit le 10 juillet 1999 à Lusaka. En 2010, la Mission devient la MONUSCO en vertu de la résolution 1925 (2010) dont l'action est plus centrée sur la stabilisation de la paix, en plus du DDR/DDRRR.

Tout se régule et gravite autour de la Mission de paix et rien ne pouvait marcher ou se concevoir sans elle.

Pour exécuter son mandat, la MONUC a élevé la protection des civils en priorité absolue du mandat(rés.1856). Cet engagement aurait permis de garantir une protection efficace mais force est de constater que certaines violations des droits se commettent souvent par la force de paix elle-même, soit en présence des Casques bleus, si non pas loin de leurs bases. Ce constat permet de s'interroger sur la conciliation du cadre juridique de son action et ses limites au regard du droit international humanitaire et des résolutions du Conseil de sécurité des Nations Unies. Devenue multidimensionnelle, la Mission de paix est restée longtemps prisonnière des limites des moyens et des ressources disponibles. D'ailleurs, l'adaptation de la MONUC à l'évolution de la situation sur le terrain est restée incrémentale et également soumise aux contraintes politiques, financières et opérationnelles intrinsèquement liées à toute opération de maintien de la paix. Les divers crimes commis en RDC, lesquels ont justifié en partie, le mandat robuste ont même conduit à la saisine de la CPI[22]. Les atrocités et les différents crimes documentés par les ONG, les experts des Nations Unies et la mission de paix ont poussé le Conseil de sécurité et le Secrétariat général à confier à la MONUC un mandat robuste(rés.2147). Répondant aux exigences de protection et de sécurité des civils et des agents de maintien de la paix, cette dimension robuste du mandat va préoccuper principalement notre réflexion. Elle permet d'analyser la conduite opérationnelle des Casques bleus sous le chapitre VII mais dans le respect du droit. À ce titre, le comportement des Casques bleus attaché à la dimension robuste du mandat ne sera pas seulement observé pendant les activités du maintien de la paix mais également et surtout dans le respect du droit lors de la conduite des opérations. Autrement dit, les Casques bleus ne seront pas seulement perçus comme des soldats de maintien de la paix mais également des soldats respectueux du droit dans l'exécution de leur mandat.

Du soldat observateur de l'application de l'accord de paix, au soldat acteur du droit de la guerre, le mandat robuste des Nations Unies pour la paix transforme le statut des agents de maintien de la paix en RDC. Désormais fondé sur le chapitre VII de la Charte des Nations Unies et autorisé à recourir à la force pour exécuter le mandat, la prise en compte du DIH dans la conduite des opérations militaires est devenue une nécessité qui s'impose plus que jamais aux forces de maintien de la paix allant jusqu'à constituer les fondements de leurs missions. En principe, le déploiement des Casques bleus s'opère dans une logique de paix mais sur le terrain opérationnel, ils sont confrontés au contexte de guerre réelle, ce qui complexifie leur mission et appelle une analyse sur les dispositifs juridiques dans lesquels les forces de maintien de la paix engagées en opération évoluent. La mise en œuvre des résolutions du Conseil de sécurité

[22] CPI, Affaire Lubanga Dyilo, chambre préliminaire I, Décision sur la confirmation des charges, 29 janvier 2007, pp.229-237.

découle du mandat des Nations Unies. Celui-ci fixe la mission confiée aux forces de maintien de la paix. Mais une question se pose alors : les Casques bleus dans l'exécution de leur mandat peuvent-ils s'écarter du mandat traditionnel de paix pour des raisons humanitaires ?

Du soldat de paix au soldat de droit, le caractère multidimensionnel du mandat ainsi que le contexte anarchique dans lequel les objectifs de paix doivent être accomplis, transforment le cadre juridique des Casques bleus en raison de la complexité des missions. Dans ce cadre, l'exécution des missions s'opère parfois dans un cadre juridique international flou. À ce titre, tout le dispositif juridique traditionnel de la MONUC se trouve bouleversé pour pouvoir s'adapter à l'évolution de la situation sur le terrain des opérations. Le mandat robuste, en vertu des résolutions du Conseil de sécurité oriente désormais, toute la stratégie de la mission de paix. Les Casques bleus notamment de la Brigade d'intervention de la MONUSCO (rés.2098) sont autorisés, en vertu du chapitre VII et au-delà des initiatives civiles de protection, à faire usage de la force armée de manière offensive et proactive pour mettre en œuvre le mandat et pour imposer le respect de ses obligations aux belligérants. Cependant, cette force doit être au service du droit pour essayer de règlementer le déroulement des opérations. Cette posture robuste pourra modifier le statut des Casques bleus et orienter également le sort des combattants sous mandat onusien en terme de responsabilité. Le renforcement du rôle du droit dans la conduite des opérations de paix permet de garantir la légitimité des interventions et de clarifier les règles juridiques, notamment sur le plan de la responsabilité des Casques bleus engagés dans les opérations et de l'indemnisation des victimes des activités onusiennes de maintien de la paix en RDC.

En principe, les Casques bleus n'ont pas vocation à imposer la paix mais l'évolution du conflit armé en RDC dans lequel, ces derniers sont autorisés par le Conseil de sécurité à faire usage de la force dans le respect du DIH consacre une avancée fondamentale en faveur d'interventions militaires à des fins humanitaires. Celles-ci ne sont plus par principe prohibées mais au contraire comme pouvant ou devant être autorisées aux termes combinés du mandat et des règles opérationnelles d'engagement(rés.2098). Cependant, l'usage de la force soulève des questions juridiques régulièrement renouvelées dans leur pertinence et dans leur contenu. Ces questions restent dominées par la construction empirique des opérations de paix qui ne relaient pas ou peu une réflexion juridique tendant à systématiser la connaissance tirée des expériences passées pour l'appliquer aux opérations en cours[23]. Ces questions sont liées à la finalité de l'usage de la force en tant qu'instrument de poursuite d'un objectif politique, la détermination des normes encadrant la conduite des opérations, l'application du droit international humanitaire aux Casques bleus participant aux opérations militaires contre les groupes armés ainsi qu'aux mécanismes de règlement des

[23] O. THIELEN, *Le recours à la force dans les opérations de maintien de la paix contemporaines*, ed. L.G.D.J Lextenso éditions, 2013, p.2.

différends résultant de l'usage de la force et de la contrainte militaire. En outre, le contenu de ces autorisations, leur interprétation et surtout leur mise en œuvre font également objet de controverses selon les autorités d'interprétation, les cultures militaires et les contingents sur le champ opérationnel.

La MONUC est l'une des plus grandes opérations de maintien de la paix contemporaines des Nations Unies. Ses effectifs ont atteint progressivement plus de 20 000 hommes pour un budget annuel dépassant le milliard de dollars par an pendant plus de deux décennies[24]. Autorisée à utiliser tous les moyens nécessaires pour exécuter le mandat y compris par le recours à la force[25], la MONUC/MONUSCO est la première opération des Nations Unies qui élève la protection des civils en priorité absolue du mandat(rés.1925)[26]. Cette posture robuste risque de contrarier les principes fondamentaux de la Charte des Nations Unies qui sont fondés sur la paix et la sécurité internationales. L'ONU n'a pas vocation à faire la guerre aux Etats ou au secours des Etats. Cependant, la faiblesse de l'État congolais offre également un cadre juridique favorable à l'action des Nations Unies au titre de l'obligation de paix et de sécurité internationales[27]. La force ainsi autorisée par le Conseil de sécurité est au service des buts et principes des Nations Unies qui sont le maintien de la paix et de la sécurité internationale. Toutefois, ce développement postule une double perspective du droit d'intervention au niveau des États et du droit à l'intervention au niveau des populations locales, ce qui induit que l'action des Nations Unies dans la résolution du conflit en RDC est un droit à la fois pour les intervenants et pour les populations[28]. Ce cadre d'intervention nécessite un contrôle car il marque l'engagement des Nations Unies au Congo à la fois sur le plan discursif, normatif et de la conduite opérationnelle. Au-delà de la paix qu'elle cherche à maintenir, l'action onusienne touche également aux deux pôles de la communauté internationale : la souveraineté de l'État et la solidarité internationale. Ainsi présentée, l'analyse de cet ouvrage va privilégier une approche juridique relative à la dimension robuste du mandat, seule à même de dégager des conclusions générales quant à la portée de l'action onusienne du point de vue du droit international.

Cette approche juridique permet de mieux cerner la conduite de l'action onusienne sous chapitre VII et sa pratique par le Conseil de sécurité des Nations Unies. Elle dessine les contours de la dimension robuste qui a pour fonction de donner, grâce aux règles d'engagement un cadre précis d'usage de la contrainte armée aux Casques bleus. Elle garantit également le comportement des Casques

---

[24] S/RES/2098 (2013), 28 mai 2013, §§ 1-2. ; N. GUTIERREZ et M. LIEGEOIS, « Sisyphe en casque bleu ? L'ONU en République Démocratique du Congo », *in* David Morin, Michel Liégeois et Marie-Joëlle Zahar (dir), *Guide du maintien de la paix,* éd. Athéna 2014, pp.14-16.

[25] S/RES/1565 (2004), 1er octobre 2004.

[26] S/RES/1794 (2007), 21 décembre 2007. ; S/RES/1906(2009), S/RES/1925(2010)

[27] L. MVE ELLA, *La responsabilité de protéger et l'internationalisation des systèmes politiques*, *op.cit.*, p.151.

[28] V. ZANETTI, *L'intervention humanitaire. Droits des individus, devoirs des États*, *op.cit.*, p.100.

bleus en opération dès sorte qu'ils ne demeurent pas uniquement les soldats du maintien de la paix mais également des soldats, acteurs du droit dans l'exécution de leurs activités. L'action onusienne en République Démocratique du Congo est plurielle et s'opère dans le cadre d'une opération de maintien de la paix décidée par le conseil de sécurité des Nations Unies(rés.1279). Il est donc fondamental d'analyser les aspects historiques des opérations de maintien de la paix déployées en RDC, leurs évolutions et contributions dans la pratique des Nations Unies (**I**), ce qui nous permettra d'exposer l'intérêt et la problématique retenue dans cette étude (**II**).

I.
Les aspects historiques des opérations de maintien de la paix en République Démocratique du Congo, leurs évolutions et contributions dans la pratique des Nations Unies

La République Démocratique du Congo n'est pas à sa première expérience de maintien de la paix sous commandement onusien. Devenue indépendante le 30 juin 1960, la RDC s'est vite confrontée à une dynamique régionale complexe entre héritage colonial passé et un espace régional conflictuel permanent nécessitant le déploiement d'une force de maintien de la paix des Nations Unies[29]. Pour l'ONU, la RDC constitue tantôt une évidence, tantôt une habitude. Elle représente un cas rare ne mobilisant pas ou moins d'opposition, ni de menace de veto des membres permanents du Conseil de sécurité. Manifestement, elle demeure un laboratoire propice pour des précédents concernant l'engagement des Casques bleus face aux menaces des populations civiles dans le contexte de conflit armé. Le concept d'opération de maintien de la paix a été développé et systématisé par la pratique du Conseil de sécurité en tant qu'instrument *ad hoc* et non coercitif de gestion des crises et des conflits. Il est fondé sur les trois principes fondamentaux [30]: impartialité de la mission, consentement des parties et l'interdiction d'usage de la force sauf cas de légitime défense. Ces principes sont devenus le cadre général du dispositif juridique des opérations de maintien de la paix. Nées hors des dispositions de la Charte des Nations Unies et sur recommandation de l'Assemblée générale des Nations Unies, organe non juridiquement habilité à décider des actions militaires[31], les

[29] M. NZE EKOME, Le rôle et la contribution de l'ONU dans la résolution pacifique des conflits en Afrique, Cas de l'Afrique Centrale, Essai, *op.cit.*, pp.93-96.
[30] O. THIELEN, *Le recours à la force dans les opérations de maintien de la paix contemporaines, op.cit.*, p.11.
[31] M. KAMTO, « Le cadre juridique des opérations de maintien de la paix des Nations Unies », *op.cit.*, p.99. ; J. ANDRASSY, « quelques réflexions sur le problème des opérations de maintien de la paix », in *Recueil d'études de droit international en hommages à Paul Guggenheim,* Genève, faculté de droit de l'Université de Genève, 1968, pp.783-792. ; C. CHAUMONT, « L'équilibre des organes politiques des Nations et la crise de l'organisation », *op.cit.*, pp. 428-446 ; G. De

opérations de maintien de la paix (OMP) constituent un mode de gestion des crises, résultant du refus de la guerre et du besoin de maintenir la paix, y compris par le recours à la force[32]. Au-delà de leur cadre juridiquement résolutoire, les OMP contemporaines soulèvent dans la pratique des questions juridiques non encore résolues. Outre le financement des missions désormais étendues, elles sont confrontées aux questions des limites de l'utilisation du chapitre VII, au recours à la force armée, de la légalité et des conditions de la délégation des missions aux organismes régionaux[33]. Face à ce contexte apparemment normé, S. Sur note que les OMP ne sont qu'une « *sorte de bricolage institutionnel et opérationnel* »[34]. Toutefois, ce bricolage semble nécessaire car il apparaît comme la victoire du droit spontané sur le droit écrit, trop rigide et qui a montré ses limites devant des crises humanitaires. L'action onusienne désigne le souci de la communauté internationale d'assurer la sécurité de son personnel, défendre son mandat et protéger les populations civiles sous menaces physiques imminentes. Pour qualifier cette approche de pragmatique, le Secrétaire général Hammarskjöld se réfère au chapitre VI et demi[35]. L'appartenance au chapitre VI renvoie au règlement pacifique des différends qui résulte du caractère consensuel et non contraignant des OMP. L'affiliation au chapitre VII réside dans le fait que les forces des Nations Unies constituent des agents d'exécution des mesures juridiquement décidées par le Conseil de sécurité. Formellement, les OMP reposent sur des principes susmentionnés mais qui sont en constante évolution pour s'adapter au contexte de leur déploiement. Elles demeurent le garant du caractère neutre et médiateur des Casques bleus pour la paix et la sécurité internationales. Cependant, l'application stricte de ces principes fondamentaux dans les théâtres d'opérations a conduit souvent à des échecs de protection des civils et de mandat[36].

LACHARRIERE (G), « La polémique sur les opérations de maintien de la paix des Nations Unies », *Politique étrangère*, 1966, pp.319-334, P. MANIN, « L'organisation des Nations Unies et le maintien de la paix., le consentement de l'État, *op.cit.*, pp.101-130 ; C. CHAUMONT, « Les rôles respectifs de l'Assemblée générale et du Conseil de sécurité », *Revue de droit contemporain,* n° 2, 1965, pp. 24-35.

[32] A. RAINAUD, « Réflexion sur l'usage de la force, le droit et les opérations de maintien de la paix », parue dans PIE, Perspectives, Variations, Réflexion sur l'usage de la force, le droit et les opérations de maintien de la paix, mis en ligne le 21 juillet 2005, URL : http://revel.unice.fr/pie/index.html?id=41.

[33] M. KAMTO, « Le cadre juridique des opérations de maintien de la paix des Nations Unies », *op.cit.*, p.103

[34]S. SUR, « Vers la marginalisation de l'ONU dans le domaine du maintien de la paix ? » *Revue Arès*, n° 41, Volume XVII, fascicule 1, Octobre 1998, p.15.

[35] M. KAMTO, « Le cadre juridique des opérations de maintien de la paix des Nations Unies », *op.cit.*, p.100.

[36] Rapport du Groupe d'étude sur les opérations de paix de l'Organisation des Nations Unies, A/55/305-S/2000/809, §§48-52 et 56. ; P. SARTRE, « La robustesse du maintien de la paix des Nations Unies, Ni contraindre, ni céder mais protéger pour convaincre », *in* J. Coulon, A. Novosseloff (dir), *La paix par la force ? Pour une approche réaliste du maintien de la paix,* Athéna Éditions 2011, pp.62-63.

En 1998, un nouveau conflit armé éclate en RDC impliquant plusieurs pays de la région aux conséquences multiformes[37]. Si les raisons sécuritaires ont motivé l'intervention des pays limitrophes du Congo, le contexte minier constitue un élément essentiel de son équation. Après avoir été le fondement de l'exploitation coloniale, puis la prédation généralisée sous le régime Mobutu, les minerais congolais alimentent aujourd'hui les convoitises et appétits des multinationales, des pays voisins et alliés de la RDC. Sous l'influence de la Communauté du développement de l'Afrique Australe (SADC), les parties en conflit signent le 10 juillet 1999, l'Accord de paix de Lusaka. En vertu de la résolution 1279 (1999), le Conseil de sécurité crée la MONUC et réaffirme que l'Accord politique de Lusaka constitue le cadre sur lequel devra s'appuyer la Mission de paix[38]. Le 30 novembre 1999, le Conseil de sécurité décide le déploiement de la MONUC[39]pour surveiller l'application de cet accord de paix et assurer la stabilité nationale et régionale[40]. C'est dans ce contexte qu'est déployée pour la deuxième fois l'une de plus vaste et coûteuse opération de paix des Nations Unies en République Démocratique du Congo[41]. Cette opération bien que respectueuse des principes fondamentaux du maintien de la paix a connu une évolution notable à la fois sur le contenu des principes du maintien de la paix que dans leur interprétation pour pouvoir s'adapter à l'évolution du conflit congolais.

En 2008, la MONUC dispose d'un mandat robuste et s'efforce de dépasser cette attitude exclusivement défensive et caractéristique des Casques bleus. En dépit de sa présence dissuasive, la mission de paix s'autorise des actions localement offensives, sous réserve qu'elle ne soit pas détournée vers la coercition qui reste principalement en dehors de son domaine d'action[42]. À ce titre, la mission de paix s'est institutionnalisée tout en améliorant ses pratiques et principes fondamentaux[43]. Ces principes demeurent le cadre d'intervention des Nations Unies en RDC mais la posture robuste décidée par le Conseil de sécurité

---

[37] R. BOLTANSKI, « La Guerre au Kivu : un conflit multidimensionnel », *L'Afrique face aux conflits, Afrique contemporaine,* numéro spécial, 1996, pp.15-38

[38] S/RES/1279 (1999), 30 novembre 1999, préambule.

[39] La mission de l'organisation des Nations Unies au Congo (MONUC) a été créée par la résolution 1279 (1999) du 30 novembre 1999 pour surveiller l'application de l'accord de cessez-le feu signé entre les parties le 10 juillet 1999 à Lusaka.

[40] S/RES/1291 (2000), 24 février 2000, dernier paragraphe du préambule et §8.

[41] L'accord de paix de Lusaka a été signé par les parties en conflit le 10 juillet 1999. Il constitue le prélude au déploiement de la MONUC. Cet accord prévoyait le retrait de toutes les troupes étrangères du Congo, un cessez-le-feu immédiat et l'organisation d'une conférence nationale impliquant toutes les parties congolaises en vue d'une solution politique au conflit.

[42] S. SUR, « Vers la marginalisation de l'ONU dans le domaine du maintien de la paix ? », *op.cit.,* p. 11. ; O. PAYE, « Les opérations de maintien de la paix et les nouveaux désordres locaux », *in* A la recherche du nouvel ordre mondial II. *L'organisation des Nations Unies : mutations et défis*, Bruxelles, Éditions Complexe, 1993, p. 114.

[43]J. CARDONA LLORENS, « Le maintien de la paix et le recours à la force : entre autorisation des opérations et externalisation », *in Le droit international à la croisée des chemins. Force du droit et droit de la force*, *op.cit.*, p.78.

en vertu du chapitre VII de la Charte des Nations Unies et justifiée par l'évolution de la situation humanitaire et sécuritaire sur le terrain opère certaines inflexions, lesquelles permettent à la mission de s'adapter à l'incertitude et à l'imprévisibilité de son environnement opérationnel. Tout en maintenant la volonté centralisatrice de l'application stricte des principes de maintien de la paix , la mise en œuvre du mandat de maintien de la paix en RDC implique une double nécessité opérationnelle et politique. Au niveau opérationnel d'abord, la décentralisation de la mission de paix sur le terrain par des organisations régionales ou sous régionales (opération européenne Artémis et la BI de la Monusco constituée des soldats de la SADC. Sur le plan politique, l'évolution permanente du contenu du mandat pour s'adapter aux nouveaux contextes d'intervention résulte des accords politiques régionaux et nationaux validés par des résolutions du Conseil de sécurité des Nations Unies. Cette réalité du cadre opérationnel congolais implique la flexibilité des principes traditionnels du maintien de la paix qui découle de la diversité des menaces dans leur acceptation par le Conseil de sécurité et des capacités par ce dernier à déployer des moyens supplémentaires pour y répondre[44].

Le consentement des parties au déploiement de la force onusienne est juridiquement nécessaire. Cette condition constitue un gage de succès de l'opération par la collaboration qu'elle établit avec les forces en présence pour la conduite de la mission. Toutefois, devant des crises humanitaires, la force de paix peut se passer du consentement de toutes les parties en conflit à l'instar de la Brigade d'intervention de la Monusco qui a été déployée malgré l'opposition de la rébellion du 23 mars (rés.2098). Le principe d'impartialité, celui-ci n'implique pas la notion de neutralité à l'égard des parties en conflit. Il renvoie à la conformité des parties aux dispositions de la Charte des Nations Unies et au respect de leurs obligations. En cas de violation des dispositions auxquelles, une partie est tenue, la force des Nations Unies pourra la contraindre à respecter ses engagements y compris par la force. Cette configuration observée auprès de la Brigade d'intervention de la Monusco ne rend pas, en principe la force des Nations Unies partie au conflit(rés.2098) mais y ressemble dans la pratique du droit international humanitaire. D'ailleurs, les activités militaires de la force de paix ne sont pas menées de façon permanente et généralisée au même titre que les parties belligérantes en conquête territoriale. Toutefois, l'immixtion de la force militaire dans le conflit soulève des questions liées à l'égalité des

[44] J-M. SOREL, « L'élargissement de la notion de menace contre la paix », *in Le Chapitre VII de la Charte des Nations Unies, op.cit.*, pp.3-57. ; G. COHEN-JONATHAN, « Le Conseil de sécurité et les droits de l'homme », *in Le droit des organisations internationales. Recueils d'études à la mémoire de Jacques Schwob*, Bruxelles, Bruylant, 1997, pp.19-70. ; P. DAILLIER, « L'action de l'Organisation des Nations Unies : élargissement et diversification de l'intervention des Nations Unies », *in Le Chapitre VII de la Charte des Nations Unies, op.cit.* pp.121-160. ; D. RUZE, « Le rôle du Conseil de sécurité », *in Sécurité collective et crises internationales, op.cit.*, pp. 187-217. ; O. THIELEN, *Le recours à la Force dans les opérations de maintien de la paix contemporaines, op.cit.*, pp.11-12.

belligérants en droit international humanitaire. Cette construction pragmatique et réactive des Nations Unies pour répondre aux crises humanitaires en RDC s'illustre par son investissement dans la posture robuste du maintien de la paix modulant, le principe de l'interdiction du recours à la force sauf cas de légitime défense individuelle à la légitime défense fonctionnelle donc, à la défense du mandat. Cependant, la vulnérabilité des Casques bleus émane aussi de la crainte de leur propre faiblesse à sortir du mandat traditionnel et à basculer dans des opérations militaires par abandon ponctuel et épisodique des principes fondamentaux de maintien de la paix.

Dans la pratique opérationnelle, le principe d'interdiction de recours à la force a connu des évolutions notables tant dans son contenu que dans sa finalité. De la légitime défense individuelle, de soi, d'autrui et des biens, elle s'étend désormais à la légitime défense fonctionnelle incluant l'usage de la force offensive pour défendre et exécuter le mandat(rés.2147)[45]. Attendu que le recours à la force ne devait pas avoir qu'une dimension strictement réactive et défensive, l'évolution de ce principe implique également d'encadrer les types d'armes autorisés pour équiper et protéger les Casques bleus. Il prohibe expressément l'initiative de l'usage de la force armée et des actions offensives par les Casques bleus. Ces derniers feront usage de leurs armes pour repousser une attaque armée dirigée contre eux ou contre les civils en cours d'exécution sous réserve que la force reste le seul moyen d'y mettre fin, y compris lorsqu'une telle attaque a pour objectif de les contraindre à quitter leurs positions conformément à leur mandat et aux ordres de commandement de la force.

Dans le contexte congolais, le droit à la légitime défense inclut désormais le droit des Casques bleus de riposter à toute tentative de faire obstacle par la force à leur liberté de circulation, à leur mandat de protection dans leur zone de déploiement. De ce fait, il constitue une circonstance excluant l'illicéité du recours à la force[46]. L'évolution de la situation humanitaire sur le terrain opérationnel a conduit la mission à adopter une posture militaire offensive pour défendre le mandat(rés.2098). Cette légitime défense dite fonctionnelle consiste à faire usage de la force pour mettre fin à toute tentative, de la part des parties au conflit, d'empêcher les Casques bleus de s'acquitter de leur mandat, même si cette tentative ne se caractérise pas par une attaque mettant en danger leur vie ou les biens et matériels des Nations Unies[47].

L'élargissement du recours à la force en vue de défendre le mandat en RDC procède de la volonté du Secrétaire général des Nations Unies d'adapter les principes du maintien de la paix aux fins d'améliorer l'efficacité des Casques

---

[45] T. FINDLAY, « La problématique de l'utilisation de la force dans le cadre d'opérations de paix », *Guide de maintien de la paix,* 2007, 2006, pp. 113-126.

[46] Quatrième rapport sur la responsabilité des organisations internationales, présenté par M. Giorgio GAJA, Rapporteur spécial, A/CN.4/564, 28 février 2006, §7.

[47] O. THIELEN, *Le recours à la force dans les opérations de maintien de la paix contemporaines, op.cit.* p.19

bleus sur le terrain des opérations. Cependant, cette posture combattante des agents de maintien de la paix pourrait modifier la nature juridique de leur statut traditionnel de non combattants à des combattants et donc, à l'application du droit international humanitaire[48]. Dans ses rapports avec l'exécution du mandat, la légitime défense fonctionnelle devient le cadre licite du recours à la force par les Casques bleus. Le déploiement de la Brigade d'intervention de la MONUSCO (rés.2098) illustre bien les circonstances et les ripostes autorisées pour répondre aux impératifs sécuritaires par des moyens militaires disponibles. La faiblesse de l'État congolais à protéger sa population et à sécuriser son territoire contre les groupes armés bénéficiant des soutiens militaires et logistiques étrangers a constitué une circonstance favorable à l'intervention militaire des Casques bleus des Nations Unies pour promouvoir un cadre politique de résolution du conflit dans le respect de la souveraineté nationale. Ce recours à la force s'opère dans le respect du DIH et intègre également le principe de la responsabilité de protéger par les États agissant sous commandement onusien.

En 1960, la RDC a accueilli sa première opération de paix des Nations Unies dénommée ONUC (Organisation des Nations Unies au Congo)[49]. Chargée de maintenir la paix et éviter l'occurrence d'une guerre civile au Congo, l'ONUC a été autorisée à mettre en œuvre dans le cadre de la légitime défense toutes les actions requises, éventuellement armées pour empêcher le déclenchement d'un conflit armé au Congo(rés.161)[50]. Le premier mandat de l'ONUC en faisait une opération traditionnelle du maintien de la paix reposant sur le respect de ces trois principes susmentionnés. Mais cette approche strictement conditionnelle de l'ONUC développée par le Secrétaire général s'est très vite révélée inadaptée à la situation sur le terrain. L'ONUC est le premier exemple d'utilisation de la force dans l'histoire du maintien de la paix, légitimé pour protéger la population en danger[51]. Première opération déployée pendant la guerre froide dans laquelle, l'usage de la force armée a été autorisée pour maintenir la paix et mettre fin à la sécession de la province du Katanga[52], l'ONUC est aussi la première opération à entraîner les Nations Unies vers la coercition de sa mission[53], phénomène qui se reproduira au cours de l'année 2013 avec la Brigade d'intervention de la

---

48 J-M. THOUVENIN, « Le statut juridique des forces de maintien de la paix des Nations Unies », *op.cit.,* p.112.

49 S/RES/143 (1960), 14 juillet 1960, §2. Cette résolution ne comporte pas la mention de la création d'une opération de paix. Elle comporte que trois paragraphes et c'est au paragraphe deux que se trouve une référence indirecte à une mission d'assistance militaire dont le gouvernement congolais a besoin.

50 S/RES/161 (1961), 21 février 1961, §1 Operational directive n°10, Action for the United Nations Force in the Congo to prevent armed clashes, 30 mars 1961, n° 100/11 (OPS), §3.

51 S/RES/ 161 (1961), section A, §§ 1-2, section B, §2. ; S/RES/ 169(1961), 24 novembre 1961, §4.

52 Katanga est la province la plus riche de la RDC, considérée comme poumon économique du pays, elle est déclarée sécessionniste en 1960 par un des leaders dénommé Moïse Tshombe.

53 K. MANSSON « Use of Force and Civilian Protection: Peace Operations in the Congo », *International Peacekeeping*, Vol. 12, n°4, winter 2005, pp.503-519.

MONUSCO au mandat offensif (rés.2098). Cette posture présentele risque de brouiller les repères entre le maintien de la paix et l'imposition de la paix. L'expérience congolaise a constitué le premier cas dans lequel la force autorisée est assimilée à la légitime défense tout en permettant une mise en œuvre offensive de la force pour exécuter le mandat. Cependant, cette évolution du mandat a mis en évidence la nécessité de définir la situation des Casques bleus au regard du droit international humanitaire et de déterminer les règles devant régir la conduite des opérations militaires[54]. Cependant, la réaffirmation continue du caractère non coercitif des opérations de maintien de la paix et de la stricte conception de la légitime défense, exclusivement individuelle marquent l'ambiguïté stratégique des Nations Unies[55]. Ainsi, le Congo a connu la première Opération où les Nations Unies ont tenu une telle responsabilité, s'engageant de manière active y compris militairement dans la résolution du conflit armé tout en se gardant de qualifier les Casques bleus de combattants[56].

La particularité de ces deux interventions des Nations Unies au Congo (ONUC en 1960 et MONUC/MONUSCO en 1999 et 2010) réside dans leur caractère innovant. Elles introduisent des pratiques nouvelles de protection des civils et du mandat y compris par le recours à la force offensive. Si l'ONUC de 1960 est considérée comme la première et l'unique opération des Nations Unies pendant la guerre froide autorisée à utiliser la force armée contre les entités non étatiques, la MONUC de 1999 et puis la MONUSCO de 2013, en vertu des résolutions 1906 (2009) et 2098 (2013) fondées sur le chapitre VII de la Charte des Nations Unies, consacre un maintien de la paix par la force offensive. Elle incarne le terrain opérationnel le plus abouti pour jauger l'impact de nouvelles pratiques civiles et militaires de protection. Ces innovations pratiques peuvent devenir une source d'enrichissement et d'inspiration pour les Nations Unies dans les opérations analogues. Au-delà des mécanismes traditionnels de protection des populations par les OMP, la mission de paix a exploré la voie étroite de l'usage de la force offensive et proactive. Cette configuration recourt également aux drones non armés, outils inédits relevant de l'expérience personnelle de la mission sur le terrain opérationnel, puis validés par le siège en New-York. Désormais, les Casques bleus adoptent sur le terrain opérationnel un comportement plus affirmé. Ils empruntent des éléments de langage et de configuration sans précédent en faveur d'un engagement robuste prometteur mais sans remettre en cause les principes traditionnels du maintien de la paix[57].

---

[54] J-M. SOREL, « La responsabilité des Nations Unies dans les opérations de maintien de la paix », *op.cit.*, p.128.

[55] O. THIELEN, *Le recours à la force dans les opérations de maintien de la paix contemporaines*, *op.cit.*, p.19.

[56] J.F. THIBAULT, « La protection des civils et la responsabilité de protéger, Les enjeux humanitaires d'une séparation du jus in bello de jus ad bellum », *Bulletin du maintien de la paix*, n° 94, mars 2009, pp.2-4. ; R. HATTO, *Le maintien de la paix, L'ONU en action*, *op. cit.*, pp. 123-124.

[57] S/RES/2098 (2013), 28 mars 2013, préambule et § 9.

Tout en intégrant l'approche régionale de résolution du conflit par la signature d'un accord de paix dit « Accord-cadre d'Addis-Abeba » par 11 pays de la région[58], la MONUC/MONUSCO s'est vue confier un mandat robuste et modulable aux circonstances du terrain[59]. Bien que le bilan de l'intervention onusienne soit mitigé à ce jour, le terrain congolais demeure le plus adéquat pour juger l'évolution même des principes traditionnels du maintien et leurs adaptations au contexte de leur déploiement. Forte de ses innovations et de sa capacité d'adaptation, recourant concomitamment à une diversité d'opérations (rétablissement, consolidation, stabilisation et parfois imposition de la paix), et empruntant des pratiques de maintien de la paix propres aux organisations régionales et sous régionales (UE, UA, CIRGL, SADC), la MONUC ouvre un champ novateur dans la pratique des Nations Unies. Toutefois, ces pratiques restent susceptibles d'être améliorées et dupliquées dans les opérations analogues et c'est à ce titre que la Mission acquiert sans contexte le caractère de laboratoire du maintien de la paix[60].

II.
Intérêt et problématique de l'étude

S'il est établi que la RDC est secouée par un long conflit armé, la présente étude se situe exclusivement dans le contexte sociopolitique dégradé consécutif au conflit armé déclenché depuis le 2 août 1998. De par sa gravité, la diversité d'acteurs étatiques et non étatiques en jeu et les nombreuses interrogations que la MONUC/MONUSCO suscite, ce conflit apparaît en lui-même comme une curiosité scientifique. De plus, la sollicitation constante de la communauté internationale dans la résolution de ce conflit est à l'origine d'un certain nombre de paradoxe qu'il conviendra d'analyser. L'intérêt de cette étude est apprécié sur un triple point de vue. Le premier intérêt est lié à la mobilisation continue de la communauté internationale à la résolution du conflit congolais. La position géographique de la RDC, ses nombreuses richesses naturelles et les convoitises qu'elles suscitent constituent un danger pour la paix et la stabilité de la région d'où les nombreuses initiatives régionales et internationales pour aider à la

---

[58] Accord-cadre pour la paix, la sécurité et la coopération en République Démocratique du Congo et dans la région, 24 février 2013.

[59] T. TARDY, « Quel maintien de la paix « robuste » pour quel maintien de la paix efficace ? Vers une approche réaliste de la robustesse », *in* J. Coulon, A. Novosseloff (dir), *La paix par la force ? Pour une approche réaliste du maintien de la paix « robuste »*, Athéna Éditions 2011, p.27.

[60] S. AUTESSERRE, *Le problème avec le Congo : la violence locale et l'échec de la consolidation internationale de la paix*, New-York, Cambridge University Press, 2010, p.243. L'auteur affirme que « la violence était motivée non seulement par des causes régionales et nationales mais également par des anciens conflits locaux dont les principaux instigateurs étaient les villageois, les chefs traditionnels et administratifs locaux des milices ». ; « Penser les conflits locaux : l'échec de l'intervention internationale au Congo », *l'Afrique des Grands Lacs*, Paris, Harmattan, 2007-2008, pp. 180-186.

résolution du conflit. Le deuxième intérêt repose sur les contradictions, voir l'ambiguïté de la position de la communauté internationale qui ne dégage pas une ligne claire en termes de mandat, des résolutions du Conseil de sécurité, des sanctions contre les acteurs identifiés comme alimentant et profitant de la pérennité du conflit ainsi que des moyens conséquents en vue de la résolution du conflit. Le dernier intérêt est relatif à l'interférence des normes du droit international sur les normes congolaises ainsi qu'à l'interprétation des résolutions du Conseil de sécurité, des règles d'engagement et de l'ambigüité du mandat des Nations Unies en vue de la paix. Les perspectives de la résolution du conflit congolais ont été envisagées à l'aune d'une mission de paix des Nations Unies. Celle-ci s'est inscrite dans le principe de règlement pacifique des différends reposant sur un accord politique dont la mission de paix est chargée d'assurer l'application. Cette initiative est louable dans la mesure où elle permet de réduire les conséquences liées à la persistance des hostilités. Cependant, l'évolution du conflit a modifié le cadre initial de pacification pour adopter une posture robuste, laquelle impose des dynamiques nouvelles au mandat notamment le recours à la force armée pour maintenir la paix et ses conséquences opérationnelles.

Dans ce travail de réflexion, il ne sera pas question d'établir le bilan de l'action onusienne depuis le déploiement de la Mission de paix en RDC mais d'analyser le cadre normatif de son action et de relever s'il était d'une quelconque utilité et d'une efficacité certaine dans la résolution du conflit armé au Congo. Autrement dit, évaluer la portée juridique de l'action onusienne et son inscription dans un cadre juridique préalablement déterminé et satisfaisant. Cette perspective renvoie à l'application par les destinataires des résolutions du Conseil de sécurité, du droit international humanitaire, du droit international des droits de l'homme, des normes et des valeurs véhiculées par les Nations Unies dans la conduite des activités de paix. Ce développement permettra d'identifier également les limites et les faiblesses de ce cadre juridique et proposera certaines recommandations aux Nations Unies et aux États qui seraient confrontés à de pareilles crises sous commandement onusien. En outre, cette étude va explorer la dimension laboratoire de l'opération de paix en RDC, à identifier l'organe habilité juridiquement à contrôler l'effectivité de l'action onusienne sur le terrain[61]. Ce cadre analysera le contenu juridique réel de l'action onusienne dans la conduite de la diversité d'opérations sous le chapitre VII, tout en relevant les carences, les ambigüités, les faiblesses et les fragilités. Si le constat semble révéler une certaine vérité, il y a en réalité dans toute étude, une motivation c'est-à-dire la volonté de mettre en évidence une lacune, de la combler ou de l'expliquer[62]. Cette étude n'échappe pas à cette logique dans la mesure où elle

[61] V. BORE EVENO, « Le contrôle juridictionnel des résolutions du Conseil de sécurité : vers un constitutionnalisme international ? », *op.cit.*, p.858.

[62] F. BORELLA, *Eléments de droit constitutionnel*, Presses de Sciences Po, 2008, p.238. L'auteur considère que « toute démarche scientifique commence par l'observation de la réalité dont elle veut

part d'une série d'étonnement sur l'inefficacité réelle ou supposée de l'action onusienne du point de vue du droit en plus de 20 ans de présence en République Démocratique du Congo. En dépit de son cadre juridique prétendument normé, des moyens en termes de personnel et d'équipements décidés par le Conseil de sécurité, la paix à l'Est du pays demeure une préoccupation permanente et une perspective incertaine.

L'indifférence du droit international résultant de l'article 2§7 de la Charte des Nations Unies se justifiait lorsque l'État arrivait encore à assurer seul ses compétences au bénéfice de sa population. Dans le cas de la RDC[63], cette indifférence fournit un motif pertinent d'intervention de la communauté internationale dans les affaires internes de l'État afin de garantir la paix et la sécurité internationales[64]. Elle concourt à l'objectif de protéger les individus contre les violations des droits et à restaurer la paix[65]. La souveraineté implique prioritairement pour l'État la protection de sa population. Et ce n'est qu'en cas de la défaillance de celui-ci que la communauté internationale pourra justifier son intervention dans les affaires internes de l'État, c'est-à-dire sur la non-intervention de l'État[66]. Autrement dit, l'affirmation de cette responsabilité principale de l'État dans ce domaine entraîne automatiquement l'incompétence des Nations Unies à intervenir dans les affaires internes de celui-ci. La RDC reste le premier destinataire de l'obligation internationale de protéger sa population et de lui garantir un environnement stable et sécurisé. Si sa responsabilité s'avère principale dans le rétablissement de la paix et de la sécurité nationale, elle n'emporte pas l'exclusivité de sa compétence dans le domaine. L'épithète principale laisse entrevoir une compétence secondaire qui sera exercée par la communauté internationale. En outre, l'action onusienne permet de renforcer et de compléter les efforts engagés par l'État congolais pour promouvoir un nouveau modèle de protection[67]. Cette immixtion des Nations Unies dans le processus de paix soulève également la question de son rôle au regard de la Charte des Nations Unies.

À la suite des massacres des populations civiles en Ituri (2003), Bukavu (2004), de Kiwanja (2008), de viol de Luvungi (2010), viol de Minova (2012), l'impuissance de la MONUC était en question et les voies se sont élevées pour demander même son désengagement. Dans ce contexte, l'action onusienne est analysée non seulement dans le cadre des obligations des Nations Unies et ses manifestations mais aussi sur celles qu'incombent à l'État Congolais. À ce sujet,

rendre compte, et se poursuit par la tentative de mettre de l'ordre dans le foisonnement de cette réalité ». ; L. MVE ELLA, *La responsabilité de protéger et l'internationalisation des systèmes politiques*, *op.cit.*, p.6.

[63] S/RES/1906 (2009), 23 décembre 2009, §6.

[64] P. TEIXEIRA, « Un nouveau défi pour le Conseil de sécurité : comment traiter les États déliquescents ou déchirés par des conflits internes », *AFRI*, 2005, p.104.

[65] M. KAMTO, *Droit international de gouvernance*, *op.cit.*, p.146.

[66] M. BETTATI, « Du droit d'ingérence à la responsabilité de protéger », *op.cit.*, pp.36-37.

[67] S/RES/2098 (2013), 28 mars 2013, dernier paragraphe du préambule.

la question de la protection des civils sera saisie non seulement du point de vue des victimes mais surtout du point de vue des obligations des États et de la communauté internationale[68]. Le recours à la force autorisé par la résolution 2098 (2013) a introduit un développement nouveau. Il consacre une évolution du droit international vers un droit plus spécifique, celui de recourir à la force offensive à des fins humanitaires et de défense du mandat. Mais, il soulève également des questions relatives à l'application du droit international humanitaire aux Casques bleus et la transformation éventuelle de son statut à des combattants. L'examen des objectifs de la mission de paix montre également que le contenu de l'action onusienne n'est plus exclusivement que juridique, il est aussi politique. Des considérations politiques permettent les réinvestissements nouveaux pour les opérations militaires mais dans le respect des règles de droit. D'ailleurs, le caractère multinational de la mission de paix explique également la nécessité d'un encadrement juridique pour limiter les interprétations divergentes des intervenants dans la solution du conflit. Les forces qui interviennent en RDC dans le cadre du maintien de la paix résultent des différents ordres juridiques : ordre juridique international, ordre juridique interne aux Nations Unies et les ordres juridiques nationaux des États hôte et participants. L'imbrication entre les ordres juridiques permet de s'interroger sur leur pertinence compte tenu de leur importance au sein du maintien de la paix et surtout des défis en termes d'interopérabilité que posent des contingents soumis aux engagements juridiques différents.

L'observation et l'articulation des ordres juridiques permettent de répondre à la question de l'intégration du droit international dans les ordres juridiques nationaux et éventuellement l'engagement de la responsabilité individuelle des agents de maintien de la paix devant les juridictions nationales. L'une des difficultés de l'effectivité des agents de maintien de la paix résulte de la difficile articulation entre l'autonomie des Nations Unies et le partage de compétences entre l'État hôte et les États d'envoi des troupes dans le cadre de maintien de la paix. Celle-ci peut compromettre le profil de prestation des contingents déployés sur le terrain. Les trois ordres juridiques précités constituent le cadre juridique de l'action onusienne qui doit intégrer les normes primaires et secondaires : les normes qui prescrivent des obligations de faire ou de ne pas faire aux Casques bleus conjointement aux normes qui imposent des sanctions en cas de violation des obligations, tant par les agents de maintien de la paix que d'autres acteurs qui peuvent être tenus responsables de leurs actes dans la conduite des opérations de paix.

Sur le terrain, l'action onusienne s'opère de façon progressive en appui au choix politique du gouvernement congolais et en application des résolutions du Conseil de sécurité sous le chapitre VII. L'approche robuste décidée par le Conseil de sécurité (rés.2147) tend à compléter les activités de la Mission de paix

---

[68] V. ZANETTI, *L'intervention humanitaire. Droits des individus, devoirs des États*, *op.cit.*, p.100.

par la contrainte militaire, obligeant les belligérants à respecter et à appliquer les résolutions relatives au désarmement forcé des groupes armés[69]. Cette responsabilité subsidiaire des Nations Unies ne doit pas occulter celle principale de l'État congolais car c'est parce que l'État ne veut pas ou ne peut pas assumer ses prérogatives que se trouve activer la responsabilité de la communauté internationale. Cependant, en acceptant le déploiement de la force de maintien de la paix, la RDC souscrit à la limitation de l'exercice de certaines de ses compétences. Dans cet ordre, l'action des Nations Unies en RDC induit une internationalisation du droit susceptible de raffermir son autonomie. À ce titre, le mandat des Nations Unies met en action trois acteurs : l'État, la population et la communauté internationale en qui, il impose des obligations. Il met aussi en évidence deux débiteurs et un créancier : l'État congolais, lieu du conflit à titre principal, des tiers à titre subsidiaire et un créancier qui est la population qui subit les conséquences du conflit.

La saisine du conflit congolais par le droit international s'explique par la menace contre la paix et la sécurité internationales qu'il représente. Ce conflit entraine des conséquences dans les relations interétatiques dans la région, entrave tout projet de développement en raison de l'insécurité et de la violence qu'il impose. La stabilité et la consolidation de la paix qui découlent de l'action onusienne, permettent la résilience de l'État à s'adapter aux différents stress qui proviendraient de l'environnement avec lequel, il interagit et donc à réaliser des buts collectifs. En régulant de façon autonome les tensions sociales et en maintenant la stabilité dans le pays, la paix et la sécurité imprimées par les activités de la MONUSCO protègent les civils et assurent l'existence de l'État dans ses attributs internationalement reconnus. Du point de vue opérationnel, la faiblesse de la mission de paix n'est pas exclusivement qu'une affaire des moyens. Elle traduit également le manque de volonté des acteurs du conflit à appliquer les résolutions du Conseil de sécurité à tous les niveaux y compris au niveau du commandement opérationnel. La recrudescence de la violence résulte des stratégies opérationnelles inadaptées et d'une certaine lassitude des Nations Unies envers les autorités congolaises jugées insuffisamment engagées à ramener la paix. L'immixtion des pays contributeurs des contingents dans le commandement opérationnel participe à cette forme de concurrence dans toute la stratégie de protection et de défense du mandat. L'ambiguïté du mandat des Nations Unies liée à l'interprétation divergente de ses résolutions laisse apparaître des difficultés concomitantes dans l'application de certaines résolutions du Conseil de sécurité.

Tout en imposant des normes internationales aux parties en conflit, l'action onusienne devient aussi un baromètre de l'évolution normative de la responsabilité de la communauté internationale pour assurer la paix et la stabilité

[69] B. WEIL-SIERPINSKI, *L'intervention d'humanité : un concept en mutation*, Thèse de doctorat, Université de Montpellier, 1995, p.31. ; V. ZANETTI, *L'intervention humanitaire. Droits des individus, devoirs des États*, *op.cit.*, p.18.

internationales mais elle soulève encore une fois, la question de son contrôle et de l'organe chargé juridiquement d'en assurer l'encadrement. En outre, l'examen des résolutions concernant la RDC montre une tendance par les Nations Unies à utiliser le registre de la responsabilité de protéger (rés.1856(2008) et 1857(2008)[70]. Ainsi, l'incapacité de l'État congolais à exercer seul ses compétences régaliennes constitue une circonstance qui favorise l'entrée des règles et des normes du droit international dans le droit interne de l'État. Dans le contexte congolais, les tâches de la Mission se sont diversifiées. En élargissant ses ambitions au renforcement des capacités de l'État, la protection physique des populations menacées par les groupes armés a pâti d'un certain essoufflement des missions. Celles-ci perdirent de vue la raison la plus évidente du déploiement de la MONUC. Ce constat a conduit au sein des instances onusiennes à une réflexion sur la définition même de nouvelles pratiques de protection des civils et des actions robustes(rés.1906). Sans contexte, la marge d'amélioration des pratiques analysées demeure imparfaite et incomplète au regard des ressources qui restent manifestement insuffisantes pour couvrir les besoins que requièrent le mandat. Les sursauts politiques imprimés par le Conseil de sécurité précisément par ses membres permanents ont déterminé épisodiquement de nouvelles configurations du mandat sans modifier significativement la situation sur le terrain des hostilités. Elles ont influencé la dynamique de protection et de stabilisation à un moment donné sans inverser la tendance. Pour assurer l'effectivité de son action, le Conseil de sécurité en vertu de ses résolutions s'adresse à la fois aux États et aux entités non étatiques qui peuvent contribuer à la paix par le respect de ses obligations. Dans certaines résolutions, le Conseil de sécurité abandonne l'intermédiation étatique pour s'adresser directement aux entités non étatiques car le refus de ses recommandations par celles-ci entrave son action. La facilité de son activité résulte de la coopération par toutes les parties à ses résolutions et recommandations. Cependant, cette pratique constante du Conseil de sécurité de se passer de l'écran étatique pour s'adresser directement aux insurgés, groupes armés, organisations internationales et particuliers pour appliquer ses résolutions pourrait entrainer des conséquences sur les effets garantis dans l'ordre juridique interne et international. Cette pratique du Conseil de sécurité soulève également la question de sa légalité au regard de la Charte des Nations Unies et du droit international.

La divergence d'interprétation du mandat, l'application insuffisante des résolutions du Conseil de sécurité et les agendas politiques des acteurs de paix ont souvent compromis la mission de paix et sclérosé ses ambitions. L'impossibilité de soumettre l'action onusienne à des normes juridiques qui s'imposeraient à elle naturellement a placé la mission de paix sur le terrain de l'incertitude entourant ses initiatives. En raison de l'absence d'un code de

[70] *La responsabilité de protéger*, Rapport de la Commission internationale de l'intervention et de la souveraineté des États, Centre de recherche pour le développement international, Ottawa (Canada), décembre 2001, 99p.

maintien de la paix qui inclurait l'application stricte des normes du droit de l'homme, droit international humanitaire, des droits des États d'envoi et d'accueil au sein des forces de maintien de la paix, la MONUSCO a fini par relayer et renouveler ses insuffisances pourtant prévisibles à chaque crise de protection. Tout ceci résulte de la pratique onusienne dont l'empirisme fait naître et perdurer des solutions très insatisfaisantes pour la paix. À ce titre, les Nations Unies doivent clarifier des questions juridiques relatives à la posture robuste des Casques bleus, à l'évaluation des pratiques nouvelles de protection développées par la Mission. L'analyse des résultats de la Mission sur le terrain traduit un cadre juridique évolutif et insuffisamment appliqué par ses destinataires, proposant des solutions largement insatisfaisantes pour une paix effective. Résultant de la diversité d'acteurs aux objectifs différents avec des moyens limités, le cadre d'intervention de l'action onusienne ne correspond pas au caractère multi dimensionnel du mandat. La faiblesse même de la mission de paix proviendrait également de ses ambitions démesurées et des stratégies militaires, politiques et opérationnelles inadaptées. Il est plus que nécessaire pour les Nations Unies de se servir des retours d'expériences pour améliorer ses pratiques de maintien de la paix et prévenir ses échecs pourtant prévisibles sauf à vouloir accompagner le conflit dans la durée sans véritable perspective de sortie.

PARTIE I :

LA CONDUITE DE L'ACTION ONUSIENNE SOUS CHAPITRE VII DE LA CHARTE DES NATIONS UNIES EN VUE DU MAINTIEN DE LA PAIX

La création et la conduite opérationnelle de la MONUC/MONUSCO quel que soit sa dimension et sa nature ont impliqué la détermination des objectifs stratégiques, politiques et militaires. L'identification de ces objectifs a servi de cadre à la planification des missions et a garanti une certaine cohérence en vue d'un schéma opérationnel global. Ce cadre opérationnel est fondé sur le chapitre VII et permet de déterminer les moyens en termes du personnel et d'équipement en vue de l'exécution du mandat. Pour réaliser ses objectifs, le Conseil de sécurité agit par voie des résolutions qui sont sur le plan juridique les résolutions de l'Organisation elle-même. Dans ce cadre, le Conseil de sécurité devient à la fois, l'organe de décision et de contrôle des activités de maintien de la paix qu'elle commande sur le terrain des opérations en RDC en fonction de l'évolution de la situation.

L'ampleur du conflit congolais et les multiples crimes commis par les belligérants ont déterminé des résolutions fermes du Conseil de sécurité et leur fondement juridique spécifique. Reposant sur le chapitre VII, ces résolutions qui marquent le soutien politique du Conseil de sécurité à la cause congolaise ne libèrent pas les agents d'exécution de la Mission de paix des obligations de se conformer aux règles de droit même à l'égard des adversaires soupçonnés de pires crimes. Ces résolutions énoncent des normes du droit international humanitaire, des droits de l'homme, des recommandations ou des injonctions à l'égard des entités qui interviennent dans le conflit notamment la force de maintien de la paix, des entités étatiques et non étatiques. Les destinataires non étatiques des résolutions du Conseil de sécurité sont les groupes armés, les Organisations intergouvernementales, les insurgés et les particuliers auxquels, le Conseil de sécurité tente d'imposer ses obligations. Par cette pratique, le Conseil de sécurité prie les destinataires de ses résolutions à coopérer et à contribuer à son activité principale. Le refus de ces derniers entrave son action, perpétue le conflit et pousse le Conseil de sécurité à des actions robustes (rés.2098). Il est aussi tentant de considérer que même les destinataires des résolutions, autorisés à recourir à la force armée pour exécuter la mission, le mandat onusien ne fait pas d'eux des belligérants comme les autres, les déliant de certaines contraintes juridiques du *jus in bello* ou permettant une réinterprétation *du jus ad bellum* à la lumière de leur mandat offensif. Cependant, l'abandon de l'intermédiation étatique par le Conseil de sécurité pourrait générer des conséquences dans l'ordre juridique international et national. D'ailleurs, l'extension de ses résolutions aux entités non étatiques soulève la question de la légalité même de la pratique, de la source de sa compétence à agir sans passer par l'écran Etatique et celle du respect des droits garantis aux particuliers par le droit international et le droit interne dans la mesure où ces entités non étatiques sont priées à exécuter ses décisions. La diversité d'intervenants dans le conflit congolais soulève également différents problèmes liés à leur cadre juridique d'intervention conformément à l'article 2 paragraphe 4 et 7 de la Charte des Nations Unies. Cette configuration rend même impossible la nature qualificative du conflit et complexifie les règles juridiques applicables, résultant des différents ordres juridiques[1]. Cette question interroge également l'unicité des droits applicables en raison de la multiplicité d'objectifs de belligérants et de différents ordres juridiques qui en résultent. La résolution même des différends relevant de l'action onusienne sur le terrain opérationnel reste aussi en suspens. La superposition de trois ordres de juridictions dans la mise en œuvre du mandat opérationnel implique une réelle articulation des règles juridiques : celles de l'État hôte de la Mission, celles des États de nationalité des contingents et celles du droit onusien sans oublier la jurisprudence établie tout au long des diverses opérations analogues menées par l'ONU.

[1] M. BEULEY, *L'applicabilité des droits de l'homme aux organisations internationales*, Thèse de Doctorat, Université Paris Nanterre, 2015, pp.272-273.

TITRE I :

La mission de l'organisation des Nations Unies en République Démocratique du Congo : laboratoire du maintien de la paix ?

Les graves violations des droits humains, des crimes de guerre, des crimes contre l'humanité et de situation de pré génocide caractérisent le conflit armé en RDC[1]. Pour protéger les civils sous menace physique des belligérants, la Mission a développé de nouveaux mécanismes civils et militaires de protection et de défense du mandat jamais expérimentés ailleurs(rés.1856)[2]. Le dépassement d'approche de protection est renforcé par la posture robuste reposant sur le chapitre VII de la Charte des Nations Unies décidé par le Conseil de sécurité. Le recours à la force offensive par la Brigade d'intervention de la MONUSCO(rés.2098) chargée de neutraliser les groupes armés et l'usage de drones non armés pour surveiller les groupes armés participent au renforcement des mécanismes de protection des civils et à la défense du mandat. La création des unités mobiles de protection pour neutraliser des groupes armés et les expériences des pratiques du maintien de la paix développée par des organisations régionales (Artémis pour l'UE, rés.1484) et sous régionales (Brigade d'intervention pour la SADC, rés.2098) constituent l'inventivité de la mission de paix et ses capacités d'adaptation. Toutefois, le Conseil de sécurité fait preuve de prudence en insistant sur le

[1] X. ZEEBROEK, « Protection des populations et opérations robustes en République Démocratique du Congo, Mais que fait la MONUC ? », *GRIP*, 4 avril 2007, pp.1-4. ; T. VIRCOULON, « Le maintien de la paix, version ONU : radiographie d'une impuissance », *op.cit.*, p.3. ; Rapport du Projet Mapping concernant les violations les plus graves des droits de l'homme et du droit international humanitaire commises entre mars 1993- juin 2003 sur le territoire de la République Démocratique du Congo, Août 2010.

[2] T. VIRCOULON, « Le maintien de la paix, version ONU : radiographie d'une impuissance », *op.cit.*, p.3

caractère exceptionnel de ces mesures et en affirmant que la création de la Brigade d'intervention de la MONUSCO est sans précédent. Elle a été créée de façon expérimentale, et que l'ONU n'a pas vocation à la reproduire dans une opération analogue. Cependant, il sera aussi difficile pour les Nations Unies d'abandonner une expérience concluante surtout que les OMP s'enrichissent des expériences du terrain. Pour renforcer la mission de paix, le Conseil de sécurité place deux opérations au mandat différent par leur nature mais complémentaire leur objectif et leur finalité sous un seul et unique commandement onusien : La BI de la MONUSCO avec un mandat offensif d'imposition de la paix (rés.2098) par la neutralisation des groupes armés et un mandat de maintien de la paix traditionnel réservé aux restes des Casques bleus(rés.1279) chargé du processus politique de paix. Cette situation place la MONUSCO dans une position schizophrénique où elle va devoir se comporter à la fois comme belligérante et actrice impartiale. Certes, la résolution 2098(2013) consacre un nouveau type maintien de la paix dit «*offensif*». Cette posture militaire dépasse la seule légitime défense individuelle pour s'étendre à la défense du mandat. Conscient du danger qu'une telle approche pourrait courir à l'ensemble du système de sécurité collective, le Secrétaire Général des Nations Unies insiste dans son rapport du 22 mai 2012 sur la protection des civils dans les conflits armés que toute intervention militaire autorisée par le Conseil de sécurité doit se dérouler conformément au mandat conféré par le Conseil de sécurité et dans le respect du DIH. Pour répondre à la recrudescence du conflit, les Nations Unies ont acquis une nouvelle tâche en dehors de la Charte des Nations Unies notamment l'application implicite du principe de la responsabilité de protéger. Tous ces mécanismes et procédés offrent à la Mission le caractère de laboratoire de maintien de la paix des Nations Unies[3]. Bien que ce dynamisme traduise l'hyper activisme de la mission de paix, il convient d'admettre que ce laboratoire reste inabouti en raison de l'impact limité des pratiques sur le terrain et surtout de la persistance du conflit armé à l'Est du pays.

[3] N. DI RAZZA, *La protection des civils par les opérations de maintien de la paix de l'ONU, op.cit.*, p.116.

CHAPITRE I :

La protection des civils dans le mandat de la MONUC/MONUSCO

Depuis plusieurs années, le tissu social et les modes de régulation de la violence dans la société congolaise ont été profondément affectés du fait de l'absence de l'autorité de l'État, de la déflagration des mécanismes locaux de gestion de conflit et de l'affaiblissement des structures sociales[1]. À l'Est du Congo, l'activisme des groupes armés représente l'épicentre des crimes divers, du carnage et du chaos[2]. Pour répondre aux besoins de protection des civils, la section des affaires civiles (CAS) et la section militaire de la MONUC se sont engagées à améliorer davantage la protection des civils par le développement, le renforcement et la mise en œuvre de mécanismes nouveaux de protection[3]. En créant des unités mobiles d'intervention, cette flexibilité des Casques bleus permet d'étendre l'action onusienne sur l'ensemble du territoire national mais soulève également le problème de ses moyens qui sont limités en personnel et en ressources(rés.1856). Fruit d'une initiative locale mais adoptée par le siège à New-York, l'approche synergique et potentialisatrice de la protection envisagée par la mission de paix gravite autour d'une double posture civile et militaire de protection. Dans la pratique, la protection des civils a fait l'objet d'un processus d'intégration au sein de la machine onusienne. Elle a été institutionnalisée, bureaucratisée et normalisée[4]. Devenue outil de légitimation et objet de promotion du dynamisme opérationnel de la mission, la protection des civils devient un paradigme fécond de toutes les activités de la Mission. Rien ne se fait,

---

[1] R. POURTIER, « Les camps du Kivu ou la gestion de l'éphémère », *in Déplacés et réfugiés : la mobilité sous contrainte*, sous la direction J. LASSAILLY, J-Y. MARCHAL, A. QUESNEL, IRD éd., 1999, pp.451-477.

[2] E RUSAMIRA, « La Guerre des Grands Lacs », *cahiers français*, n° 290, mars-avril 1999, La Documentation française pp.71-76. R. POURTIER, *Du Zaïre au Congo : un territoire en quête d'État*, Afrique contemporaine, n° 183, juillet -septembre 1997, La Documentation française.

[3] S/RES/1906 (2009), 23 décembre 2009, §9.

[4] N. DI RAZZA, *La protection des civils par les opérations de maintien de la paix de l'ONU, op.cit.*, pp.266 et 279.

ne s'évalue, rien ne peut se décider et ne peut s'obtenir qu'au prisme de la protection des civils. Concept globalisant et carrefour innovant, la protection des civils a largement imprégné le mandat de la MONUSCO au point qu'elle a été élevée en priorité absolue[5]. Toutefois, ce dynamisme d'une mission innovante cache souvent ses défaillances par son omniprésence. À l'absence d'une évaluation objective des pratiques de protection, la mission se complait dans le renforcement du mandat dont les limites sont intrinsèquement liées aux contraintes propres à chaque opération de paix sous commandement onusien.

SECTION 1.
La faillite de l'obligation de protéger les civils par la MONUC/MONUSCO

Nul ne peut décrire avec certitude les tragédies vécues par les victimes et les témoins du conflit armé en RDC. Dans ce pays, chaque individu a son expérience de la guerre et des pertes à relater. Les victimes d'hier deviennent des auteurs de crimes graves d'aujourd'hui, perpétuant le cycle de violence. En 2014, le Secrétaire général de l'ONU estimait que le conflit armé en RDC a fait plus de 2,9 millions des déplacés internes[6]. L'International Rescue Committee évalue les conséquences de l'instabilité chronique de la région à plusieurs milliers de morts par an. Le coût humain causé par le conflit entre 1998-2007 dépasse les 5 millions de morts et dont près de la moitié fût recensée après la fin officielle de la guerre en 2002[7].Les différents crimes de guerre, contre l'humanité et des violations des droits humains décrits par le rapport Mapping fait du conflit armé congolais le plus grave depuis la Seconde Guerre mondiale[8]. La présence de la MONUC/MONUSCO n'a pas non plus arrêté les massacres et anticipé les crises. Si la bataille des chiffres et des dates fait rage pour tenter d'expliquer l'intensité du conflit, les faits sont probants : un taux élevé de mortalité lié directement ou indirectement au conflit.[9]. Toutefois, l'hyper-imprégnation de la protection des civils au sein de la mission est largement marquée et commentée. Toutes les composantes de la Mission sont concernées. Bien que la MONUC ne soit pas

---

[5] S/RES/ 1906 (2009), 23 décembre 2009, § 11-12. ; Préambule de la Charte des Nations Unies

[6] Rapport du Secrétaire général de l'Organisation des Nations Unies pour la stabilisation en République Démocratique du Congo, S/2014/157, 5 mars 2014, §29.

[7] International Rescue Committee (2008), Mortality in the DRC: An ongoing Crisis. New York, January 2008.

[8] Rapport du Projet Mampping concernant les violations les plus graves des droits de l'homme et du droit international humanitaire commises entre mars 1993 et juin 2003 sur le territoire de la République Démocratique du Congo, août 2010. Le rapport estime que sur cette période, une série de crises politiques majeures, de guerres et de nombreux conflits ethniques et régionaux ont provoqué la mort de centaines, voire de millions de personnes. Les violences ont touché presque tous les civils congolais et étrangers vivant sur le territoire de la RDC.

[9] T. VIRCOULON, « Ambiguïtés de l'intervention internationale en République Démocratique du Congo », *Politique africaine*, juin 2005, pp.79-95

restée inerte face aux différents crimes, son activisme et son discours relativisent son engagement en raison de la permanence de la violence surtout dans la partie Est du pays, laquelle partie héberge le ¾ des effectifs de la Mission de paix.

§1. MONUC/MONUSCO : La garantie d'une protection minimale

Dans un cycle de violence encore inachevé, le Conflit congolais demeure toujours d'actualité et insuffisamment médiatisé : « *Africa's worst war, The most complex conflit of our times, the deadliest war in the world, Africa's Forever War* »[10]. En février 2000, lors du début du déploiement de la MONUC, l'ambassadeur canadien R. Fowler avait alerté : « *There are few places in the world where civilians are more in need of protection than in the DRC* »[11]. La RDC a été le premier cas traité par la CPI relevant de l'enrôlement et de l'utilisation d'enfants soldats et où le viol massif des femmes est utilisé comme arme de guerre. Margot Wallström, représentante spéciale du Secrétaire général de l'ONU sur les violences sexuelles a surnommé la RDC la « *capitale mondiale du viol* »[12]. Tous ces qualificatifs témoignent la réalité du conflit armé Congolais et son ampleur dans cet espace géographique appelé « *région des Grands Lacs* »[13]. Les violations des droits humains, des crimes de guerre et des crimes contre l'humanité sont régulièrement documentés à la fois par le Conseil de sécurité que les organisations internationales de droit de l'homme, le gouvernement congolais et la MONUSCO. Il ne se passe pas une journée sans que les civils soient tués par divers groupes armés à l'Est du pays. Cette violence est permanente au point qu'elle devient une habitude pour ceux qui y vivent. Difficilement circonscrite dans l'espace, l'impuissance de la Monusco et des FARDC est telle que la population locale souhaite leur absence qu'à leur présence. Si les causes du conflit ne sont pas connues, les effets du conflit sont visibles sur tous les plans avec l'érosion des moyens de protection.

---

[10] N. MACLET, *La normalisation d'un tabou : La Brigade d'intervention de la MONUSCO et l'Usage de la force offensive pour maintenir la paix (1990-2013), op.cit.*, p.11 ; X. ZEEBROEK, « Restons calmes, la situation est désespérée. Quelques idées reçues sur le conflit en RDC », Note *d'analyse du GRIP*, Bruxelles 4 octobre 2008, pp.4-6.

[11] P. ROESSLER et J. PRENDERGAST, « Democratic Republic of the Congo », *in* J. DURCH, William, éd. *Twenty-first-century peace operations*, Washington D.C: United States Institute of Peace, 2006, p.252.

[12] C. BRAECKMAN, *L'homme qui répare les femmes : le combat du Docteur MUKWENGE*, 5e éd. GRIP, 2016, pp. 20-50.

[13] X. ZEEBROEK, « Protection des populations et opérations robustes en République Démocratique du Congo, Mais que fait la MONUC ? », *op.cit.*, pp. 4-9. ; R. POURTIER, « Les camps du Kivu ou la gestion de l'éphémère » in *Déplacés et réfugiés : la mobilité sous contrainte*, sous la direction de J. LASASAILLY, J-Y. MARCHAL, A. QUESNEL, IRD éditions, 1999, pp. 451-477.

A. La sécurité des civils mise à l'épreuve du conflit

En effet, assurer la protection des civils semble souvent difficile sans pouvoir définir clairement ceux que l'on considère comme « civils », ce que l'on entend par « protection » et les moyens pratiques d'y parvenir[14]. Les civils sont par définition des personnes non militaires, des non-combattants, des individus mis hors de combat, des blessés ou détenus[15]. En RDC comme ailleurs, le problème consiste en ce que les agents de maintien de la paix sont déployés dans des environnements où le statut du civil n'est pas bien identifié clairement. Dans le terrain opérationnel, il est difficile de distinguer les civils des combattants car dans la majorité des cas, les combattants ne disposent d'aucun signe distinctif des civils (absence des tenues identifiables, des armes, des groupes…)[16]. Pour ce qui est de la protection, la ligne de faille tend à se situer entre les organisations internationales humanitaires, qui interprètent la protection en termes de garanties des droits de la personne et des normes juridiques qui leur sont attachées, alors que les institutions militaires, voient la protection en termes restrictifs et limités à la défense physique des particuliers, des communautés, des installations ou des zones sécurisées et démilitarisées[17].

Dans le domaine du droit des conflits armés, ces difficultés d'interprétation et de mise en œuvre des règles reposant sur la distinction qui impose aux belligérants de distinguer les biens et les personnes civiles des combattants soulèvent des problèmes délicats. En commençant par l'identification de ce qui est objectif militaire, en passant par la définition du combattant et en terminant par les critères qui déterminent si un civil participe ou non directement aux hostilités. De la même manière que le principe de proportionnalité peut générer des interprétations contradictoires selon la culture militaire. Le recours à la force qui a pour objectif de protéger les civils peut avoir des répercussions sur l'application des règles du *jus in bello*. Le mandat onusien résultant de la résolution 2098 autorisant le recours à la force pour protéger les civils peut avoir une incidence dans l'évaluation du caractère nécessaire ou proportionné d'une opération militaire déployée dans le cadre de ce mandat et qui causerait des pertes civiles. Ici se pose la question de la responsabilité juridique des acteurs intervenants qui ne peut être occultée. En raison de l'extension interprétative du concept, la protection des civils a intégré l'institution des Nations Unies et se trouve emprunte de toutes les caractéristiques propres à celles-ci[18]. À ce titre, la

---

[14] P.D. WILLIAMS, « Renforcer la protection des civils dans les opérations de maintien de la paix : regard sur l'Afrique ». *Papier de recherche du Centre d'études stratégiques de l'Afrique* n° 1, National Defense University Press Washington, D.C, septembre 2010, p.16.

[15] J. DE HEMPTINNE, « La définition de la notion de « population civile » dans le cadre du crime contre l'humanité, commentaire critique de l'arrêt Martic, *R.G.D.I.P*, 2010, p.97.

[16] *Ibid.*

[17] P.D. WILLIAMS, « Renforcer la protection des civils dans les opérations de maintien de la paix : regard sur l'Afrique ».*op. cit.* pp.16-18.

[18] Rapport du Secrétaire général au Conseil de sécurité sur la protection des civils en période de conflit armé, S/1999/957, 8 septembre 1999, §§ 9-15

protection est devenue une structure organisée pour maintenir un état social comprenant l'institution comme un processus, un mouvement vers une grande stabilité des pratiques et des normes. La protection des civils a engagé son itinéraire de performance : bureaucratisée et normalisée. Bureaucratisée au sens où elle fait l'objet d'une organisation rationnelle dans une structure marquée par la division des tâches et la professionnalisation des agents pour son exécution. Elle connaît également une véritable normalisation dans la mesure où elle devient une activité régulière et normative. Elle incarne progressivement un standard de comportement voulu, une « norme »[19]. Dans le cadre de son engagement et en vertu des résolutions du Conseil de sécurité élevant la protection des civils en priorité absolue du mandat (rés.1906)[20], la MONUC/MONUSCO décide de développer des mécanismes innovants de protection qui constituent la réponse à l'immobilisme et à la passivité que certains ont tendance à lui imputer. Ces innovations se sont concentrées sur l'amélioration de la communication, du dialogue, des informations et le désarmement forcé des groupes armés en vue de protéger efficacement les civils. Cette évolution des pratiques devrait permettre aux Casques bleus d'anticiper les crises en se déployant en amont. Si ces expériences s'avèrent concluantes, elles deviendront une source d'enrichissement et une base des données que les Nations Unies utiliseront dans les OMP analogues. Sur le plan interne, la protection de la population est une obligation permanente et une responsabilité principale de l'État. La défaillance de l'État congolais à protéger sa population constitue la justification même de l'intervention des Nations Unies au nom de la responsabilité subsidiaire de la communauté internationale[21]. Le défaut de protection des civils a conduit à la reconnaissance juridique des crimes de guerre, crime contre l'humanité inscrits dans un cadre d'attaques généralisées ou systématiques. Caractérisés par des actes de violences de grande ampleur, ces crimes sont menés de manière organisée pour détruire, faire peur et imposer sa logique de domination(rés.1325)[22].

---

[19] N. DI RAZZA, *La protection des civils par les opérations de maintien de la paix de l'ONU*, *op.cit.*, p.265.

[20] S/RES/1856 (2008), S/RES/1906 (2009), S/RES/1925(2010).

[21] J.F. THIBAULT, « La protection des civils et la responsabilité de protéger, Les enjeux humanitaires d'une séparation du Jus in bello et du Jus ad bellum », *op.cit.*, p.4.

[22] N. DI RAZZA, *La protection des civils par les opérations de maintien de la paix de l'ONU*, *op.cit.*, pp. 132-133 ; Rapport du Projet Mapping concernant les violations les plus graves des droits de l'homme et du droit international humanitaire commises entre mars 1993- juin 2003 sur le territoire de la République Démocratique du Congo, Août 2010, chapitre V, pp.267-286 ; J. DE HEMPTINNE, « La définition de la notion de « population civile » dans le cadre du crime contre l'humanité, commentaire critique de l'arrêt Martic, *op.cit.*, p.94.

B. Les échecs de protection des civils : crimes de guerre et crimes contre l'humanité

Le conflit armé en RDC est d'une rare gravité et tristement connu pour les atrocités endurées par les civils : massacre, viols, mutilations, recrutements forcés d'enfants, taxations illégales, pillages, prise d'otage, attaques délibérées contre les soldats de la paix, déplacement massif des populations, violences sexuelles[23]. Dans ce contexte, les groupes armés nationaux comme étrangers contrôlant des larges parties du territoire agissent comme des autorités de fait et se rendent responsables d'une diversité des crimes (de guerre, contre l'humanité, voire des situations de pré-génocide). Certains groupes armés assurent leur survie et le financement de leurs activités militaires par la prédation économique sur les populations civiles. Les taxations illégales, les extorsions et l'érection de barrières douanières sont devenues des méthodes d'enrichissement utilisées de façon récurrente par les milices[24]. Selon Human Rights Watch, « *Les FDLR s'en prenaient plus aux civils dont ils exigeaient des taxes qu'à l'armée rwandaise* »[25]. À Ishasha, les FDLR exigeaient des commerçants le paiement d'une taxe de 5 dollars ainsi que 5000 Francs Congolais à chaque ménage, en échange de la protection théorique qu'ils prétendaient apporter à la région[26]. Dans l'axe Ishasha-Kiwanja, une barrière établie par les FDLR et les Maï-Maï, leur procurait 50 dollars par véhicule qu'ils se partageaient par la suite. Le fruit de ces taxations illégales a constitué des motifs de concurrence pour les groupes armés et alimenté le conflit au point qu'une mésentente survenue sur ce partage provoqua la reprise des combats entraînant des déplacements massifs des populations avec comme conséquence immédiate la mise en place de deux payages sur la même route, obligeant les civils à payer chacun des groupes armés[27].

En avril 2002, la ratification du statut de Rome par la RDC a permis la traduction de certains criminels congolais devant le Bureau du procureur de la CPI. Thomas Lubanga[28], Germain Katanga[29] et Mathieu Ngudjolo ont été poursuivis pour crimes de guerre et crimes contre l'humanité. Comme le montre l'étude des transcriptions des audiences du procès Lubanga, les filles enrôlées de

---

[23] Préambule de la résolution 2098 (2013), 28 mars 2013.

[24] Rapport du Secrétaire général sur la Mission de l'organisation des Nations Unies pour la stabilisation en République Démocratique du Congo, S/2012/838, 14 novembre 2012, §17. ;

[25] Human Rights Watch, « Nouvelle crise au Nord-Kivu », octobre 2007.

[26]MONUSCO, Rapport de l'équipe de protection conjointe, Mission à Nyamilima et Ishasha, septembre 2012.

[27] N. DI RAZZA, *La protection des civils par les opérations de maintien de la paix de l'ONU, op.cit.*, p.134.

[28] CPI, *Lubanga Dyilo, chambre préliminaire 1,* décision sur la confirmation des charges, 29 janvier 2007, §§ 229-237.

[29] CPI, *Affaire. ICC -01/04-01/07, G. Katanga*, 5 novembre 2007.

force dans les groupes armés ont été violées à répétition et ont été réduites à l'esclavage sexuel du fait des commandants[30].

En 2008, lors de la prise de Kiwanja, 150 civils ont été sommairement exécutés par les forces du CNDP du commandant L. Nkunda. Ses troupes ont ordonné la destruction de 6 camps qui hébergeaient les personnes déplacées et ont demandé à tous les civils de quitter kiwanja[31]. B. Tangana, chef militaire des forces patriotiques pour la libération du Congo (FPLC) et chef d'état-major militaire du CNDP est poursuivi actuellement à la CPI pour plusieurs chefs d'accusation : enrôlement et utilisation d'enfants dans l'armée, viol, meurtre et tentative de meurtres avec déplacement des populations.

En 2012, le M23 a procédé à des exécutions délibérées des civils dans les territoires sous son contrôle. Ces exécutions constituent des crimes de guerre et des crimes contre l'humanité au regard du droit international humanitaire. C'est dans ce cadre que le 25 juillet 2013, le Gouvernement Congolais a émis des mandats d'arrêt internationaux et adressé au Gouvernement rwandais des demandes d'extradition à l'encontre de quatre dirigeants du M23 réfugiés au Rwanda le 16 mars[32]. Dans certaines zones, les civils congolais sont victimes des représailles à la fois des groupes armés et des forces armées nationales qui leur reprochent leur collusion avec l'une à la l'autre milice concurrente. Entre fin 2008-janvier 2009, en représailles d'une opération militaire conjointe Ouganda/RDC ayant détruit un de ses camps, la LRA, a tué 865 civils et enlevé 160 enfants[33]. En 2012, les affrontements armés entre les groupes armés (Maï-Maï Lafontaine et Kifuafua ont fait 116 morts au titre de représailles[34]. Dans les territoires sous contrôle des groupes armés, la violence contre les civils constitue un outil pour mieux asseoir le pouvoir. Cette domination par la force s'est caractérisée par les violences sexuelles, les atteintes à l'intégrité physique, le recours aux traitements cruels, inhumains et dégradants[35]. Les abus perpétrés par les combattants visent à dominer leurs zones de contrôle en terrorisant les populations et à imposer leur autorité[36]. Cette domination politique par la terreur

---

[30] Rapport du Projet Mapping concernant les violations les plus graves des droits de l'homme et du droit international humanitaire commises entre mars 1993- juin 2003 sur le territoire de la République Démocratique du Congo, Août 2010, p.300.

[31] Human Rights Watch, « Masacres à Kiwanja : incapacité de l'ONU à protéger les civils », 11 décembre 2008

[32] Rapport du Secrétaire général sur la Mission de l'organisation des Nations Unies pour la stabilisation en République Démocratique du Congo, S/2013/581, 30 septembre 2013, §5.

[33] Human Rights Watch, Les massacres de Noël : Attaques de la LRA contre les civils dans le Nord du Congo, 2009.

[34] Rapport du Secrétaire général sur la Mission de l'Organisation des Nations Unies pour la stabilisation en République Démocratique du Congo, S/2012/838, 14 novembre 2012, §14.

[35] N. DI RAZZA, *La protection des civils par les opérations de maintien de la paix de l'ONU, op.cit.,* pp.134-135.

[36] Division des droits de l'homme de la MONUC et HCDH, « La situation des droits de l'homme en RDC », 2007. Voir aussi Rapport de la Rapporteuse spéciale sur la violence à l'égard des femmes (A/HRC/7/6/Add.4).

a été remarquée dans le territoire de Walikale contrôlé par le groupe Maï -Maï Scheka[37]. Entre 2012-2013, lors de l'occupation de la ville de Rutshuru, le M23 s'est livré à des exécutions sommaires, mutilations, recrutements forcés d'enfants et autres traitements inhumains aux civils, accusés d'avoir collaboré avec les FARDC et les Maï-Maï[38].

§2. La normalisation de la protection des civils et la portée organisationnelle de la MONUC/MONUSCO

Depuis le début du mandat de la MONUC (rés.1820), la protection des civils a toujours constitué une préoccupation du Conseil de sécurité[39]. De ce fait, la Mission s'est engagée à renforcer la formation de son personnel et le développement des mécanismes inédits de protection. Pour les représentants de la Mission, la sauvegarde des civils est devenue une activité habituelle de toute la mission et requiert l'action coordonnée et concertée de toutes ses composantes (rés.1906). Le maintien de la paix se nourrit des expériences et se construit de ses échecs. Si les échecs du Rwanda et de Srebrenica ont renforcé les Nations Unies à développer de nouvelles orientations pour améliorer la protection des civils et du mandat, c'est en se heurtant aux échecs locaux de protection sur le terrain que la MONUC/MONUSCO a pu améliorer ses pratiques[40]. Edem Blege affirmait : « *Les catalyseurs ont été des crises, on a eu de la chance parce qu'on a eu des échecs* »[41]. Autrement, l'expérience des échecs passés a enrichi les stratégies pour le présent et le futur de la protection par la mission de paix[42].

---

[37] Rapport du Secrétaire général sur la Mission de l'organisation des Nations Unies pour la stabilisation en République Démocratique du Congo, S/2010/512, §§ 10-11.,

[38] UNJHRO, Report on Human Rights Violations Perpetrated by Soldiers of the Congolese Armed Forces and Combatants of the M23 in Goma and Sake, North-Kivu Province, and in around Minova, South Kivu Province, from 15 November to 2 December 2012, mai 2013, Rapport du Secrétaire général sur la Mission de l'Organisation des Nations Unies pour la stabilisation en République Démocratique du Congo, S/2013/757, 17 décembre 2013, §21. ; N. DI RAZZA, *La protection des civils par les opérations de maintien de la paix de l'ONU, op.cit.,* p.135

[39] Le Conseil de sécurité rappelle sa préoccupation dans ses multiples résolutions 1325 (2000) et 1820 (2008), 1888 (2009) et 1889 (2009) sur les femmes, la paix et la sécurité, 1502 (2003) sur la protection du personnel des Nations Unies, du personnel associé et du personnel humanitaire dans les zones de conflit. Les résolutions 1674 (2006) et 1894 (2009) sur la protection des civils en période de conflit armé et les résolutions 1612 (2005) et 1882 (2009) sur les enfants dans les conflits armés. Le Conseil rappelle également les conclusions du Groupe de travail du Conseil de sécurité sur les enfants et les conflits armés concernant les parties au conflit armé en République Démocratique du Congo (S/AC.51/2009/3)

[40] N. DI RAZZIA, *La protection des civils par les opérations de maintien de la paix de l'ONU, op.cit.*, p

[41] Le responsable de la section des affaires civiles de la MONUC au Nord-Kivu jusqu'à 2008.

[42] International Security and Stabilization Support Strategy (UNSSSS), Fact Sheet, 25 juin 2010.

A. La professionnalisation du personnel de protection

La protection des civils est aussi une affaire des ressources disponibles et du personnel qualifié, susceptible de proposer et d'adapter des mécanismes nouveaux et inédits pour plus d'efficacité. Répondre à une crise de protection ne s'improvise pas. Elle exige avant tout d'identifier les différents types d'exactions et des zones prioritaires d'intervention. Cela implique aussi disposer d'un personnel suffisamment formé et spécialisé dans la protection des civils tant à la fois du point de vue humanitaire que des réponses militaires et civiles coordonnées pour un impact maximisé des opérations. Les outils pour améliorer l'information et anticiper des violations des droits des civils devront être mis en œuvre par toutes les composantes de la MONUC et les agences onusiennes spécialisées en la matière. La planification conjointe des opérations militaires et la politique du soutien conditionnel aux FARDC participent de cet objectif tendant à réduire les risques des violences contre les civils en vue d'en assurer la protection. L'amélioration de l'interaction avec les populations locales, les FARDC, les Casques bleus et les agents humanitaires contribuent à anticiper les risques de violence. Elle implique des ressources supplémentaires, une bonne planification et une formation supérieure du personnel en matière civile, militaire qu'humanitaire[43].

Pour réduire l'impact humanitaire des opérations militaires de protection, le personnel devra assurer la coordination des réponses civiles et militaires en vue de diminuer la violence qui résulterait des représailles des groupes armés. En vertu de la résolution 1906(2009), le personnel de la MONUC/MONUSCO a intégré l'idée suivant laquelle toutes les composantes de la Mission concourent à la protection des civils. Le Conseil de sécurité encourage la MONUC à accroitre l'interaction, sous l'autorité du RSSG, de ses composantes civiles et militaires à tous les niveaux, ainsi que du personnel humanitaire, afin d'intégrer toutes les compétences spécialisées qu'exige la protection des civils[44]. Ainsi, tout le personnel de la Mission pense, parle protection et toutes les actions de la mission de paix sont justifiées en son nom.

Cette appropriation du mandat de la protection des civils par les équipes civile et militaire de la MONUC/MONUSCO est bien le signe de sa bureaucratisation[45]. Un véritable monopole s'est même installé et la professionnalisation des agents de la MONUSCO a pu se développer pour devenir un véritable leitmotiv. Au regard de l'importance qu'elle occupe dans le mandat, la chef du Bureau de la MONUSCO au Nord-Kivu, Hiroute Guebre-Selassie déclare que « *la Mission fait son maximum pour la protection au prix*

[43] P.D. WILLIAMS, « Renforcer la protection des civils dans les opérations de maintien de la paix : regard sur l'Afrique ». *op.cit.* p.55.
[44] S/RES/1906(2009), 23 décembre 2009, §8.
[45] N. DI RAZZIA, *La protection des civils par les opérations de maintien de la paix de l'ONU, op.cit.*, p.*266.*

même du sacrifice de ses propres agents»[46]. Le recrutement d'officiers de protection au sein de la section des Affaires Civiles et la présence d'un conseiller protection des civils aux côtés du chef de la Mission témoignent cet engagement prometteur de la MONUC/MONUSCO[47]. Le Conseiller Protection est chargé d'assurer le « *mainstreaming* » de la protection et son intégration dans toutes les activités, décisions et sections de la Mission. Il est le réceptacle de toutes les urgences et besoins de protection et assure le lien entre toutes les composantes et la hiérarchie de la Mission en vue de répondre aux crises. Devenue concept fédérateur des activités de la Mission, la concentration et l'attention portées par le Conseil de sécurité à l'assistance des civils en RDC se trouvent remarquablement visibles. Les formations sur les activités de protection se sont multipliées et des modules développés. C'est dans ce cadre que le Conseil de sécurité demande à la MONUC de s'appuyer sur les meilleures pratiques et de reproduire les mesures de sauvegarde qui ont donné de bons résultats dans le cadre des expériences menées au Nord-Kivu, notamment la création d'équipes communes de protection, de cellules d'alerte précoce et de services de liaison et de communications locales(rés.1906)[48]. Au sujet de la professionnalisation du personnel de protection, une coopération entre le DOMP et OCHA en vue d'une systématisation et de cohérence des textes relatifs à la protection des civils a été envisagée[49].

B. La formalisation de la stratégie de protection des civils dans le mandat de la MONUC/MONUSCO

Au siège des Nations Unies comme sur le terrain, la protection des civils devient une affaire de professionnels. Les mécanismes d'assistance mis en place par la MONUC/MONUSCO et la professionnalisation des équipes chargées qui lui sont rattachées révèlent la bureaucratisation de la protection au niveau onusien. Bien que créées de façon conjoncturelle pour répondre à des situations d'extrême urgence sécuritaire, la protection relève d'une question intersectorielle qui devra intégrer tous les aspects de la réponse humanitaire. À ce sujet, le Cluster protection dispose d'un droit de regard sur les activités de chaque section visant à vérifier que la protection est intégrée et programmée de façon coordonnée et efficace. Ce suivi permet une certaine normalisation et systématisation en vue d'assurer une mise en œuvre optimale[50]. Avec la professionnalisation du personnel de la MONUC/MONUSCO, la Mission s'est

---

[46] « RDC : un Casque bleu des Nations Unies mortellement blessé dans la prise de Bunagana », *Radio France Internationale,* 6 juillet 2012.

[47] N. DI RAZZA, *La protection des civils par les opérations de maintien de la paix de l'ONU*, *op.cit.* p.269.

[48] S/RES/1906 (2009), 23 décembre 2009, §9.

[49] Rapport du Secrétaire général, S/2002/1300, §5.

[50] X. ZEEBROECK, M. MEMIER, P. SEBAHARA, « La mission des Nations Unies en RD Congo, Bilan d'une décennie de maintien de la paix et perspectives », *op.cit.*, p.10.

affranchie du système « *crise-réaction* » en faveur du système « *bureaucratie-application d'un programme* »[51]. Dans les activités de la Mission, la protection des civils est désormais banalisée et dépassionnée. Le personnel de la Mission exécute la tâche de façon organique, mécanique et ordinaire. Elle ne suscite plus de débat et ne résulte plus de la reprise ou non des hostilités, ni de l'urgence humanitaire. La mise en œuvre devient programmatique, banale et zélée[52]. En 2011, la MONUSCO a fait preuve d'un activisme sans précédent en déployant préventivement des équipes conjointes de protection pour anticiper les crises post électorales[53]. Pour protéger les civils des représailles des FDLR, la MONUC avait installé 50 bases opérationnelles pour assurer la protection communautaire dans les territoires du Nord et du Sud Kivu. Cette réponse préventive de la MONUC a permis une meilleure capacité d'anticipation des mouvements des populations, ainsi que leur concentration. De plus, l'installation de ces bases mobiles a facilité l'accès des humanitaires dans certains axes prioritaires.

Suivant l'idéal d'une politique publique internationale, le débat sur le fond de la protection des civils s'avère dépassé, seules restent d'actualité, les modalités de sa mise en application. Elle a déjà intégré toutes les sections de la Mission de paix et les routines institutionnelles. Le bénéfice de la protection résulte du fait qu'elle est aussi un concept éthique lié à d'autres normes de même valeur certes, mais avec une résonance beaucoup plus forte comme les droits de l'homme. Désormais, la protection des civils croise l'itinéraire d'autres normes existantes avec lesquelles, elle traite de la prévention des atteintes physiques contre les groupes vulnérables comme la responsabilité de protéger, le droit de l'homme, le droit humanitaire qui poussent leur influence commune dans le cadre international. En tant que norme[54], la protection des civils devient une composante plurielle incarnant à la fois, les normes régulatrices dans la mesure où elle interdit les attaques contre les civils et se réfère à toutes les prohibitions du droit international humanitaire(rés.1856). Elle est constitutive parce qu'elle crée des mécanismes protégeant activement les civils, créant de nouveaux acteurs, des procédures et des mécanismes nouveaux d'action(rés.1484). Elle est prescriptive en ce sens qu'elle impose des obligations aux Casques bleus d'intervenir en cas de menaces imminentes(rés.1804)[55]. De l'émergence à la cascade normative qu'elle a déclenchée jusqu'à son internationalisation, la protection des civils a engagé son itinéraire de normalisation de façon remarquable. Désormais, elle est acceptée au sein de la Mission et devient une

---

[51] N. DI RAZZA, *La protection des civils par les opérations de maintien de la paix de l'ONU*, *op.cit.*, p. 276.

[52]*Ibid*

[53] Rapport du Secrétaire général de l'Organisation des Nations Unies sur la stabilisation en République Démocratique du Congo, S/2012/655, 26 janvier 2012, §§ 34-35.

[54] M. FINNEMORE, K. SIKKINK, « International Norm Dynamics and Political Change », *Internationnal Organization*, Vol.52, n°4, 1998, p.887-917.

[55] N. DI RAZZA, *La protection des civils par les opérations de maintien de la paix de l'ONU*, *op.cit.*, p.277. ; S/RES/1804 (2008).

norme admise et internalisée dans le système de maintien de la paix. Dans le mandat de la MONUC/MONUSCO, elle s'est disséminée dans toutes ses composantes et sections. Elle a foisonné et produit en son sein des normes de comportement comme par exemple la norme de conditionnalité du soutien de la Mission de paix à l'État hôte de la Mission, consistant à s'abstenir de soutenir les FARDC lorsqu'elles ne respectent pas les règles de droit international humanitaire, du droit international de droits de l'homme dans la conduite des opérations militaires conjointes[56]. En raison de sa position influente sur la mission, la protection des civils est devenue un véritable programme d'action pour les Casques bleus. De la professionnalisation des agents à sa normalisation, la protection des civils est devenue un outil légitimant le mandat de la Mission de paix en République Démocratique du Congo.

SECTION 2.
La protection des civils comme outil de légitimation du mandat de la MONUC/MONUSCO

En raison de son influence dans le mandat, la protection des civils est devenue un véritable programme susceptible de légitimer toutes les activités de la Mission. En raison du consensus qu'elle produit, l'idéalisme de la protection des civils cède souvent la place à l'opportunisme. Dans la pratique de la MONUSCO, la protection des civils incarne ce credo mis en avant, manipulé, politisé et parfois instrumentalisé pour promouvoir et défendre le maintien de la Mission y compris contre la volonté de l'État hôte qui souhaite son retrait[57]. De la légitimité institutionnelle acquise, la protection des civils apparaît un concept globalisant et légitimant toutes les activités de la Mission. Dans la résolution 2078 (2012), le Conseil de sécurité rappelle dans toutes les résolutions ayant trait aux femmes, à la paix et à la sécurité, la nécessité de protéger les civils en période des conflits armés. Ainsi, l'utilité de la tâche de protection des civils fait désormais l'objet d'une mise en œuvre scrupuleuse par la MONUSCO à la fois dans sa communication que dans la promotion du dynamisme de ses composantes en vue de mobiliser des fonds et d'attirer davantage l'opinion internationale autour de sa cause.

§1. La communication de la MONUSCO au service de la protection des civils

Dans les activités de protection des civils, l'image d'une MONUSCO protectrice s'est révélée un instrument de communication d'une grande

---

[56] S/RES/1906 (2009), 23 décembre 2009, §22.

[57] N. DI RAZZA, *La protection des civils par les opérations de maintien de la paix de l'ONU*, *op.cit.*, p.280

importance. La Division de l'Information Publique de la MONUSCO promeut les activités de la Mission à travers des publications telles que les Echos de la MONUSCO, des éditions hors-séries, des communiqués de presse, des expositions, des conférences hebdomadaires, la mobilisation des réseaux sociaux, la radio des Nations Unies (Radio okapi), l'affichage aux portes de ses bases ou la distribution de photos et prospectus validant une protection assumée[58]. Toute cette stratégie vise à présenter une image positive de la MONUSCO contrariant les allégations d'inaction et d'immobilisme.

A. Le caractère ostensible de la Mission au cœur du dispositif de protection

Tout est fait pour contribuer à assurer la visibilité de la Mission, à montrer son engagement et à créer au sein de l'opinion nationale et internationale un imaginaire collectif autour de son mandat. La brochure, « *la protection de la MONUSCO en faveur des civils* », diffuse les actions des Casques bleus en faveur des civils congolais au moyen des dessins didactiques qui expose et détaille les actions entreprises : des patrouilles pendant les jours de marché, les patrouilles nocturnes pour chercher les groupes armés qui pourraient attaquer et rassurer les populations par sa présence. Le travail et la rencontre avec des populations locales permettent de connaitre leurs besoins, leurs préoccupations et de convenir des mécanismes de protection en collaboration avec les unités de police et des FARDC. Toutes ces activités présentées sur des dépliants sont régulièrement affichées sur la place publique. Pour Charles Antoine Bambara, Directeur de la Division de l'Information Publique/MONUSCO, la protection des civils est au cœur de la mission de la MONUSCO[59]. La présence de la MONUSCO dans les zones reculées à risque constitue aussi un outil de communication rassurant pour la population. La collaboration avec les unités de la police et des forces armées pour sécuriser les sites des personnes déplacées. La fourniture des escortes pour les agences onusiennes et les ONG qui apportent assistance à la population sont autant d'activités présentées dans des brochures et prospectus. Dans des dépliants, sont indiqués à la population la façon de contacter la MONUSCO, les actes de violence à rapporter et les premières précautions à prendre pour se protéger en cas d'attaque armée. La diffusion des informations via la Radio okapi ne manque pas de mettre en avant la tâche de protection des civils dans ses émissions quotidiennes. Le magazine de la Mission, *les Echos de la MONUSCO* illustre bien la place de la protection des civils dans la communication du mandat. Dans ses différents numéros de publication, l'assistance aux civils est utilisée comme un véritable leitmotiv et instrument de communication, tel un service public diffusant une brochure sur

[58] N. DI RAZZA, *La protection des civils par les opérations de maintien de la paix de l'ONU, op.cit., p.280*

[59] Échos de la MONUSCO, édition hors-série, 22 mai 2015, pp. 8-9.

ses activités[60]. En 2012, alors que la presse nationale et internationale s'attardaient à la passivité des Casques bleus lors de la prise de la ville de Goma par le M23, les Echos de la MONUSCO rapportaient les faits en défendant le mandat[61].

Devant certaines situations, la protection des civils apparaît comme le fer de lance idéal exploité parfois jusqu'à l'exagération, voire à la désinformation. Cette image idéaliste de protection véhiculée par le magazine onusien selon laquelle, les portes de la MONUSCO étaient ouvertes pendant l'occupation de Goma par le M23 sans discrimination masque la réalité car seul le personnel travaillant pour l'ONU, les ONG internationales et les organisations internationales comme EUFOR ou EUPOL ont été prioritairement accueillis dans ses bases opérationnelles ou rapatriés vers l'Ouganda[62]. Alors que le personnel onusien non essentiel était prié de quitter le pays à l'approche de M23 et la majorité confinée dans les bases de la MONUSCO, les images véhiculées par les photographes de la MONUSCO montrant les Casques bleus patrouillant près des populations locales cherchent à masquer les lacunes de la Mission. Elles visent plus à publier une image positive de la Mission plutôt qu'à une action efficace de protection. Les photos dans lesquelles les Casques bleus côtoient les responsables du M23 ou apparaissent à côté des criminels de guerre comme B. Tangana, Makenga et Scheka sans les arrêter ne sont jamais publiées. Les images des véhicules de l'ONU interceptés, transportant des minerais congolais vers le Rwanda ne sont jamais diffusées non plus[63].

B. Protection des civils, prétexte pour masquer l'impuissance et les insuffisances de la Mission de paix

Alors que les civils sont massacrés y compris dans les zones sous protection des Nations Unies, le discours des responsables politiques de la mission de paix semble constant comme si rien ne pouvait modifier leur stratégie. Toujours décriée à la fois par les organisations régionales, l'opinion publique congolaise que la société civile., la protection des civils dans le discours de la mission de paix était devenue redondante au point qu'on se posait la question même de son contenu réel. Pour certains, la protection des civils devient un argument pour protéger les postes et avantages de ceux qui sont chargés à l'assurer sur le terrain. Si la résolution 2098(2013) avait autorisé la Mission de paix à neutraliser les groupes armés hostiles au DDR volontaire, force est de constater que depuis l'avènement de la brigade d'intervention de la MONUSCO au mandat offensif, aucun groupe armé n'a été désarmé alors même que la région en compte une

[60] Échos de la MONUSCO, numéros 1, 2, 6, 9, 11, 25, 34 et 44.

[61] Les Echos de la MONUSCO, n° 16, novembre 2012

[62] N. DI RAZZA, *La protection des civils par les opérations de maintien de la paix de l'ONU, op.cit.*, p.282.

[63] Human Right Watch, « ONU : les Casques bleus impliqués dans la contrebande au Congo (RDC) doivent être tenus responsables », 23 juillet 2007.

cinquantaine des groupes armés actifs. Le paradoxe de cette mission de paix réside dans son incapacité à évaluer son mandat de protection en dépit de multiples résolutions du Conseil de sécurité et des diatribes qui lui sont consacrées à chaque crise de protection. Constatant probablement son échec, la mission se complaint à l'apologie de la protection, devenue le seul alibi incontestable pour justifier sa présence au Congo et au-delà toute sa survie en tant que mission de paix dont elle ne maitrise aucun paramètre pour atteindre ses objectifs[64]. Ne disposant d'aucun bilan pour valoir auprès des décideurs du maintien de la paix, tout échec de protection des civils s'accompagne d'un type nouveau de discours « *la mission va renforcer les moyens de protection et d'appuyer les FARDC pour désarmer les groupes armés* ». Alors même que le désarmement forcé des forces hostiles fait partie intégrante de leur mandat robuste. La passivité de la MONUSCO et l'inefficacité de ses stratégies de protection des civils interrogent les vrais mobiles de cette mission en plus de deux décennies de présence pour prétendument maintenir la paix et protéger les civils qui meurent chaque jour sans être protégés.

En 2023, face à la reprise des hostilités des rebelles du M23 soutenus par le Rwanda, la MONUSCO atteint d'une sorte d'autisme stratégique annonce par la bouche du Secrétaire général de l'ONU : Antonio Guteres que le M23 se bat avec des armes dignes d'une armée régulière dont la mission de paix ne dispose pas. La déclaration du Secrétaire général des Nations Unies est un aveu d'impuissance d'une mission de paix incapable de s'autoévaluer. La surveillance de l'embargo sur les armes dans la région constitue l'une de ses missions principales. Entrevoir cette posture déclinante de paix ouvre la voie à la capitulation, à une certaine complicité de la Mission de paix avec les rebelles. Le discours sur la protection des civils vise à masquer des objectifs autre que le maintien de la paix au point de prendre en compte l'argument des responsables congolais selon lequel, les forces de maintien de la paix roule pour des intérêts étrangers visant à la balkanisation du pays. C'est dans la région où le ¾ des forces de la MONUSCO sont déployées que l'insécurité est permanente, que les civils sont régulièrement massacrés et que les groupes armés sont les plus actifs. Le discours sur la protection des civils ne traduit que la radiographie d'une mission impuissante à renouveler ses objectifs pour répondre aux besoins préoccupants des populations selon le contenu du mandat et des résolutions du Conseil de sécurité. La mission de paix est déployée par les Nations Unies depuis 1999(rés.1279), le Secrétaire général des Nations déclare en ces termes : « *le M23 dispose des armements sophistiqués dignes d'une armée régulière dont la MONUSCO ne possède pas* ». Alors, que fait la MONUSCO pendant plus de 20

[64] Human Rights Watch : Massacres à Kiwanja, l'incapacité de l'ONU à protéger les civils, 11 décembre 2008. ; Rapport consolidé sur les enquêtes par le bureau conjoint des Nations Unies des droits de l'homme sur les graves abus des droits de l'homme commis à Kiwanja, Nord- Kivu, en Novembre 2008, MONUC- Bureau du haut-commissariat aux droits de l'homme, Rapport spécial, 7 septembre 2009, §3.

ans de présence sur le sol congolais. On peut se demander également, comment un groupe armé frappé d'embargo sur les armes a pu se procurer des armes dont la communauté internationale représentée par la MONUSCO ne dispose pas. Pour une certaine opinion, les groupes armés sont alimentés par ceux qui sont chargés de les combattre. En outre, chaque fois que le gouvernement congolais demande le retrait de la MONUSCO, le conflit redouble d'intensité ou pire un nouveau groupe armé renait dans la foulée (CNDP en 2008, le M23 en 2012, le M23 encore en 2023). Cette recrudescence du conflit constitue un moyen pour la mission de justifier sa présence au Congo au motif que l'après MONUSCO sera pire. Le discours sur la protection des civils a pour but de masquer des objectifs visant à continuer à piller les ressources congolaises et finalement concrétiser le projet de la balkanisation longtemps redouté. La question que tout le monde se pose réside dans l'impuissance affirmée des Nations Unies devant un groupe armé qui dispose des armes que la MONUSCO ne peut pas se doter ou se procurer pour exécuter son mandat. En réalité, la recrudescence du conflit à l'Est du Congo résulterait d'une grande complicité entre la force de paix, certaines autorités congolaises, les puissances internationales et régionales, les grandes sociétés internationales exploitant les matières premières critiques indifféremment du mandat, de son contenu et des moyens que ni la mission de paix, ni les décideurs encore moins les exécutants ne souhaitent mettre en œuvre pour arrêter cette hémorragie congolaise. Le projet de balkanisation étant en cours, il appartient aux seuls congolais de chercher à empêcher sa concrétisation par tous les moyens.

§2. La promotion de la protection des civils à l'épreuve du dynamisme opérationnel et de la mobilisation des fonds

Pour certaines sections de la MONUSCO, la protection des civils devient une occasion pour mobiliser les bailleurs des fonds et obtenir des moyens en vue de répondre aux besoins de protection. La politique d'affichage et de communication de la MONUSCO contribue à mettre en scène les efforts réels ou supposés déployés par la Mission pour protéger les civils. Elle se trouve renforcée par la démonstration de force des Casques bleus, le déploiement des drones non armés et l'image des soldats de la paix notamment la Brigade d'intervention de la MONUSCO impressionnante et suréquipée. Rien ne se fait ou ne s'obtient qu'au prisme de la protection des civils. Toutes les activités de la Mission de paix ne se régulent qu'au nom et pour le compte de la protection.

A. L'image des Casques bleus et de leurs activités mises en scène

Alors que les civils continuent à être massacrés, le discours sur les activités de protection font l'objet d'une grande publicité et promues comme de grandes innovations. Dans les rapports du Secrétaire général, les mécanismes civils de protection notamment le JPT qui n'est qu'une mission d'évaluation de la situation sur le terrain est présenté comme des innovations remarquables pour davantage de protection. Les publications et les photos des Nations Unies à ce sujet sont présentées comme des pratiques révolutionnaires en la matière. Un responsable de la MONUSCO nous déclarait qu'avoir un Congolais avec les soldats de la MONUSCO dans un village reculé est indispensable pour l'image de la mission. Les CLA (Assistant de liaison communautaire) qui ne sont que des traducteurs sont vendus à forte publicité comme une grande avancée dans la protection alors qu'ils ne servent qu'à orienter les décideurs sur les besoins de protection dans une zone donnée. La manipulation du concept de protection des civils et son instrumentalisation pour obtenir des moyens financiers et matériels n'est plus à redouter au sein de la Mission. Dans ce contexte, la protection des civils constitue, comme les droits de l'homme, les questions du genre, un concept consensuel, fédérateur et idéal qui incarne le sésame, la clef pour susciter l'intérêt des bailleurs des fonds. Conscient de l'engouement international croissant en faveur de la protection des civils, tous les partenaires de la paix en RDC intègrent le concept dans leurs discours et pratiques. Toutes les sections de la Mission, les agences onusiennes et les ONG internationales et locales, les pays contributeurs des troupes investissent le langage et l'esprit « protection des civils » pour attirer l'attention de la communauté internationale et subsidiairement obtenir des fonds nécessaires à leurs actions. Elle est apparue comme l'excuse ultime à laquelle, personne ne peut s'opposer sans heurter la conscience internationale et nationale. Les pays contributeurs en troupes recourent aussi aux mêmes reflexes et ne ratent plus l'occasion de brandir la protection des civils pour réclamer davantage de moyens financiers répondant à leur prise de risque. Ainsi, chacun s'est approprié la protection des civils pour justifier une demande matérielle, acquérir de la légitimité et promouvoir son propre dynamisme[65].

La défense de la légitimité même de l'action onusienne, l'existence et la permanence de la MONUC/MONUSCO dans le pays s'opère au prisme de la protection des civils. En 2010, lorsque le Président Kabila demanda un calendrier de retrait de la mission, la ligne de défense des ONG des droits de l'homme portait sur la nécessité des Casques bleus pour la protection des civils. Tous les arguments justifiaient qu'à l'état actuel, les FARDC et la PNC ne sont pas prêtes à garantir seules la protection des civils et que la présence de la MONUSCO offrait une sécurité optimale contre les groupes armés résiduels[66]. Même après de massacre près de la base de la MONUSCO à Kiwanja, les Casques bleus eux-mêmes ont intégré qu'une meilleure protection des civils passe par la légitimation accrue de leur présence. Ils ajoutent comme toujours, sans les

---

[65] MONUSCO/OHCHR, Report of the United Nation High Commissioner for Human Rights on the Human Rights Situation and the Activities of her Office in the Democratic Republic of the Congo, 13 janvier 2012, A/HCR/19/48

[66] A. AGENONGA CHOBER, « La MONUSCO et la problématique de son désengagement : opportunités ou risques d'embrasement de la RDC ? », *Thinking Africa, note d'analyse politique* n° 48, septembre 2016, pp.5-8

Casques bleus, la situation aurait été pire qu'elle l'est aujourd'hui. L'émulation a eu lieu sur le terrain entre les contingents de différentes nationalités[67]. Peu importe le résultat sur le terrain, la seule invocation de la protection des civils ouvre les portes du paradis pour les acteurs du maintien de la paix mais ne ferment pas non plus celles de l'enfer pour les Congolais qui chaque jour, comptent leur mort devant le discours et les privilèges que confèrent le concept.

B. Protection des civils, concept fédérateur et légitimant les activités de la Mission

Ainsi, le concept de protection des civils a fait l'objet d'un parcours remarquable allant de la reconnaissance progressive de l'idée et du développement de sa pratique, de sa légitimation dans le système onusien jusqu'à sa consécration en concept fédérant toutes les activités de la MONUSCO. Ainsi, elle a gagné progressivement sa place au sein de la Mission de paix des Nations Unies et du DOMP qui ont intégré le concept dans les programmes, les activités, les débats et les plaidoyers. À ce sujet, elle constitue un nouveau paradigme donnant du sens à tous les autres concepts, actions et tendances. Erigée en norme légitimante, la protection des civils est devenue un principe fédérateur et explicatif pour toute opération liée au maintien de la paix en RDC : le personnel de la MONUSCO l'utilise pour promouvoir ses actions et justifier sa présence dans le pays, les responsables politiques de la MONUSCO l'exploitent pour influencer les décideurs congolais et pour explorer de nouvelles stratégies de maintien de la paix, le Conseil de sécurité le mentionne régulièrement dans les préambules de ses résolutions concernant la RDC pour justifier l'appui politique à la Mission à chaque renouvellement du mandat. La protection des civils à l'exemple des droits de l'homme suscite peu ou pas de controverse. Elle crée un large consensus au sein du Conseil de sécurité et des acteurs intervenants. Ce qui explique son utilisation fréquente dans les discours et les rapports des Nations Unies justifiant même le recours à la force militaire à son nom. L'aura est telle qu'en 2010, la MONUC a défendu son maintien en RDC au nom de la protection des civils et le Conseil de sécurité a étendu ses orientations sur cette appréciation[68]. De la systématisation pour la sécurité des populations et sa consécration en tant qu'outil de communication et de légitimation des activités de la Mission, la protection des civils est devenue un facteur de changement et de responsabilisation pour l'Organisation des Nations Unies[69]. En fin de compte, la véritable culture de protection à laquelle aspirait le Secrétaire général de l'ONU s'est finalement installée et diffusée car toutes les activités de la Mission

---

[67] N. DI RAZZA, « *La protection des civils par les opérations de maintien de la paix de l'ONU* », *op.cit.*, p.285.

[68] S/RES/1925 (2010), 28 mai 2010, §1.

[69] N. DI RAZZIA, *La protection des civils par les opérations de maintien de la paix de l'ONU, op.cit.*, p.286.

en sont remarquablement imprégnées[70]. Elle n'est plus une activité conjoncturelle au sein de la MONUC/MONUSCO. Elle a fait l'objet de trois consécrations : institutionnelle, bureaucratique et normative.

Au niveau institutionnel, elle a intégré l'institution des Nations Unies et sa transformation en un ensemble de normes, de pratiques et de règles. La bureaucratisation, en ce sens que son organisation rationnelle et professionnelle se caractérise désormais par une systématisation de poursuite de l'objectif et de nouvelles pratiques dans l'organisation de la Mission. La normalisation, l'idéal de protection devient une norme de référence pour toute la Mission. Elle incarne une tâche sensible pour la Mission sur laquelle elle promeut son action, ses activités sont désormais analysées, évaluées et jugées. Elle est devenue un standard, une référence de pensée et de comportement. L'imprégnation du concept par toutes les sections de la MONUSCO témoigne remarquablement de son intégration au sein de la mission de paix dans laquelle, elle est devenue un facteur de changement et de responsabilisation.

Toutefois, l'apologie de la protection des civils sur le terrain révèle une grande illusion. Les populations s'impatientent au point de considérer que la protection dont les représentants onusiens rappellent concernent leur protection propre et non celle de la population régulièrement meurtrie.

---

[70] Rapport du Secrétaire général de l'Organisation des Nations Unies sur la protection des civils en période de conflit armé, S/2002/1300, 26 novembre 2002.

Conclusion du chapitre I

Le dynamisme de la MONUC/MONUSCO et son activisme en matière de protection des civils permettent de rejeter l'idée selon laquelle, la Mission se complaît à son immobilisme. La mise en place des mécanismes civils et de postures nouvelles de protection traduisent l'hyper activité de la mission en la matière. Cette approche synergique civile et militaire de protection aurait permis à la Mission de répondre efficacement aux multiples défis de protection[145]. La protection des civils incarne le paradigme fécond dans l'institution et un prisme de compréhension indispensable pour les OMP futures. Institutionnalisée et bureaucratisée, la protection des civils a entamé son itinéraire de normalisation au point que sa résonnance dans les zones de conflit dépasse désormais le droit de l'homme. Son apogée tient au fait que dans les organisations internationales dont les Nations Unies, sa seule invocation suscite approbation et ne soulève que très rarement l'opposition des membres permanents du Conseil de sécurité en termes de moyens et des ressources. Elevée en priorité absolue du mandat, la protection des civils a contaminé toutes les activités et sections de la mission de paix. De ce fait, le terrain congolais apparaît le plus adéquat pour juger de l'évolution du maintien de la paix et constitue le laboratoire des pratiques nouvelles pour les Nations Unies. Cependant, la recrudescence des crises de protection offre des perspectives incertaines, faute des objectifs politiques et stratégiques prédéterminés[146]. L'impact limité de ces pratiques sur le terrain résulte aussi de l'absence d'une évaluation objective s'agissant de l'efficacité que la mission se devait d'assurer à chaque crise. Le décalage entre la pratique formelle de protection et les résultats réels sur terrain illustre que les mécanismes développés et mis en œuvre demeurent largement insuffisants pour protéger efficacement les civils et défendre le mandat. Dans certains cas, le discours sur la protection des civils masque souvent la défaillance d'une mission vieillissante

---

145 X. ZEEBROEK, « Restons calmes, la situation est désespérée. Quelques idées reçues sur le conflit en RDC », *op.cit.*, p.4.

146 A. BOUTELLIS, « Froc Crisis to Reform: Peacekeeping Strategies for the Protection of Civilians in the Democratic Republic of the Congo », Stability: *International Journal of Security and Development*, September 2013.

et incapable de s'autoévaluer. Incapable de tenir un discours audible et cohérent sur la protection, la MONUSCO cherche désormais sa sortie honorable. L'activisme permanent des groupes armés à l'Est du pays et l'absence des perspectives réelles de paix témoignent les limites de la mission de paix en plus de deux décennies de présence en RDC.

CHAPITRE II :

La définition de nouvelles pratiques de protection

La crise de protection a souvent constitué le moteur de mise en accusation de l'inaction de la MONUC/MONUSCO et de la faillite de ses stratégies. Au fil du temps, la Mission acquiert même la réputation de « *Tourist in a War Zone* »[1]. Pourtant, la mission n'est pas restée inactive. À la suite de massacre des populations civiles en Ituri (2003), Bukavu (2004), de Kiwanja (2008), de viol de Luvungi (2010), de Minova (2012), la composante civile de la MONUC a développé des outils et mécanismes civils innovants de protection, alors que la composante militaire explore différentes postures combattantes. Pour la MONUSCO, les échecs ou les crises de protection représentent des opportunités de renouveau organisationnel et de remise en question de ses propres pratiques et stratégies. Les échecs de protection ont souvent constitué des déclencheurs de nouvelles actions pour l'ONU et le réengagement de l'Organisation au profit des populations civiles(rés.1493). La reconfiguration du mandat de la MONUC/MONUSCO en termes d'effectif et de moyens procède toujours de ces crises de protection particulièrement dramatiques et médiatiquement marquantes(rés.1565). Cette approche synergique civile et militaire de protection constitue un tournant dans le déploiement des OMP sous commandement onusien.

---

[1] L'inefficacité de la MONUC est telle que le Président Ougandais Museveni, l'accuse régulièrement et dont la BBC reprend le 14 juin 2002 : UN Tourists Fail to halt DRCongo Killings », *New Africain*, 24 Octobre 2013 : « DR Congo : Peacekeepers or a costly ' bunch of tourist' ».

SECTION 1.

Le renouvellement organisationnel de la Mission après les échecs de protection : analyse des outils et mécanismes civils de protection

Après chaque crise, la MONUC fait souvent l'objet des critiques pour son incapacité à protéger les civils et à renouveler ses stratégies[2]. Cependant, les crises constituent de moment de remise en question de la Mission et de développement de nouvelles pratiques. Après le massacre de Kiwanja de 2009, la Mission a développé des mécanismes et outils nouveaux de protection avec le déploiement de 3000 soldats supplémentaires. En 2013, la chute de la ville de Goma, a permis à la Mission d'explorer la voie étroite de l'usage de la force offensive avec la création de la Brigade d'intervention de la MONUSCO au mandat offensif[3]. Le déploiement de la Brigade d'intervention de la MONUSCO pour contrer les menaces que font peser les rebelles du M23 sur les civils, les Casques bleus et dans la région s'inscrit dans ce nouveau cadre opérationnel reposant sur le chapitre VII[4]. La mise en place sous chapitre VII de la Brigade de l'Ituri avec mandat d'utiliser tous les moyens nécessaires pour protéger les civils et dissuader les groupes armés procède de cette nouvelle configuration du mandat[5]. Les échecs de protection des civils et la nécessité d'améliorer la communication entre les civils et militaires de la MONUC ont déterminé la section des affaires civiles et militaires de la MONUC à produire de nouvelles pratiques de protection[6].

§1. Les outils d'évaluation et d'analyse des besoins de protection

C'est la composante civile de la MONUC qui a été en tête de la réflexion, de l'orientation et de la création d'outils de protection après les critiques d'inaction visant les Casques bleus. L'imprégnation de la protection des civils au sein de toutes les composantes de la MONUSCO traduit une suractivité évidente du personnel onusien en la matière. Certaines crises notamment, le massacre de l'Ituri en 2003, la prise de Bukavu en 2004, le massacre de Kiwanja en 2008, le viol de Luvungi en 2010, la prise de Goma en 2012, le viol de Minova en 2012 ont constitué des sursauts irrésistibles pour la Mission à pouvoir répondre par

---

[2] La MONUC/MONUSCO, sous prétexte du mandat inadapté a été incapable d'empêcher les représailles à Kisangani en 2003, les massacres de Kiwanja en 2008, les viols de Luvungi en 2010 et les graves crimes commis lors de la prise de Bukavu en 2004 par les troupes de L. Nkunda et de Goma de 2012.

[3] S/RES/2098 (2013), 28 mars 2013, §9 ; X. ZEEBROEK (2008), « La Mission des Nations Unies au Congo : le laboratoire de la paix introuvable », *op.cit.* p.27.

[4] S/RES/2098 (2013), 28 mars 2013, §9.

[5] S/RES/1493 (2003), 28 juillet 2003.

[6] X. ZEEBROEK, « La MONUC, le laboratoire de la paix introuvable », *Note d'analyse du GRIP*, 2008, Bruxelles, pp.1-10 ; S/RES/1906 (2009), 23 décembre 2009, §9

diverses approches, postures et configuration renforçant le mandat. Pour la MONUC, les échecs de la Mission en matière de protection d'une part, et le jeu de dialogue entre les civils et les militaires de la MONUC, d'autre part, ont été à la base de la production des outils et mécanismes divers pour améliorer la protection des civils(rés.1925)[7]. En vertu de la résolution 1925 (2010), le Conseil de sécurité décide que la MONUSCO applique la stratégie du système des Nations Unies pour la protection des civils en RDC en lui donnant effet au moyen d'une stratégie de protection reposant sur les meilleures pratiques[8].

A. La matrice de protection des civils ou la vision commune des Casques bleus et des humanitaires pour la protection

La matrice est un cadre de discussion ouvert entre humanitaires et Casques bleus permettant de recueillir l'analyse des humanitaires sur les besoins de protection et le déploiement de base de la MONUC après identification des zones sensibles pour l'accès humanitaire[9]. Ce cadre d'échange permet de lister les zones à intervenir selon le niveau de priorité et les besoins de protection. Sur base des zones identifiées, la Mission peut décider du déploiement des unités mobiles de la force et permettre aux humanitaires d'assister les populations vulnérables. Il s'agit d'un outil de collaboration par lequel, les humanitaires peuvent comprendre les limitations de la force de paix et les Casques bleus, les besoins exprimés par les humanitaires. La matrice de protection représente la vision commune des humanitaires et des Casques bleus à pouvoir coordonner leurs actions pour assister les populations en détresse. En 2006, lors des opérations contre les FDLR, la section des affaires civiles (CAS) de la MONUC s'est interrogée sur la nécessité d'un nouvel outil afin de mieux protéger les civils et permettre l'accès des humanitaires dans les zones où se trouvent les personnes rendues vulnérables par ces mêmes opérations. Le responsable du bureau des affaires civiles de la MONUC déclare à ce sujet : « *On voulait un outil pour nous aider à protéger les populations physiquement en sachant où étaient les opérations militaires importantes, et où étaient les opérations humanitaires* »[10].

Pour mettre en œuvre ce mécanisme, il convient d'associer les civils aux problèmes de protection autrefois assurés exclusivement par les militaires de la mission. Face aux critiques des ONG, la section civile de la MONUC décide alors de prendre en compte les priorités des humanitaires dans la planification des opérations militaires de la mission et de les consulter dans la recherche de méthodes concrètes de travail. Ces matrices de protection permettent de lister les

---

[7] N. DI RAZZIA, *La protection des civils par les opérations de maintien de la paix de l'ONU, op.cit.*, p.171.
[8] S/RES/1925 (2010), 28 mai 2010, §12 (f).
[9] N. DI RAZZA, *La protection des civils par les opérations de maintien de la paix de l'ONU, op.cit.*, pp.174-175.
[10] N. DI RAZZA, *La protection des civils par les opérations de maintien de la paix de l'ONU, op.cit.*, p.173.

différentes zones, classées par niveau de préoccupation en matière de protection et en fonction des critères divers fondés sur la présence des humanitaires, les mouvements de population, la présence de l'État et de groupes armés dans la zone. À Goma par exemple, la matrice a jugé qu'il fallait un système d'alerte basé sur des analyses de risques, de menaces et de probabilités, par une analyse qualitative du contexte. Il s'agissait de voir que telle ou telle population était vulnérable, qu'il y avait plus d'incidents dans tel village que dans tel autre et de déployer les Casques bleus selon le niveau de priorité. Ainsi, la matrice est établie lors des rencontres et discussions entre militaires, humanitaires et section des affaires civiles de la MONUC/MONUSCO. Les humanitaires identifient les zones à risque qu'ils listent selon les priorités, qu'ils présentent à la mission pour demander le déploiement éventuel des bases mobiles en vue de marquer la présence des Nations Unies dans la zone[11]. Les affaires civiles de la MONUC/MONUSCO corroborent ou discutent les suggestions des humanitaires et la Brigade explique ce qu'elle envisage de faire en fonction des moyens disponibles et de priorité[12]. Dans cette configuration, les défis à relever sont réels en vue d'harmoniser les vues des ONG, des agences humanitaires et de la mission de paix. Les ONG font des recommandations à la MONUSCO, pour qu'elle se déploie. La force de la MONUSCO pose des questions sur la durée, les raisons de ce déploiement, les perspectives de réussite et le moment de son retrait. Si les humanitaires aident la MONUSCO à comprendre les menaces et les risques, ils ne décident pas de la planification opérationnelle. Un responsable de la MONUC explique que « *Les humanitaires demandent toujours à ajouter de nouvelles bases sans s'interroger sur le retrait et la fermeture de certaines bases existantes et les capacités disponibles de la MONUSCO* »[13].

À la fois demandeurs et conseillers des Casques bleus, la pratique des humanitaires consiste à demander d'ouvrir des bases mobiles partout où les besoins humanitaires sont préoccupants.

---

[11] Dans le cadre de la stratégie de prévention, la section des affaires civiles de la MONUC a développé la protection par la présence dissuasive des Casques bleus notamment les COB (Company Operating Base), regroupant une centaine des soldats pour un long terme, quasi permanent dans une zone ou ville donnée. ; TOB (Temporaire Operating Base), constituent de base temporaire, déployée pour 90 jours, installées dans des villes secondaires. ; Les MOB (Mobile Operating Base), sont des bases mobiles et flexibles, censées être déployées pour une quinzaine de jours, composées d'une trentaine d'hommes, capables de lancer des patrouilles de contrôle de zone et peuvent rester entre 3à 4 jours.

[12] Les agences humanitaires des Nations Unies, telles que OCHA, HCR sont en première ligne dans ce forum, transmettant le message aux autres organisations humanitaires. Le HCR s'est vu confier le rôle de représentant de la communauté humanitaire, recueille la voix des différentes organisations et co-gérant la matrice avec la Mission. ; N. DI RAZZA, *La protection des civils par les opérations de maintien de la paix de l'ONU*, *op. cit.* p.174.

[13] Entretien avec un responsable de la MONUSCO à Kinshasa, juillet 2016.

B. Les équipes de protection conjointes ou Joint Protection Tream (JPT)

Cet outil nouveau sert à l'amélioration endogène des actions et des stratégies de protection. Le développement de ce mécanisme fait suite au massacre de Kiwanja perpétré par les rebelles de CNDP de L. Nkunda[14]. Face à ce nouvel échec de la Mission, la composante civile de la MONUC s'est interrogée sur la façon dont elle pouvait davantage aider la force de paix pour anticiper de telles crises. Les JPT sont un outil interne, permettant une meilleure compréhension de la situation de protection par l'apport de l'expertise des sections substantielles, et la mise en place de meilleurs systèmes de prévention, d'alerte et de réponse pour protéger les civils. Cet outil permet de recueillir les informations en vue d'améliorer les réponses en matière de protection et d'assistance humanitaire[15]. L'objectif consiste à travailler avec les commandants de base de la Mission et les communautés locales afin d'évaluer les besoins pour la sécurité des civils[16]. Avec plus d'expérience du terrain que les Casques bleus[17], la CAS de la MONUC estime que les civils de la région devaient contribuer aux activités de protection et soutenir les Casques bleus par l'analyse du contexte, l'interaction avec les communautés locales pour la compréhension des besoins de protection[18]. Le déploiement d'un JPT est décidé à la réception d'allégation de tensions, de violences, de déplacements ou de violations de droits de l'homme dans une zone donnée. C'est un outil de prévention et de réaction, agissant sur le terrain en collaboration avec les FARDC, les sections de la MONUSCO et leurs bases respectives. Dans une approche préventive, les JPT sont envoyées régulièrement dans la zone pour faire le suivi et assurer une bonne prévention des tensions et des menaces[19]. Des réunions pré-déploiements sont organisées pour fixer les objectifs de la Mission, la division des tâches, les personnes à rencontrer et à prévenir de l'arrivée de l'équipe, les questions à poser et les besoins de chaque section[20]. Tout est organisé pour que la mission obtienne les informations nécessaires à protéger les civils. L'équipement doit être prévu en tentes, eau, nourriture, gilets pare-balle, lits de camp et moyens de

[14] Consolidated Report on Investigations conducted by the United Nations Joint Human Rights Office (UNJHRO) into Grave Human Rights Abuses committed *in* Kiwanja, North Kivu, in November 2008, 7 septembre 2009.

[15] Vingt-huitième rapport du Secrétaire général sur la Mission de l'Organisation des Nations Unies en République Démocratique du Congo, S/2009/335, 30 juin 2009, §38.

[16] MONUSCO, Joint Protection, Teams : standing operating Procedures, février 2009.

[17] Le relèvement des troupes de la MONUC se fait tous les 6 mois, celui des officiers, tous les ans alors que les civils de la MONUC peuvent rester en mission plusieurs années et sont par conséquent capables de délivrer une analyse situationnelle des dynamiques du conflit congolais

[18] N. DI RAZZA, *La protection des civils par les opérations de maintien de la paix de l'ONU, op.cit.*, p.178.

[19] S/RES/1925(2010), 28 mai 2010, §12(f).

[20] Des contacts doivent parfois être pris à l'avance par l'entremise des contacts locaux, pour donner rendez-vous à des représentants de la société civile ou des autorités locales habitant à des heures de marche du lieu de déploiement du JPT.

communication comme téléphones satellitaires et les radios[21]. Le déploiement des JPT dans la zone permet d'analyser les dynamiques locales et proposer des recommandations pour améliorer la protection des civils. Ils sont accueillis dans la base militaire locale de la MONUSCO (COB ou TOB) la plus proche de la zone à évaluer et peuvent rencontrer les forces de sécurité congolaises (FARDC, PNC, ANR)[22], les autorités locales, religieuses, la société civile et peuvent se rendre dans les hôpitaux ou les camps de déplacés pour discuter avec la population. Les questions portent sur le comportement des groupes armés, leurs motivations et menaces potentielles sur les civils, l'état des tensions ethniques ou foncières au sein de la population. Les besoins des victimes des violations de droits de l'homme ou le comportement des forces de sécurité nationales. Ces missions constituent des moments privilégiés pour les JPT de rencontrer tout le monde pour obtenir des informations sur le niveau de protection nécessaire. Pendant ces rencontres, les civils partagent aussi leurs attentes, leur confiance ou leur déception envers la MONUSCO que certains considèrent comme le seul acteur de protection potentiel à qui la population peut demander un soutien dès lors que la méfiance envers les forces de sécurité est très grande[23].

§2. Les outils de dialogue, d'information et de communication

Les résultats modestes de la MONUC/MONUSCO en matière de protection des civils résultent de la complexité de sa relation avec les populations locales. Cette perception a engendré un climat de méfiance des populations locales à l'égard de la Mission dont elles ne comprennent pas ou plus le véritable mandat à l'exception de compter les violations des droits de l'homme[24]. Il est aussi vrai que devant la détérioration de la situation sécuritaire sur le terrain, la Mission onusienne apparaît le bouc émissaire idéal et commode pour les acteurs politiques, mais pas seulement. Lorsque tout va mal, les Casques bleus sont aussi ceux auxquels on va imputer la hausse du coût de la vie, la dépravation des mœurs et des pratiques sexuelles illégales dans le pays hôte (pédophilie, homosexualité)[25]. Cette perception pose le réel problème d'un outil de

---

[21] DI RAZZA (N), *La protection des civils par les opérations de maintien de la paix de l'ONU*, *op.cit.*, p.183

[22] Forces armées de la République Démocratique du Congo (FARDC), Police Nationale Congolaise (PNC), Agence Nationale de Renseignement(ANR).

[23] N. DI RAZZA, *La protection des civils par les opérations de maintien de la paix de l'ONU*, *op.cit*., p.183.

[24] B. POULIGNY, *Ils nous avaient promis la paix, Opération de l'ONU et populations locales*, *op.cit.*, pp.237-287.

[25] S. LE COURTOIS, « Exploitation et abus sexuel par le personnel des Nations Unies, le cas de la MONUC », *bulletin du maintien de la paix* n° 93, mars 2009, pp.1-4. ; Human Rights Watch, « The War within the War. Sexual violence Aganist Women and Girls in Easten Congo », 2002, V.K. VODJIK, « Sexual abuse and exploitation of women and Girls by UN Peacekeeping Troops », Michigan 2005, *State Journal of International Law*, vol. 15, n° 1, pp. 157-168.

communication adapté qui doit porter sur la vulgarisation des objectifs de la mission de paix et limiter tant soit peu les attentes irréalistes de la mission.

A. Les assistants de liaison communautaire (CLA)

À défaut d'information objective minimale, les uns et les autres vont se forger leur propre idée sur la base notamment de ce qu'ils perçoivent de la mission à partir de la position qui est la leur. L'insuffisance d'information de la part de la MONUSCO risque d'élargir considérablement les fossés de malentendus avec la population locale(rés.1906). L'omniprésence de la MONUSCO dans les médias et parfois sans action concrète devant certains massacres semble leur porter préjudices. La Mission doit montrer que sa présence n'est ni inutile, ni inopportune en RDC et qu'elle agit conformément à son mandat. À ce titre, le Conseil de sécurité encourage la MONUC à « *entretenir des rapports étroits avec la population civile pour faire mieux connaître et comprendre son mandat et ses activités et recueillir des informations fiables sur les violations des droits de l'homme et du droit international humanitaire dont les civils sont victimes* »[26]. Conduits par la volonté de mieux faire et de mieux protéger les civils, les CLA ont été conçus comme une extension des JPT. Dans la résolution 1906 (2009), la section des affaires civiles (CAS) entend s'appuyer sur les meilleures pratiques résultant des échecs de protection. La section constate que la présence des civils de la MONUSCO sur le terrain permet d'échanger avec la population locale et contribue à l'élaboration des plans de protection sur la base de l'analyse des faits concrets. Ces échanges génèrent une plus-value pour la MONUSCO qui décide d'instaurer au-delà de ces outils ponctuels, une présence permanente pour maintenir les liens avec les communautés locales. À ce sujet, Edem Blege, responsable des Affaires civiles dans le Kivu affirme que le développement des CLA traduit la prise en compte des perceptions biaisées entre les Casques bleus et les communautés congolaises locales et constate qu'*« une personne qui vient en appui de l'autre a tendance à ne pas respecter, voire mépriser celui qu'il est venu protéger »*.

Ce sentiment de supériorité chez certains Casques bleus peut entamer les relations entre les protecteurs et les protégés surtout dans le contexte d'extrême précarité dans laquelle vivent les Congolais[27]. Dans ce climat de méfiance, un démobilisé mal traité par les Casques bleus n'aura pas de difficultés à rejoindre ou à collaborer avec un groupe armé qui émerge dans la région. Ainsi, les CLA visent à rétablir la confiance et l'engagement des Casques bleus envers les populations, à vaincre par le dialogue la méfiance installée dans certaines zones en vue d'une meilleure protection[28]. Pour assurer la communication entre les Casques bleus et les populations locales, la section des affaires civiles(CAS)

---

[26] S/RES/1906. (2009), 23 décembre 2009, §14.

[27] N. DI RAZZA, *La protection des civils par les opérations de maintien de la paix de l'ONU*, *op.cit.*, p.188.

[28] S/RES/1906(2009), 23 décembre 2009, §14.

recourt aux interprètes locaux congolais affectés aux bases de la MONUC en ajoutant à leurs tâches, la fonction de protection pour leur permettre de continuer sur place le travail des JPT[29]. Ces interprètes des liaisons communautaires appelés « Community Liaison Interpreters (CLI) » constituent des points focaux civils dans les bases militaires chargés d'informer la Mission sur les tendances de protection. Ils se sont vite transformés en assistants des liaisons communautaires, (Community Liaison Assistants(CLA), chargés de problèmes de protection à la différence des interprètes chargés uniquement de la traduction. Composés d'anciens juges, d'infirmiers, humanitaires, professeurs, les CLA sont des nationaux, maîtrisant l'anglais et les langues locales comme le swahili, le kinyarwanda, le lingala. Contrairement aux CLI, les CLA sont testés pour leur esprit d'initiative et leur autonomie cruciale pour discuter, guider, convaincre et pousser parfois les Casques bleus à intervenir dans les zones hostiles[30]. Les CLA vivent dans les bases militaires de la MONUSCO et couvrent des villages et des localités. Ils identifient les menaces qui pèsent sur les civils et partagent les informations avec les commandants de COB ou de TOB. Ils collectent des informations qu'ils partagent avec les contingents, les autorités locales et les communautés. Ils accompagnent les Casques bleus lors de leur patrouille et profitent de rencontrer les populations et obtenir leurs préoccupations. Ainsi, en recueillant les perceptions des populations, leurs préoccupations et leurs peurs, les CLA permettent de rapprocher les Casques bleus des populations locales et d'améliorer les leviers pour toute alerte et réaction potentielles[31]. Du statut des conseillers des Casques bleus, les CLA sont devenus des experts de la protection, des collaborateurs stratégiques réclamant même des actions des forces onusiennes. Si les CLA ont la charge de collecter les informations auprès des populations locales pour les partager avec les militaires de la base pour des actions éventuelles de protection, les réseaux d'alerte communautaire ou Community Alert Networks mettent à leur disposition l'information nécessaire pour permettre aux Casques bleus d'intervenir en amont des crises ou de les empêcher avant qu'elles ne se propagent.

B. Le réseau d'alerte communautaire (CAN)

Le réseau d'alerte communautaire constitue le dernier des mécanismes innovants mis en place par la section des affaires civiles (CAS) pour mieux protéger les civils sous menace des violences[32]. Sa naissance remonte au viol de

---

[29] Entretien avec Sophie Aréna, Kinshasa, 2014.

[30] N. DI RAZZA, *La protection des civils par les opérations de maintien de la paix de l'ONU, op.cit.*, p.190. ; Rapport du Secrétaire général sur la Mission de l'Organisation des Nations Unies sur la stabilisation en République Démocratique du Congo, S/2013/757, 17 décembre 2013, §36.

[31] N. DI RAZZA, *La protection des civils par les opérations de maintien de la paix de l'ONU, op.cit.,* p.192.

[32] MONUSCO, Civils Affairs, Guideline steps for the Establishment of the Community Alert Natwork (CAN), pp.1-4

Luvungi de 2010[33]. Contrairement aux CLA, le CAN n'est pas un mécanisme de collecte d'information et de renseignement, il est un réseau d'alerte permettant une réponse rapide des Casques bleus. Le personnel est recruté sur base du volontariat et est chargé de donner l'alerte comme on fait pour la police. L. Guepin explique : « *on comprend mieux les dynamiques grâce aux JPT, on a des liens avec la communauté grâce aux CLA, il faut ensuite un système d'alerte avec le CAN* »[34]. Le CAN consiste à identifier les points focaux au sein de la population pour leur distribuer des moyens de communications comme des téléphones et éventuellement des radios à haute fréquence dans les zones sans couverture téléphonique afin qu'ils disposent d'une ligne directe de communication avec le CLA ou le Commandant du COB/TOB et puissent donner l'alerte en cas de menace imminente à la sécurité des civils. L'objectif poursuivi par le réseau d'alerte (CAN) est d'améliorer la communication avec la population et faciliter la réaction des Casques bleus. Grâce au CAN, les points focaux peuvent demander une intervention rapide, un déploiement d'une patrouille ou un partage d'alerte avec d'autres forces dans les environs notamment les FARDC. Reposant sur la distribution du téléphone, les agents de la CAS ont procédé à la distribution des téléphones bloqués permettant d'appeler directement le Commandant ou le CLA uniquement[35]. La deuxième phase du projet a consisté à distribuer des téléphones dotés de 50 dollars de crédit supplémentaire permettant de passer d'autres appels en dehors du COB. La troisième phase prévoit la mise en place d'un numéro vert pour tous les membres de la communauté[36]. À la différence des CLA, les points focaux ne sont pas d'informateurs mais des donneurs seulement d'alerte, de la même façon qu'un citoyen appellerait la police pour signaler un colis suspect ou une activité nuisible à l'ordre public. Ils sont identifiés par les CLA qui cherchent des personnes de confiance, prêtes à travailler et pouvant être informées des menaces et donner l'alerte.

Ces personnes peuvent avoir une position de responsabilité dans le village au sein de la population et jouir d'un certain degré de respect et de légitimité au sein de la communauté. Leur participation est volontaire et non rémunérée. Elle est fondée sur la confiance mutuelle avec la MONUSCO. Après les réunions avec les représentants civils des villages entourant le COB, un administrateur local, un représentant de la PNC et éventuellement un officier de liaison des FARDC, les téléphones sont distribués aux points focaux. Un téléphone est donné au CLA et au Commandant de la base pour mettre les trois parties en réseau.

---

[33] Rapport du Secrétaire général sur la Mission de l'Organisation des Nations Unies pour la stabilisation en République Démocratique du Congo, S/2010/512, §35.

[34] Entretien avec Laurent Guérin, Kinshasa, 2012

[35] N. DI RAZZA, « *La protection des civils par les opérations de maintien de la paix de l'ONU* », *op.cit.*, pp.193-197.

[36] MONUSCO, Civils Affairs- Ops East, CLA Best Practice Review 2014.

SECTION 2.

Analyse des risques et défis liés aux mécanismes et outils nouveaux de protection

Les outils et mécanismes de protection développés par la MONUC pour la protection des civils sont efficaces à bien d'égard mais posent aussi des défis contrariant l'efficacité réelle ou supposée devant des menaces physiques imminentes des civils et des Casques bleus. Pour certains d'entre eux, l'efficacité reste relative au point qu'ils ne sont pas reproduits dans les opérations de maintien de la paix analogues.

§1. Défis liés aux outils de communication et d'analyse

L'information est un outil de travail, elle sert à prévenir ou empêcher les crises entre les communautés en permettant une action rapide et adaptée des Casques bleus. Elle ne constitue pas une réponse appropriée à la problématique de protection mais seulement un des moyens. Les réels défis de ces outils reposent sur la difficulté à harmoniser les points de vue des ONG, des forces armées congolaises, des agences humanitaires et ceux de la Mission de paix. Les recommandations de la matrice de protection en vue de déploiement de nouvelles bases de la MONUC sont prises en considération pour une vision holistique de protection. Cependant, sur le plan institutionnel, la MONUC estime qu'il n'appartient pas aux humanitaires de fixer des priorités à la Mission car cette compétence revient à la section des affaires civiles[37].

A. Les assistants des liaisons communautaires vus de la MONUSCO

Les CLA constituent l'œil des civils au sein des bases de la MONUSCO, le garde-fou impératif de la protection. Ils se distinguent par la pression qu'ils pourraient exercer sur les Commandants de leur base. À Nyazale par exemple, les CLA rappelaient quotidiennement les tensions à Miringi et plaidaient pour que les patrouilles soient étendues alors que le Commandant estimait que le village considéré ne relève pas de son rayon d'action. Leurs informations permettent l'intervention rapide des Casques bleus dans la zone, leur professionnalisme et leur engagement en matière de protection sont déterminants au regard de l'isolement des zones d'activité, sans couverture téléphonique avec un accès limité au réseau internet. Un responsable de la MONUSCO rapportait : « *Pour partager les informations sur les attaques imminentes des groupes armés avec les capitales provinciales, certains CLA étaient obligés de monter dans les*

[37] N. DI RAZZA, « *La protection des civils par les opérations de maintien de la paix de l'ONU* », *op.cit.*, p.177.

arbres ou sur les collines pour espérer capter le réseau internet et entrer en communication avec Goma ».

Malgré ce sacrifice, certains CLA sont victimes des menaces des milices et sont obligés de quitter la zone d'affectation. Ils sont souvent assimilés à des espions tant des groupes armés que des FARDC. Alors que la résolution 1325 (2000) évoque l'implication des femmes dans le maintien de la paix, l'intégration des femmes CLA dans les contingents pose problème alors même que l'environnement opérationnel est caractérisé par des violences sexuelles faites à la femme surtout au Kivu[38]. Certains Casques bleus sont réticents à la présence des femmes dans leurs bases pour des raisons religieuses ou culturelles. Impossible d'associer les CLA ou les JPT femmes aux contingents Indiens ou Pakistanais exceptés, les Sud-africains qui comptent dans leur rang des femmes. Leur déploiement implique l'aménagement des bases susceptibles de leur donner des installations propres, ce qui est difficile dans les zones reculées de l'Est du Congo. Beaucoup de bases militaires de la MONUSCO sont en brousse et ne sont équipées que de tentes sans séparation et sans salle des bains. Sur le terrain, on a observé une certaine collusion entre certains CLA et certaines communautés, ce qui risque de dégrader la situation et ébranler la crédibilité et l'impartialité des CLA. Les CLA ne sont pas spécifiques de la zone ou du village de déploiement : « *si tu envoies un Tutsi à Walikale, il sera tué car cette zone leur est hostile* ». Les équipes de la section des affaires civiles (CAS) ont reconnu qu'il fallait se méfier également de certains CLA.

B. Les limites des outils d'analyse et de communication

À Kiwanja, le doute s'est installé contre deux CLA de base et leur collusion avec le M23. À Pinga, le CLA déployé était ancien professeur de Scheka, chef rebelle, soupçonné des crimes de guerre. L'information est un outil de travail qui sert à prévenir ou empêcher les crises entre les communautés en permettant une action rapide. Cependant, ils ne constituent pas une réponse appropriée à la problématique de protection mais seulement un des moyens. Les réels défis de ces outils reposent sur la difficulté à harmoniser les différents points de vue des ONG, des agences humanitaires et celui propre à la Mission de paix. Les recommandations de la matrice de protection en vue du déploiement de nouvelles bases de la MONUC peuvent être prises en considération dans une vision holistique de protection. Mais sur le plan institutionnel, la MONUC estime qu'il n'appartient pas aux humanitaires de fixer les priorités de la Mission de paix car cette compétence revient à la section des affaires civiles. Si les informations sont nécessaires pour l'intervention des Casques bleus, leur professionnalisme et leur engagement sont déterminants au regard de l'isolement des zones d'activités des groupes rebelles, sans couverture téléphonique avec un accès limité au réseau internet. Une autre limite émane de la sécurité des CLA qui sont obligés de

[38] S/RES/1325 (2000), 31 octobre 2000.

quitter leur zone car objet des menaces physiques des rebelles et des FARDC qui les jugent d'espions au profit de l'une des parties opposées. Certains Casques bleus sont réticents à la présence des CLA dans leurs bases pour des raisons religieuses et culturelles. Leur déploiement implique l'aménagement des bases pour accueillir des femmes, ce qui est difficile dans les zones reculées de l'Est de la RDC.

§2. La problématique des outils de dialogue et de liaison communautaire

Malgré la propagande que la Mission développe au sujet de ces outils pour assurer la protection des civils, l'impact sur le terrain opérationnel semble très limité au point qu'aucune opération de maintien de la paix sous commandement onusien n'a réussi à les reproduire à son compte. Demeurant dans le registre de l'expérimentation avant d'intégrer les institutions des Nations Unies ayant en charge la paix et la sécurité internationale, ces mécanismes restent une initiative locale spécifique à la MONUC/MONUSCO. Ainsi, la portée de ces innovations reste partielle et géographiquement limitée à la République Démocratique du Congo.

A. Le bilan contrasté de réseau d'alerte communautaire (CAN)

Le Secrétaire général de l'ONU rapporte au sujet de CAN : « *Il ressort d'un examen des pratiques optimales des réseaux d'alerte locale effectué en juillet 2014, que ces réseaux sont des outils de protection efficaces. Il a été recommandé à l'issu de cet examen, de recourir à ces réseaux dans d'autres opérations de maintien de la paix* ». Cependant, ce mécanisme bien que recommandé par le Secrétaire général, présente dans la pratique un bilan contrasté. Contrairement à ses prédécesseurs JPT et CLA, le CAN pose plusieurs défis d'ordre logistique, sécuritaire et administratif. Certains obstacles ont rendu difficile sa mise en place effective. Sur le plan logistique, Le Général Reigner, chef d'état-major de la MONUSCO se plaint à ces termes : « *On a déjà 50 téléphones qui ne fonctionnent plus* ». Les problèmes de maintenance des téléphones et des chargeurs mais surtout le manque de réseau téléphonique et du courant électrique dans certaines zones à risque rendent le réseau d'alerte communautaire insuffisamment opérationnel et compromet gravement son efficacité. Du point de vue sécuritaire, l'outil rend les points focaux vulnérables au pillage et aux accusations de complicité avec les forces belligérantes. Par sa couleur et le dispositif électrique qu'il comporte, le CAN devient facilement identifiable par les FARDC et les groupes armés. La vulnérabilité du point focal est telle qu'elle est accusée de collaboration, de dénonciation et de parti pris. Son anonymat reste problématique et son identité peut facilement être révélée ou exposée auprès des forces hostiles lors des crises. L. Guepin explique : « *Les téléphones distribués sont colorés avec un chargeur intégré, qui ne passaient pas inaperçus. La prochaine fois, il faut des Nokia, avec un chargeur à la maison* ».

Sur le plan administratif, le manque du personnel compétent a compromis la mise en œuvre complète du programme. L'insuffisance du personnel formé et chargé à appliquer le programme CAN a retardé la mise en œuvre rapide du réseau d'alerte dans les différentes zones en besoin de protection. En outre, tous ces outils ont été développés de façon conjoncturelle à l'initiative de la section des affaires civiles (CAS) de la MONUC/MONUSCO, en vue d'améliorer le contact et le dialogue entre les communautés locales et les Casques bleus au Nord Kivu. « *Notre force, c'est la CAS, c'est le local, les communautés* » affirme un responsable de la Mission. Il s'agit de mieux dialoguer avec les communautés locales et de répondre aux tendances sécuritaires préoccupantes. Ces mécanismes analysés demeurent des outils pour améliorer la communication et le recueil d'information et permettre aux Casques bleus, de mieux exercer leurs activités, anticiper les crises et limiter leur expansion. Ils sont une des composantes d'une stratégie beaucoup plus large de protection des civils et ne doivent pas être considérés comme une réponse mais plutôt comme un moyen de protection parmi tant d'autres. Ils sont chargés d'offrir de l'assistance, donner des conseils et fournir des analyses aux Casques bleus pour améliorer la protection. Cependant, ils n'ont eu qu'un impact limité sur les violences perpétrées par des groupes armés contre les civils d'où l'approche robuste renouvelée par la composante militaire de la MONUSCO[39].

B. Difficile prise en compte du principe de distinction entre alerte et renseignement par les belligérants

En plus, la confusion entretenue entre l'alerte et le renseignement peut gravement exposer les points focaux à des représailles et à des interprétations divergentes à la fois au sein de la population, des FARDC que de la MONUSCO. Imparfaits par nature pour l'œil du juriste car pouvant se résumer à une vulgarisation des moyens de protection dont l'efficacité reste encore à prouver et critiquable du point de vue opérationnel. Cela étant, il ne faut pas minimiser leurs apports positifs dans les conflits modernes notamment sur les questions de la protection des non-combattants mais aussi de la célérité de la prise de décision. Il est difficile d'évaluer quantitativement les apports de ces moyens dans la mesure où les dommages collatéraux et les représailles dont ils subissent sont dus à une erreur d'identification des cibles par un renseignement erroné sur la qualification de combattant. Les problèmes de maintenance des moyens de communications notamment des téléphones, les chargeurs mais surtout le manque de réseau téléphonique viable et du courant électrique dans certaines zones a rendu le réseau d'alerte communautaire insuffisamment opérationnel et

[39] Cet Accord signé le 24 février 2013 par 11 pays de la région avec l'appui de quatre organisations internationales partenaires (Union européenne, ONU, Union africaine, et la CIRGL) prévoit le déploiement d'une Brigade d'intervention chargée d'imposition de la paix et du démantèlement des groupes armés de l'Est de la RDC et dans la foulée, l'utilisation des drones non armés pour surveiller les mouvements des groupes armés.

d'une efficacité relative. Du point de vue sécuritaire, l'outil de communication proposée rend le point focal vulnérable au pillage et aux accusations de complicité avec les ennemis. En plus, la confusion entretenue entre l'alerte et renseignement a rendu les points focaux vulnérables au point que les candidats manquaient en raison du risque encouru. Sur le plan administratif, le manque du personnel compétent a constitué une limite supplémentaire dans la mise en œuvre du programme. Ce qui a retardé d'étendre le réseau d'alerte dans les différentes zones en besoin de protection. Déployés sur le terrain opérationnel pour offrir de l'assistance, donner des conseils et fournir des analyses aux Casques bleus pour améliorer la protection des civils., ces outils n'ont pas permis malgré l'autorisation du Conseil de sécurité à la mission de paix(rés.1906) de modifier significativement la perception des populations locales à l'égard des Casques bleus quant à leur degré de protection. Ces mécanismes n'ont eu qu'un impact limité sur les violences physiques perpétrées par les groupes armés et certains éléments des FARDC d'où la nécessité d'envisager une posture robuste ponctuelle, complémentant et renforçant les moyens civils en cours d'expérimentation.

Conclusion chapitre II

L'évolution de la pratique de protection et le développement des capacités de la Mission à se dépasser au sujet de la protection des civils ont été déterminants dans la mise en œuvre des mécanismes civils et militaires de protection dans certaines crises. En vertu de certaines résolutions du Conseil de sécurité fondées sur le chapitre VII, la Mission a développé des outils de protection qui ont incarné le changement dans la compréhension des tendances sécuritaires en réaction aux carences manifestes du personnel et des moyens qui secouent les populations civiles dans les territoires sous contrôle rebelles mais pas seulement(rés.1906). Dans le cadre du mandat, les échecs de protection des civils ont constitué des opportunités pour de nouvelles stratégies améliorant la pratique au sein de la Mission. Les crises de protection ont constitué non seulement des catalyseurs mais aussi des accélérateurs de la mise en œuvre de ces mécanismes *sui generis*. Face aux crises de protection et parfois à l'inaction de certains Casques bleus, les humanitaires n'ont pas manqué à rappeler aux agents de maintien de la paix la nécessité de travailler conjointement avec les civils pour éviter les accusations de complicité des crimes[1]. À ce titre, les humanitaires se sont posés en entrepreneurs des pratiques auprès des militaires de la mission[2]. Dans le contexte permanent de crise de protection à grande échelle, trois axes ont être développés par la Mission de paix : la communication entre humanitaires et militaires avec la création d'une matrice de protection, l'échange entre civils et militaires de la MONUSCO avec les équipes de protection conjointe et l'amélioration du dialogue entre la population et la MONUSCO avec les Assistants de liaison Communautaire et le Réseau d'Alerte Communautaire. Bien qu'innovants, ces mécanismes n'ont pas fondamentalement modifié la trajectoire chaotique entreprise par le conflit dans ses effets médiatiquement

[1] Il est habituel que les militaires acceptent difficilement de travailler étroitement avec les civils, Leila Zerrougui, DSRSG de la MONUSCO, rappelle comment les Casques bleus ont été convaincus par l'argument selon lequel leur inaction pouvait les rendre complices de crimes de guerre.

[2] N. DI RAZZIA, *La protection des civils par les opérations de maintien de la paix de l'ONU*, *op.cit.*, p.171.

dramatiques. Ils restent certes, un des moyens parmi un ensemble complexe que la Mission de paix a tenté de mettre en œuvre pour répondre aux exigences du mandat de protection des civils et de stabilité en RDC et dans la région[3]. D'impacts limités, ces outils n'ont jamais fait l'objet d'une évaluation objective pour juger de leur efficacité réelle. Ils restent une innovation de la MONUSCO.

---

[3] X. ZEEBROEK, M. MEMIER, P. SEBAHARA, « La mission des Nations Unies en RDCONGO, Bilan d'une décennie de maintien de la paix et perspectives », *op.cit.*, pp.14 et 31.

Conclusion du titre I

Conformément au préambule de la Charte de 1948, les Nations Unies se sont engagées à renforcer la protection des civils dans les conflits armés. Dans le cadre de la MONUSCO, cette protection avait entamé son itinéraire de professionnalisation. Elle s'est institutionnalisée, bureaucratisée et normalisée au point de devenir un concept légitimant et carrefour fécond de toutes les activités de la Mission de paix. Elevée en priorité absolue du mandat, le Conseil de sécurité a poussé la mission à des initiatives nouvelles de protection des civils et des ajustements inédits impliquant une double posture de protection (civile et militaire). Cumulant les expériences des organisations régionales, sous régionales ainsi que ses propres pratiques pour la paix et la protection des civils, la MONUSCO constitue un laboratoire des pratiques nouvelles de maintien de la paix. À ce titre, la mission devient pourvoyeuse des pratiques et d'enseignements pour les opérations de paix analogues sous commandement onusien sous chapitre VII de la Charte des Nations Unies. Par sa résonnance, la protection des civils dépasse les récits de droit de l'homme et devient le moyen par excellence de l'évaluation de l'efficacité de l'action onusienne dans les zones de conflit. Dans les forums internationaux, la protection des civils ne suscite aucune opposition de vote et devient un paramètre de respectabilité des États, des Nations Unies et un repère pour la démocratie. Cependant, la recrudescence des crises de protection à l'Est du pays interroge l'efficacité réelle de ces pratiques régulièrement vantées et relativisent même la portée véritablement innovante que la mission leur a réservée.

De la protection formelle à la protection réelle, la mission de paix a péché par excès d'optimisme à confier des qualités des pratiques de protection à des simples moyens d'évaluations des risques et d'interprétation des besoins dont l'efficacité demeure encore incertaine. La Mission est certes innovante à certains points mais défaillante sur certaines zones opérationnelles. Elle aurait mieux fait si elle s'était débarrassée de toute contrainte et de toute lourdeur bureaucratique, de procéder à l'évaluation objective de ces pratiques dans une zone donnée avant de les acenser. Dépourvues d'efficacité avérée malgré la publicité dont elles ont pu bénéficier, les Nations Unies n'ont pas reproduit ces pratiques ailleurs. Si la

MONUSCO reste un laboratoire des pratiques pour le maintien de la paix, il convient d'admettre que c'est un laboratoire inabouti, sujet à des ajustements techniques et opérationnels.

TITRE II :

La posture robuste ponctuelle de protection ou le modèle de protection sur mesure

Le déploiement d'opération de maintien de la paix robuste sous chapitre VII de la Charte des Nations Unies a largement enrichi le débat relatif à la légalité et la légitimité des autorisations de recourir à la force par les Casques bleus. L'attribution possible à l'ONU de faits illicites commis par les Casques bleus dans la conduite des opérations de maintien de la paix robuste soulève également des questions juridiques quant au rôle de l'ONU conformément à sa Charte. S'inscrivant dans la logique d'innovation des pratiques développées par la MONUC/MONUSCO, le recours ponctuel à la force renforce les pratiques civiles existantes, assure la défense du mandat et des Casques bleus sous menace physique des groupes armés réfractaires au désarmement volontaire. En RDC, la posture robuste a été adoptée de manière incrémentale et constitue la réponse aux crises de protection dans certaines zones géographiquement identifiées(rés.1484). Pour ce faire, la MONUC a développé une diversité de stratégies et méthodes opérationnelles à finalité protectrice.

CHAPITRE III :

Stratégies et méthodes opérationnelles d'encadrement de la protection des civils

L'évolution du mandat de la MONUSCO consacre explicitement une posture militaire de protection physique des civils incarnée par les brigades interarmées dont la Brigade d'intervention de la MONUSCO constitue l'aboutissement[1]. À cette étape de la mission, l'usage de la force militaire reste ponctuel et vise à suppléer les limites des outils civils. L'aide-mémoire tactique diffusé par les Echos de la MONUSCO et distribué aux Casques bleus consacre la prévention comme le premier objectif de protection des civils[2]. Ce document précise les différentes réponses, les actions réactives aux attaques et aux menaces contre les civils. Dans ses objectifs, l'Aide-mémoire propose de façon proactive la réduction des menaces que représentent les groupes armés, la restauration de la sécurité dans les zones à risque, le renforcement des capacités de l'État[3]. Ainsi, la posture militaire de protection envisagée potentialise les mécanismes civils mis en œuvre. Et c'est de manière progressive et ascendante que le mandat robuste et son fondement sur le chapitre VII ont occupé le champ opérationnel de la mission de paix de sa genèse à son apogée.

---

[1] « Conférence de presse sur la situation en République Démocratique du Congo », Centre d'actualité des Nations Unies, dépêche du 10 juillet 2009, voir aussi, « Nord-Kivu : la MONUC utilise la force contre les rebelles du CNDP », Centre d'actualité des Nations Unies, Dépêche du 19 septembre 2008 ; « La MONUC envoie des patrouilles blindées pour faire cesser des combats au Nord-Kivu », Centre d'actualités des Nations Unies, Dépêche du 29 août 2008

[2] MONUSCO Force, Tactical Aide-mémoire n° 2 : protection of civilians, juin 2002

[3] N. DI RAZZA, *La protection des civils par les opérations de maintien de la paix de l'ONU, op.cit.*, p.2002

SECTION 1.
L'usage ponctuel de la force militaire par les Casques bleus

L'usage de la force militaire pour protéger les civils ne date pas avec l'avènement de la Brigade d'intervention de la MONUSCO[4]. En vertu de la résolution 1484 (2003), la force armée a été utilisée à la fois par la force de l'opération Artémis de l'union européenne que des brigades de l'Ituri pour pacifier militairement la région[5]. Alors que le mandat reposant sur le chapitre VII permettait en théorie d'employer la coercition, les contraintes opérationnelles règnent dans la latitude d'actions des Casques bleus sur le terrain. Confrontée à l'interprétation du mandat, des règles d'engagement et aux contingences sécuritaires, l'utilisation de la force militaire fût ponctuelle et aléatoire. Contrairement à la Brigade d'intervention de la MONUSCO de 2013 qui était offensive[6], la brigade de l'Ituri de 2003 et d'autres brigades de la MONUC notamment la brigade de Bukavu en 2004 et du Nord-Kivu de 2008 étaient défensives.

§1. La dissuasion et la démonstration de la force au centre de la nouvelle modalité de déploiement des Casques bleus

Dès le début du mandat, les Casques bleus avaient intégré l'idée selon laquelle, sa seule présence dans les zones vulnérables dissuaderait les groupes armés et les FARDC de s'attaquer aux civils. Cette stratégie a consisté à déployer des troupes onusiennes dans la zone pour augmenter leur visibilité et étendre son effet dissuasif sur le territoire. L'idée qui prédomine dans cette perception repose sur le fait que les groupes armés et les FARDC attaquent moins les civils en présence des Casques bleus et que la seule présence du drapeau des Nations Unies suffisait à assurer la protection. Pour ce faire, la MONUC s'est engagée dans une recherche permanente des unités mobiles pour répondre aux besoins de protection. Cette mobilité des Casques bleus à des petites unités mobiles et temporaires(TOB, MOB, COB) disséminées dans le territoire permet d'assurer une présence permanente et dissuasive de la Mission dans la région mais pas la paix et la sécurité[7].

[4] S/RES/1291 (2000), 24 février 2000, §8.

[5] S/RES/1493 (2003), 28 juillet 2003.

[6]Rapport du Secrétaire général sur la Mission de l'Organisation des Nations Unies pour la stabilisation en République Démocratique du Congo, S/2013/388, 28 juin 2013, §25.

[7] X. ZEEBROEK, M. MEMIER, P. SEBAHARA, « La mission des Nations Unies en RDCONGO, bilan d'une décennie de maintien de la paix et perspectives, *op.cit.,* p.13.

A. La mobilité permanente des troupes de la MONUC attachée au mandat de protection des civils

Pour couvrir les zones en besoin de protection et garder une présence dissuasive de la Mission, la MONUC/MONUSCO a déployé des petites unités à travers les zones où les risques de violence sont préoccupants. Il s'agit de COB (compagnie opérationnelle de base) qui est constituée d'une centaine des soldats, déployée pour une longue durée pour couvrir les besoins en protection dans certains territoires. Les TOB (base opérationnelle temporaire), contrairement au COB, elle est composée d'une trentaine d'éléments qui sont déployés pour une durée de 90 jours dans les villes secondaires. Les militaires qui composent ces unités sont légèrement équipés et sont installés sous des tentes. Les MOB (base opérationnelle mobile) sont des bases mobiles et flexibles capables d'être dépêchées rapidement dans les zones où les violences physiques sont imminentes. Composés d'une trentaine de soldats, ils sont déployés pour une durée courte de 3 à 4 jours dans chaque localité. Ces unités (COB, MOB, TOB) peuvent lancer des patrouilles dans les zones d'affectation pour sécuriser la population et prévenir des violations des droits[8]. L'objectif de ce déploiement est de marquer l'emprunte des Nations Unies sur le terrain et de réduire par la présence militaire l'emprise des groupes armés dans certaines zones. Cette mobilité des Casques bleus permet de dominer les zones sous contrôle rebelles par la récurrence des patrouilles.

Depuis le début de la mission, la ligne militaire officielle reposait majoritairement sur la dissuasion et non sur les opérations offensives. Certains responsables de la MONUC avouaient chercher l'efficacité par le déploiement des unités mobiles que par la confrontation militaire qui risque provoquer des représailles de la part des groupes armés[9]. La présence des COB, TOB et MOB rassure et sécurise les civils dans les zones de déploiement. Pendant ces patrouilles, les FARDC s'abstiennent de commettre des violations des droits car elles se sentent observer par les bases de la MONUC. Les groupes armés ont peur des tribunaux nationaux et internationaux. Cette stratégie stabilise et réconforte les civils, ce qui les permet de circuler normalement et de s'occuper de leurs activités car la présence des Casques bleus rassure et sécurise tout le monde[10].

Les rebelles ne veulent pas s'aliéner la MONUSCO car ils savent qu'ils seront perdants. Toutes les forces en conflit sont devenues réticentes à la présence des Casques bleus qui dissuade chacune à commettre des crimes ou des

[8] N. DI RAZZIA, *La protection des civils par les opérations de maintien de la paix de l'ONU*, *op.cit.*, p.204.

[9] *Ibid*

[10] Rapport du Bureau de contrôle des services internes des Nations Unies (OIOS), 2014 : « Our own government is scared to commit human rights violations in the presence of the United Nations. The armed groups are scared of the international criminal tribunals. Everyone knows that people who commit massacres and genocides will be captured and sent to justice ».

violations de toute nature. En outre, le développement des forces mobiles de la MONUSCO et son extension dans les différents villages a réveillé un nouveau réflexe chez les civils de pouvoir s'abriter autour des bases de la MONUSCO en cas de reprise d'hostilité. Ce qui se traduit par la concentration des civils autour des bases opérationnelles de la MONUC ou dans les camps des réfugiés jouxtant les bases des forces des Nations Unies dans la région. Dans certaines zones, les bases de la MONUSCO sont restées les seuls endroits où règnent encore de la sécurité. Il ne s'agit pas d'accueillir tous les civils dans les bases de la MONUC éparpillées dans les villages mais les installer à côté des bases, ce qui rassure et renforce la confiance de ces derniers à l'égard de la Mission de paix. La présence des bases de la MONUC rassure, elle impressionne les groupes armés et permet de construire des relations de confiance avec les populations locales. Les TOB, COB et MOB témoignent l'intérêt de la Mission aux préoccupations des civils. Ce qui explique que chaque fermeture d'une base mobile pour la déployer ailleurs déclenche de contestations de la population locale.

B. La démonstration dissuasive de la force des Nations Unies

La dégradation de la situation sécuritaire dans certaines régions a conduit les Casques bleus de dépasser la seule dissuasion par la présence passive à démontrer que les Casques bleus peuvent protéger les civils en quittant leurs bases opérationnelles. Ainsi, cette démonstration de la force des Nations Unies vise à rendre visible les capacités et l'engagement de la Mission à contribuer à la dissuasion. Celle-ci passe par des patrouilles dissuasives pédestres, fluviales, en véhicules militaires, en blindés complétés par des reconnaissances des zones par des survols d'hélicoptère de combat, des drones, des sorties des armes lourdes, des avions de chasse de la Mission montrant la supériorité des Casques bleus en équipement et en armement. Par cette attitude manifestement visible, les Casques bleus montrent aux civils qu'ils font tout pour leur assurer la sécurité et la protection et aux belligérants que la Mission peut envisager toutes les options pour protéger les civils et exécuter son mandat[11].

Dans certaines zones à risque, les patrouilles accompagnent les civils les jours de marché, escortent les femmes pour chercher du bois de chauffage ou pour puiser de l'eau en dehors du village. Dans les zones d'extrême vulnérabilité, les patrouilles conjointes FARDC/Casques bleus peuvent être envisagées à la suite des informations sur les tendances sécuritaires fournies par les CLA ou les JPT et nécessitant le passage des Casques bleus. Ces patrouilles constituent des occasions pour les agents de maintien de la paix de rencontrer les populations locales, entendre leurs préoccupations et de convenir des mécanismes de protection. Les patrouilles sont des opportunités par lesquelles, les Casques bleus s'informent de menaces sécuritaires, de recrutement forcé, de harcèlement,

[11] N. DI RAZZA, *La protection des civils par les opérations de maintien de la paix de l'ONU, op.cit.*, p.210.

d'intimidation, d'érection des barrières, de taxations illégales pour extorquer les civils, de tensions ethniques et foncières imposées, provoquées, entretenues et encouragées par les milices, les FARDC et la police nationale congolaise. Il s'agit d'un véritable moment d'interaction entre les soldats de la paix et les populations locales pour décider des actions de protection à mener. Si les patrouilles sont démonstratives et impressionnantes, elles visent la dissuasion et qu'elles ne cherchent pas à arrêter les miliciens mais à éloigner les groupes armés et les perturbateurs potentiels de la zone sous leur contrôle. Les blindés, les chars de la MONUC dans les rues sont interprétatifs de la dimension des hostilités et de la menace. Le comportement des Casques bleus suréquipés, visages fermés avec des lunettes noires aux yeux, des lance-roquettes sillonnant les rues sont significatifs de la démonstration de la force de frappe que dispose la MONUC pour rassurer les populations et dissuader les belligérants sur la nouvelle configuration du mandat. La présence des hélicoptères d'observation pour la reconnaissance aérienne, équipés de capteurs infrarouges et d'hélicoptères d'attaques équipés des mitrailleuses pour cibler les objectifs en zones dangereuses démontrent en suffisance la capacité de riposte en cas d'attaque des forces de la paix et des civils dans les zones de grande vulnérabilité. Ainsi, ces deux approches sont complémentaires et assurent le continuum des possibles pour protéger les civils et le mandat.

L'analyse de la protection des civils par la présence dissuasive et la démonstration de force peut être jugée sur différentes stratégies : dissuasion, contrainte défensive et offensive[12]. La dissuasion implique la manipulation du comportement de la cible par des menaces sous conditions. Elle consiste à fixer les interdictions et les risques les belligérants ne peuvent pas dépasser. Elle cherche à influencer la réflexion des groupes armés sur leur calcul de commission des massacres. ; la contrainte recourt à la menace ou à l'usage de la force limitée pour pousser l'adversaire à engager une action spécifique ; la défensive face à l'attaque et l'offensive contre les groupes armés menaçant les civils de façon imminente. Cette présence dissuasive ne constitue pas une garantie suffisante pour la protection des civils. L'absence de toute initiative en cas d'agression risque de perdre toute crédibilité et toute confiance aux Casques bleus. La stratégie extensive consistant à éparpiller les forces de la paix dans les différentes bases disséminées dans les zones d'affectation peut augmenter leur vulnérabilité et priver la Mission des capacités de réactions en cas de menaces physiques imminentes.

[12] P-D. WILLIAMS, « Passer de l'analyse à l'action : quelques enseignements à tirer en vue de renforcer la protection des civils » *in* « Renforcer la protection des civils dans les opérations de maintien de la paix : regard sur l'Afrique ». Papier de recherche du Centre d'études stratégiques de l'Afrique », 2010, pp.46-48.

§2. Le développement des brigades intégrées dans la conduite des opérations militaires offensives conjointes

Les crises de protection ont réinvesti la posture robuste décidée par le Conseil de sécurité en commençant par la création des brigades intégrées et des opérations militaires conjointes. Celles-ci ont conduit au désarmement forcé de certains groupes armés. Cette posture induit une possible remise en cause du caractère intégré du mandat de la MONUSCO. Souhaitant faire preuve de responsabilisation et se racheter aux yeux de l'opinion publique après des échecs de protection, la MONUSCO a été conduite à redéfinir ses modes d'actions en dépassant les réflexes traditionnels du maintien de la paix, en adoptant une posture militaire offensive inédite, tranchant partiellement au principe de non usage de la force sauf cas de légitime défense. La création de la Brigade d'intervention de la MONUSCO (rés.2047) est significative de l'ampleur des transformations possibles au sein de la Mission en raison de la dégradation de la situation sécuritaire. Pour éviter de nouvelles atrocités et des catastrophes humanitaires susceptibles d'embrasser toute la région, le Conseil de sécurité décide sur chapitre VII de renforcer le mandat de la mission de paix et d'envisager une solution régionale par la création d'une brigade d'intervention intégrée à la MONUSCO. Celle-ci est autorisée à faire usage de la force de façon offensive et parfois de manière unilatérale alors même que l'usage de la force armée reste de la compétence territorialement exclusive de l'État hôte de la mission de paix.

A. Le désarmement forcé des groupes armés pour protéger les civils

Le modèle des Brigades interarmées capables de mener des opérations robustes ont préexisté avant la Brigade d'intervention de la MONUSCO (rés. 2098). En effet, le développement du concept de Brigade résulte de cette volonté des Nations Unies de joindre aux efforts déployés par les FARDC, les capacités militaires de la MONUC pour assurer une protection efficace des civils par un désarmement forcé des groupes armés. Mais des progrès probants peinent à se concrétiser butant en permanence sur l'interdiction formelle de s'engager dans un conflit de manière offensive. À ce sujet, la MONUC se résout à utiliser ponctuellement la force mais de manière défensive contre les groupes armés menaçant les civils dans le périmètre de son action. Cette prohibition de l'usage de la force offensive est posée par la hiérarchie onusienne, les membres permanents du Conseil de sécurité et les États contributeurs des troupes conformément à l'article 2§4 de la Charte des Nations Unies. En principe, les actions militaires offensives sont perçues comme contraire à l'esprit du maintien de la paix. La mise en place de la Brigade de l'Ituri, qui devait prendre la relève d'Artémis était composée des soldats Indiens, Pakistanais, Marocains et Népalais. Placée sous le chapitre VII, cette Brigade dotée d'hélicoptères d'attaques a été autorisée à utiliser tous les moyens nécessaires y compris certaines techniques de contre-insurrection (Opération cordon-and-search) qui a permis de désarmer certains combattants[13]. Toutefois, le mandat de la Brigade de l'Ituri de la MONUC n'est pas similaire à la Brigade d'intervention de la MONUSCO créée par la résolution 2098(2013) même si elle en constitue les prémices. Les Casques bleus de la Brigade de l'Ituri ne pouvaient pas chercher la confrontation directe avec les groupes armés comme le font la Brigade d'intervention de la MONUSCO. Dans certaines circonstances, la MONUC a pu utiliser la force mais de façon limitée et ponctuelle. Au début, le mandat de la MONUC fut confronté au principe prohibitif de l'usage de la force, ce qui l'a empêché de suivre cette ligne d'intervention pourtant nécessaire pour l'exécution du mandat mais aussi dangereuse pour la force de la paix, le personnel onusien et les civils. En raison de la complexité du conflit congolais, l'usage de la force offensive par les Casques bleus de la MONUC paraissait nécessaire aux décideurs des OMP dès le début de la mission. Cependant, un véritable tabou a empêché toute formulation concrète d'une politique d'engagement offensif des forces de la MONUC (rés.1756). Sur le terrain opérationnel, les principes fondamentaux du maintien de la paix étaient, bien que de manière ponctuelle entamés par les initiatives proactives de la MONUC. Le 2 mars 2009, l'opération Kimia II, opération militaire conjointe FARDC/MONUC est lancée contre les groupes armés[14]. Le soutien logistique, les patrouilles mixtes et l'appui-feu offerts aux FARDC lors de ces opérations conjointes ont contraint les FDLR au DDRRR[15]. Conduisant des opérations passives et inefficaces, l'usage limité et aléatoire de la force était au centre de toute la stratégie des brigades de la MONUC à ses débuts. Incapable de favoriser le règlement du conflit, la MONUC consent involontairement à accompagner le conflit congolais dans la durée. Les défauts récurrents de stratégies de protection caractérisés par des crises humanitaires, de massacre et de déplacement des populations civiles a conduit à la cohabitation pacifique MONUC/groupes armés, y compris les criminels de guerre recherchés par la justice militaire congolaise que la CPI[16].

B. La dynamique militaire de protection des civils incarnée par la Brigade d'intervention de la MONUSCO

Analyser les succès et les échecs de la MONUC dans l'exécution de son mandat permet de dresser le cadre dans lequel s'inscrit la volonté de changement

[13] N. MACLET, *La normalisation d'un tabou : La Brigade d'intervention de la MONUSCO et l'usage de la Force offensive pour maintenir la paix (1999-2013), op.cit.*, p.53.

[14] Radio Okapi, « Kinshasa : la MONUC annonce des opérations conjointes avec les FARDC contre les FDLR », 18 mars 2009, disponible sur: http://radiookapi.net/sans-categorie/2009/03/18/kinshasa-la-monuc-annonce-des-opérations-conj oin tes- avec-les-fardc-contre-les-fdlr/ .U6nR4o1dWEw (consulté le 13 août 2015).

[15] Rapport du Secrétaire général sur la Mission de l'Organisation des Nations Unies en République Démocratique du Congo, S/2009/623, 4 décembre 2009, §§7 -8.

[16] En 2009, les soldats de la MONUC ont collaboré avec B.Tangana pour les opérations Kimia II alors qu'il était recherché pour crimes de guerre et contre l'humanité commis en Ituri en 2003.

marquée par la résolution 2098 (2013) et donc, de la Brigade d'intervention de la MONUSCO au mandat offensif. L'interdiction de l'usage de la force offensive par les Casques bleus sauf légitime défense est un principe sur lequel, s'est structuré le système de sécurité collective. Cependant, la pratique de la MONUC/MONUSCO, en vertu des résolutions pertinentes du Conseil de sécurité fondées sur le chapitre VII a procédé progressivement à infléchir ce principe au nom de la protection des civils et de la défense des Casques bleus. L'usage de la force est devenu au centre de la stratégie de ce nouveau mandat de la Brigade d'intervention de la MONUSCO[17]. De l'usage ponctuel et minimal de la force ayant caractérisé la MONUC, ce principe déjà accepté dans certaines opérations militaires conjointes en Ituri, s'est normalisé par le biais de la résolution 2098 (2013) jusqu'à son dépassement. La prise de la ville de Goma par le M23 a constitué un revers tel que la capacité de la Mission à protéger les civils et à exécuter le mandat était remise en cause. La transformation du mandat procède de cette protection passive, centrée sur une hypothétique présence dissuasive des Casques bleus, à la militarisation de la protection par la force défensive. Le dépassement du principe est tel que la Brigade d'intervention est autorisée à lancer des offensives militaires unilatérales, ciblées et indépendamment des FARDC, donc de l'État hôte de la Mission. Cette posture innovante des Casques bleus risque de porter atteinte à l'exclusivité du recours à la force sur le territoire national. L'usage stratégique de la force par la Brigade d'Intervention est le symptôme d'un processus d'acceptation d'une pratique défendue mais crainte. Elle transforme la perception sociale d'une règle inviolable et convertit positivement son influence négative dans le système de valeurs et de prohibition mis en place par les Nations Unies[18]. De l'usage exceptionnel de la force offensive par la mission de paix, celle-ci intègre dorénavant les valeurs définies par la communauté internationale. La prise de Goma par le M23 a révélé les insuffisances de la Mission et les raisons hautement politiques de sa présence s'accommodant de certaines ingérences régionales dans le conflit congolais. Un tel échec pour une Mission de plus de 20 ans de présence sur le territoire national, aurait pu justifier la fin de l'opération comme le redoutait le personnel en interne de la MONUSCO ou un changement profond de son mode opératoire. La chute de Goma a conduit le Conseil de sécurité à envisager une nouvelle approche en autorisant l'usage de la force offensive, ciblée mais limitée dans l'espace et dans le temps(rés.2098).

---

[17] Le Monde, 28 septembre 2012, « Le Rwanda privé de l'aide internationale ». À la suite du soutien que le Rwanda apporte au M23 pour déstabiliser la RDC, les bailleurs de fonds qui financent plus du tiers du budget du Rwanda se montrent fermes et suspendent leurs versements. Les USA bloquent en premier une partie de son aide militaire, suivi de l'Allemagne, Pays-Bas, Suède, Royaume-Uni et de l'Union européenne. Pour affirmer son indépendance envers les institutions internationales, le Rwanda met en place un fond de développement national dénommé Agacio (dignité).

[18] N. MACLET, *La normalisation d'un tabou : la Brigade d'Intervention de la MONUSCO et l'usage de la force offensive pour maintenir la paix (1999-2013)*, *op.cit.* p.72.

SECTION 2.
Le glissement subreptice de stratégie : de la protection par la présence passive à la protection militaire offensive des civils

Le déploiement de la Brigade d'intervention de la MONUSCO est le constat d'impuissance d'une mission prisonnière de la zone grise du maintien de la paix robuste, hésitant entre l'ouverture à une utilisation potentielle de la force au niveau tactique et l'exigence intrinsèque de son usage minimum[19]. Les Nations Unies ont souligné le caractère « exceptionnel » de l'approbation d'une telle Brigade en insistant sur le fait que cette décision est prise « sans créer de précédent ni sans préjudice des principes convenus du maintien de la paix(rés.2098). La résolution appelle aussi à ce que la Brigade se dote d'une stratégie de retrait clairement définie[20]. Elle affirme que cette Brigade sera une force de réaction rapide chargée de conduire des « *offensives ciblées* » contre les groupes rebelles du pays[21]. L'accord-cadre sur lequel s'appuie la Brigade évoque la souffrance qu'engendrent pour le pays les conflits récurrents et les violences persistantes perpétrées par des groupes armés tant nationaux qu'étrangers[22].

§1. Avènement des brigades MONUC/MONUSCO

La création et le déploiement de la Brigade résultent officiellement de l'application incomplète des Accords de paix signés entre le gouvernement congolais et les groupes armés dont le CNDP[23]. La Brigade d'intervention de la MONUSCO contribue à dé stigmatiser un tabou structurant l'action internationale en saisissant une opportunité de modification du mandat qu'offre les événements liés à la prise de Goma par le M23[24]. Pour Fabienne Hara, « *la*

---

[19] A. NOVOSSELOFF, « Chapitre VII de la paix : une ambiguïté à déconstruire », *Bulletin de maintien de la paix*, n° 100, octobre 2000, p.4.
[20] S/RES/2098 (2013) du 28 mars 2013, § 9 -10.
[21] L'effectif de la brigade s'élève à 3 069 militaires. Elle est commandée par un général tanzanien et comprend trois bataillons d'infanterie, une unité d'artillerie, une unité de forces spéciales et une compagnie de reconnaissance. La Tanzanie, l'Afrique du Sud et le Malawi ont déjà contribué à la composition de la brigade avec des troupes d'élite. Sa mission est « d'empêcher l'expansion de tous les groupes armés, de les neutraliser et de les désarmer ».
[22] Les onze pays signataires de l'Accord cadre d'Addis-Abeba, siège de l'Union Africaine sont : la RDC, le Rwanda, l'Angola, Le Burundi, L'Ouganda, La République du Congo, La République Centrafricaine, La Zambie, L'Afrique du Sud, Le Sud-Soudan, La Tanzanie.
[23] G. BERGHEZAN, « Groupes armés actifs en République Démocratique du Congo, Situation dans le « Grand Kivu », *op.cit.*, pp.30-36. « Le cancer des groupes armés au cœur de l'instabilité au Congo *», GRIP* 2013, p.13. « Groupes armés au Katanga, épicentre de multiples conflits *», GRIP*, 9 juin 2015, p36.
[24] La date du 23 mars signifie la date de la signature des accords ayant mis fin à l'existence du CNDP en tant qu'organisation militaire et sa mutation en parti politique. La non application de ces dits accords a conduit à la naissance du mouvement du M23 qui n'est que l'émanation du CNDP. ; AFP, 25 mai 2012, « Le Nord -kivu s'embrasse à nouveau

BI est le résultat de l'épuisement de toutes les solutions et la reprise passive par l'institution d'une initiative régionale de paix »[25]. Engagée dans une approche robuste mais épisodique de protection des civils, le Conseil de sécurité affirme sa volonté de briser le cycle des rebellions à l'Est de la RDC et d'offrir une opportunité de paix et de stabilisation dans la région par la neutralisation des groupes armés réfractaires au DDR/DDRRR volontaire[26].

A. La brigade d'intervention de la MONUSCO au mandat offensif

La défaite de M23 illustre bien l'évolution positive de la protection des civils par la force armée et augure un avenir prometteur dans les opérations analogues. Cependant, cette posture militaire a soulevé des défis sur l'intégration du mandat au sein des troupes régulières de la MONUSCO et de l'applicabilité des droits des conflits armés aux Casques bleus. Devant le risque d'un nouveau conflit régional, les pays membres de la SADC et de la CIRGL envisagent la possibilité de déployer une force neutre composée des troupes de la région à l'Est de la RDC. Cependant, le Conseil de sécurité reste réticent en raison de l'implication dans le conflit de certains pays voisins de la RDC et de l'établissement de cette force, autorisée et financée par l'ONU mais qui serait déployée en dehors de la MONUSCO. Dans ce contexte, la résolution autorise l'envoi de cette force exceptionnelle, « la Brigade d'intervention », qui fera partie intégrante de la MONUSCO qui s'ajoute à son maximum d'effectifs de 19 815 troupes autorisées. Elle donne mandat à la Brigade de neutraliser et désarmer les groupes armés, y compris par des opérations unilatérales offensives les ciblant. Composée de trois bataillons d'infanterie, une compagnie d'artillerie, d'une force spéciale et d'une compagnie de reconnaissance, la Brigade d'intervention de la MONUSCO dispose d'un mandat clair[27]. La composante militaire de la mission est autorisée à prendre toutes les mesures nécessaires (…) pour assurer, dans ses zones d'opérations, une protection efficace des civils sous la menace imminente de violences physiques, à déceler les menaces qui pèsent sur les civils et à appliquer les plans d'interventions existants pour les protéger. À la lumière de cette résolution, le mandat confère à la Brigade deux tâches, d'abord, protéger les civils par la force et neutraliser les groupes armés. La Brigade peut mener seule des opérations ou avec les FARDC, des offensives ciblées et robustes, en faisant preuve d'une grande mobilité et adaptabilité (…) en vue d'empêcher l'expansion de groupes armés, de les neutraliser et de les désarmer de façon à contribuer à réduire la menace que constituent les groupes armés pour l'autorité de l'État. Ensuite, la Brigade intervient pour renforcer l'État congolais mais elle

---

[25] N. MACLET, *La normalisation d'un tabou : la Brigade d'intervention de la MONUSCO et l'usage de la force offensive pour maintenir la paix (1999-2013)*, *op.cit.*, p.72.

[26] Human Rights Watch (2012), DRCongo: Rwanda should stop Aiding War Crimes Suspect. News Release, 4 June 2012. ; SC/10 675, Déclaration à la presse du Conseil de sécurité sur la RDC, 15 juin 2015

[27] S/RES/2098 (2013), 28 mars 2013, §9.

dépasse les principes traditionnels du maintien de la paix, en jouissant de la prérogative de la coercition unilatérale sur le territoire congolais. La BI peut mener seule des offensives ciblées contre les groupes armés indépendamment des FARDC. Cette résolution au-delà des espoirs qu'elle peut susciter chez les Congolais et dans la région place la Mission de paix dans une position schizophrénique. Dépendante du commandement unique de la MONUSCO, la Mission devra coordonner deux mandats autonomes par leur nature mais complémentaires par l'objectif : un mandat d'imposition de la paix incarnée par la Brigade d'intervention, composée exclusivement des soldats de la région, membre de la SADC et celui du maintien de la paix représentée par la coalisation des soldats de la Mission traditionnelle. La Mission acquiert une double qualification : belligérante contre les groupes armés opposés au DDR/DDRRR et négociatrice, diplomate à la recherche d'une solution politique concertée au conflit.

B. Les contours de la Brigade d'intervention et les limites persistantes dans la protection des civils au sein des troupes de la MONUSCO

Par cette dimension militaire de protection, la mission rentre donc dans une nouvelle ère d'un maintien de la paix offensif, moderne et impressionnant. Cette approche a constitué un tournant pour la mission et un précédent historique pour les Nations Unies. En adoptant cette posture robuste inédite dans l'histoire des Nations Unies, la MONUSCO se pose en laboratoire de la protection civile et militaire des populations. La contribution active de la Brigade d'intervention dans la défaite du mouvement du 23 mars (M23) constitue une preuve éloquente de l'efficacité de cette innovation. Cette pratique entre dans la voie de la normalisation c'est-à-dire qu'elle s'inscrit désormais sur le long terme dans le système des normes et valeurs des Nations Unies. Cependant, la cohabitation sur un même théâtre d'opération de deux catégories de contingents (MONUSCO et Brigade d'intervention) soumis à une même chaîne de commandement ne semble pas faciliter la compréhension de son rôle par les différentes parties sur le terrain. Si le mandat de la MONUSCO est de rétablir la paix en appui d'un processus politique inclusif, celui de la Brigade vise à neutraliser les groupes armés par la force offensive et de réduire la menace qu'ils représentent pour l'autorité et la sécurité des civils dans l'Est de la République Démocratique du Congo[28].

La création de la Brigade d'intervention et son intégration dans une opération de maintien de la paix classique (MONUSCO) constitue une dimension nouvelle des opérations de maintien de la paix[29]. Ce mécanisme fait déjà partie intégrante

[28] S/RES/2098 (2013) du 28 mars 2013, paragraphe 9 et 12.

[29] A. RAINAUD, « Réflexion sur l'usage de la force, le droit et les opérations de maintien de la paix », paru dans PIE, Perspectives, Variations, Réflexion sur l'usage de la force, le droit et les opérations de maintien de la paix, mis en ligne le 21 juillet 2005, URL : http://revel.unice.fr/pie/index.html?id=41.

du répertoire d'action du DOMP, mais reste réservé pour le moment à titre exceptionnel et de dernier recours. Cette idée du maintien de la paix par l'offensive est aujourd'hui matérialisée après plusieurs échecs de protection. La voie de la normalisation étant tracée, le DOMP n'hésitera pas de reproduire cette expérience prometteuse dans d'autres conflits pourvu que les stratégies et les intérêts des acteurs impliqués convergent vers des dynamiques de changement[30]. Cependant, le poids de la prohibition reste trop prégnant dans la labellisation de la nouvelle formule de la paix par la force envisagée par le DOMP. Dans ce long conflit où le chaos semble la règle et les espoirs semblent souvent déçus, il est difficile de distinguer un quelconque signe d'espoir lorsque la ville de Béni est régulièrement la cible des ADF et que la province de Kasaï, autrefois épargnée par toutes les guerres congolaises se trouve submergée par la violence de Kamuina Nsapu[31]. Certains analystes ont émis le doute sur l'efficacité de cette Brigade et se sont demandés si cette nouvelle configuration du maintien de la paix pourrait changer la trajectoire chaotique et sanglante prise par les évènements en RDC. Bien que s'inscrivant dans la ligne des innovations préconisées par le rapport Brahimi visant à rendre les opérations de paix onusiennes plus réactives[32], il n'en demeure pas moins que la Brigade d'intervention a mis les composantes de la MONUSCO sous turbulence.

§2. La possible remise en cause du caractère intégré du mandat de la MONUSCO

De façon consubstantielle, la composante civile et militaire d'une opération de paix sont intimement liées. Elles travaillent ensemble au quotidien pour convenir des pratiques de protection à envisager. La section Droits de l'homme attire l'attention des Casques bleus sur les violations de droits de l'homme et la section des affaires civiles leur offre les analyses de la situation sécuritaire sur le terrain. En dépit de manque de coordination et de priorité entre les troupes régulières de la MONUSCO et la Brigade d'intervention, une autre controverse de ce nouveau mandat repose, pour les partenaires civils de la MONUSCO qui considèrent que désarmer par la force les groupes armés contribue à les priver d'un levier important de négociation. Cette posture offensive de la MONUSCO a accru aussi la vulnérabilité des humanitaires assimilés abusivement à des collaborateurs des FARDC et des Casques bleus contre lesquels, les groupes armés s'opposent militairement. Cette possible confusion résulte du double

[30] N. MACLET, *La normalisation d'un tabou : la Brigade d'intervention de la MONUSCO et l'usage de la force offensive pour maintenir la paix (1990-2013), op.cit.*, p.93.

[31] Nom d'un chef coutumier tué pour s'être opposé militairement au gouvernement central dans son fief. Sa mort a exacerbé la tension qui couvait depuis longtemps pour se transformer en un mouvement insurrectionnel très violent décapitant ses victimes dont les deux experts de l'ONU envoyés pour enquêter sur les violations de droits de l'homme dans le Kasaï en 2017.

[32] À/55/305-S/2000/809 du 21 août 2000, Rapport du groupe d'étude sur les opérations de paix de l'ONU.

mandat robuste et traditionnel de maintien de la paix qui fait des Casques bleus combattants et négociateurs de paix. Cette configuration finit par faire des humanitaires des cibles pour les forces hostiles à la paix.

A. La perte d'un levier de négociation et de dialogue pour les humanitaires : les groupes armés considérés forces négatives et acteurs non légitimes

L'effritement des stratégies de protection et le développement opérationnel de la Brigade d'Intervention de la MONUSCO risquent de priver la Mission d'un levier important en vue de l'application du DIH et le respect des droits de l'homme par les groupes armés avec lesquels, elle collabore et sensibilise dans les territoires sous contrôle rebelle. L'engagement militaire de la MONUSCO aux côtés de l'État hôte l'a conduit dans une certaines mesures à adopter une approche biaisée et déséquilibrée contre les groupes armés[33]. Considérés forces négatives par les Nations Unies et d'acteurs non légitimes, les groupes armés ne sont pris en compte dans le processus politique que par leur éradication volontaire ou forcée. En s'engageant dans les opérations offensives contre les groupes armés, la Brigade d'intervention de la MONUSCO intègre cette dynamique de confrontation militaire mettant fin à la diplomatie, à la médiation, au dialogue caractéristique de l'impartialité et de la neutralité d'une Mission de paix. En effet, certains groupes armés étaient attentifs à leur image en étant considérés comme interlocuteurs potentiels des humanitaires et demeuraient sensibles à la réduction des violences contre les civils et les violations des droits de l'homme dans les territoires sous leur contrôle. Rappeler aux groupes armés leurs obligations en matière de droit de l'homme et du droit international humanitaire et faire valoir les possibles conséquences de leurs actions avec la force dissuasive de la CPI pourraient se révéler efficace. Dans certaines occasions, les civils de la MONUSCO pouvaient rapprocher les groupes armés pour discuter de l'application du DIH, de la protection des civils lors des combats, ou les sensibiliser au DDR/DDRRR. Ainsi, devenir une composante d'une force de combat contre ces mêmes groupes armés fait perdre aux civils de la MONUSCO des interlocuteurs importants. L'exemple du M23 illustre bien le problème. Ce groupe, en quête de légitimité et pour soigner son image avait un discours séduisant dans ses communications publiques consistant à se poser comme défenseurs des droits des populations et partenaires légitimes de la MONUSCO. Ce groupe rebelle a toujours voulu apparaître comme un groupe légitime mieux que les FARDC en matière de protection des civils et prêt à coopérer avec la MONUSCO et la communauté internationale[34].

---

[33] N. DI RAZZA, *La protection des civils par les opérations de maintien de la paix de l'ONU, op.cit.*, p.417.
[34] *Ibid.*

Une interaction constructive MONUSCO/M23 aurait pu renforcer un tel comportement protecteur envers les civils car en ouvrant le dialogue et en démontrant que la communauté internationale était attentive au comportement amélioré du M23, ils auraient pu modérer leur activisme aux standards internationaux du droit des conflits armés et adopter une posture protectrice des civils[35]. Discuter avec le M23 aurait permis de rappeler aux rebelles leurs obligations selon le droit international qui proscrit de cibler les populations civiles, de recruter des enfants dans leur rang. Cette option aurait renforcé leurs actions en matière de protection des civils. À ce sujet, le Conseil de sécurité estime que : *« Les organismes humanitaires doivent constamment collaborer avec toutes les parties au conflit armé en menant des activités visant à faire respecter le droit international humanitaire. Le Secrétaire général de l'ONU a même demandé aux États membres d'éviter de promulguer des politiques interdisant l'engagement avec les groupes armés non étatiques »*[36]. Cependant, les responsables politiques de la MONUCO s'alignant sur le choix du gouvernement congolais, décidèrent de cesser tout lien et tout échange avec ce GA. Ils restreignent même les mouvements et les déplacements de la composante civile de la MONUSCO dans les territoires sous contrôle rebelle sous prétexte de légitimer son existence et ses revendications. Alors même que les Conventions de Genève établissent que le fait de respecter le droit humanitaire ne confère pas de légitimité politique aux parties en conflit.

Au regard de ce nouveau mandat et surtout de l'interprétation faite par la direction de la MONUSCO : dialoguer avec le M23 devient une tâche a priori contradictoire avec la protection des civils alors même qu'il aurait permis d'obtenir des avancées dans le respect des droits de l'homme et du droit international humanitaire. Le dialogue avec les mouvements rebelles aurait offert des garanties de sécurité nécessaires pour accéder aux populations sinistrées sous leur contrôle. Cette approche consistant à interdire tout contact des humanitaires avec le M23 a provoqué un véritable malaise au sein des humanitaires.

Choisir de s'engager avec le M23 était devenu une question politiquement sensible. Pour la Mission qui s'aligne au choix du gouvernement congolais, dialoguer aurait être interprété comme légitimant le groupe rebelle sur le plan international, ce que le gouvernement congolais refuse d'admettre. Mais cette approche aurait signifié également à la population que la MONUSCO accompli sa mission avec impartialité indépendamment des sensibilités politiques liées à tel ou tel groupe armé.

---

35 Une anecdote rapportée par Abdallah Wafi, l'adjoint du Représentant spécial du Secrétaire général de l'ONU pour l'état de droit, lors d'une réunion avec les personnels de la MONUSCO évacués d'Entebbe en novembre 2012.

36 Rapport du Secrétaire général des Nations Unies sur la protection des civils en période de conflit armé, S/2013/689, 22 novembre 2013, §§ 38-39.

B. L'accentuation de la passivité de la force de paix et le dépassement des capacités de la Brigade d'intervention

La création de la Brigade d'intervention de la MONUSCO et son intégration au sein des troupes de la MONUSCO a conduit à une interprétation divergente du mandat. Son avènement génère de défaut de protection avec le risque de désengagement des troupes, de déresponsabilisation et accentuation des activités de la Brigade. À ce sujet, Le Général Dos Santos, commandant de la MONUSCO s'est engagé à promouvoir au sein de la MONUSCO sa vision « *une mission, un mandat* ». Les pays contributeurs des troupes défendaient la séparation des tâches et de posture entre les troupes régulières et la Brigade d'Intervention. Certains États ont mis en garde sur le désengagement d'un maintien de la paix qui irait au-delà de la présence dissuasive pour conduire des actions offensives. Le risque de confusion des tâches et d'inaction semblait évident lorsque les civils continuent à être victimes en présence de la force de la MONUSCO. Les pays contributeurs des troupes ont souligné l'ambiguïté dans laquelle les soldats de la paix se trouveraient face aux menaces des groupes armés et au regard du nouveau mandat offensif de la Brigade d'intervention de la MONUSCO. L'instauration de la Brigade d'intervention risque de créer beaucoup de confusions entre les forces engagées pour la paix et la stabilisation en RDC et la Brigade d'intervention chargée de neutraliser les groupes armés. La résolution 2098 (2013) insiste sur le ciblage et la neutralisation des groupes armés, ce qui crée deux catégories des troupes au sein de la MONUSCO : celle ayant un mandat offensif composée de la Brigade d'intervention et la catégorie cantonnée aux tâches traditionnelles du maintien de la paix. Cette interprétation risque de paralyser l'action de la mission sur le terrain et d'accentuer pour les uns la passivité à la réactivité et pour les autres l'augmentation des missions pour la Brigade d'Intervention. Le fait que plusieurs acteurs soient impliqués dans la protection des civils et du mandat, renforce cette crainte de désengagement éventuel du personnel onusien. Demeurant persuadés que quelqu'un dans la chaine organisationnelle de la mission se chargera bien de la protection et de la défense du mandat, les contingents réguliers de la MONUSCO ont eu cette tendance à se reposer sur la Brigade d'intervention. L'avènement de la Brigade d'intervention a constitué un prétexte opportun pour justifier l'inaction de certaines Brigades lorsqu'elles sont alertées de l'imminence des attaques des civils y compris certaines unités des FARDC. Chaque camp est persuadé que la Brigade de la MONUSCO dotée des moyens conséquents et d'un mandat sans équivoque va s'en occuper, ce qui peut entrainer des relâchements des efforts, de l'assiduité et de la régularité dans les activités de protection au niveau individuel. Principalement, les forces régulières de la MONUSCO sont tenues aux mêmes règles d'engagement que la Brigade mais risquent de refuser d'intervenir au motif que le mandat robuste revient exclusivement à la Brigade selon la résolution qui la fonde[37]. En effet, le mandat de protection des civils autorise les Casques bleus à agir contre un groupe armé constituant une menace imminente à l'intégrité physique des civils et des Casques bleus et qu'il est défini comme tel s'il présente une forte présomption de constituer une menace. Or, l'instauration de la Brigade a pu malencontreusement accentuer la passivité des troupes régulières au motif que c'est la Brigade qui a reçu mandat de neutraliser cette menace et entraver le consensus politique sur l'utilisation de la force. Dans le cadre de rotation semi-annuelle des troupes de la MONUSCO, il a été constaté que les soldats pliaient déjà leurs bagages avant que la relève ne soit même arrivée entraînant un déficit de couverture sécuritaire sur le terrain des opérations. Sans pouvoir se préoccuper de ce vide sécuritaire à leur départ car persuadés que la Mission désignera un autre contingent pour répondre à la préoccupation sécuritaire dans la région. Cette bureaucratie sur laquelle se régule les activités de protection pour une meilleure efficacité a connu des réelles imperfections et dysfonctionnements conduisant à des duplications des efforts, parfois d'inactions et de concurrence interne. Pour les FARDC, la Brigade d'intervention est chargée de participer au point chaud de la région parce que tel est son mandat de neutralisation des groupes armés. La référence au nouveau mandat de la Brigade est devenue l'argument des autorités congolaises pour dénoncer l'inaction de la mission de paix face aux crimes des groupes armés sans se soucier que la responsabilité première de protection des civils leur incombe[38]. Dans un tel contexte, toute intervention militaire sans l'appui de la Brigade de la MONUSCO est vouée à l'échec. Sur le terrain congolais, aucun groupe armé n'a été neutralisé du seul chef de la Brigade d'intervention. La défaite militaire du M23 en 2013 résulte des efforts des FARDC selon le gouvernement et l'appui de la MONUSCO n'a été que logistique. Ainsi, l'accroissement des interventions de la Brigade et son hyper sollicitation ont constitué ses principales limites. Cette approche robuste, bien que révélatrice d'un renforcement du mandat et d'un engagement politique du Conseil de sécurité a conduit les Casques bleus devant certaines crises de protection et menaces physiques imminentes des civils à renoncer à intervenir prétextant leur mandat pour justifier leur inaction.

---

[37] P. CAMMAERT, « The UN Intervention Brigade in the Democratic Republic of the Congo », Issue Brief, *International Peace Academy,* juillet 2013, p.13.

[38] Agence Congolaise de Presse, Journal l'Avenir « Les congolais sont massacrés à Béni, que fait la Brigade d'intervention de la MONUSCO », 15 mai 2016.

Conclusion du chapitre III

La protection des civils est devenue le paradigme dominant le mandat de la MONUSCO. Elle incarne ce principe ultime vers lequel tout se rapporte pour justifier l'intervention internationale et de nouvelles pratiques y compris l'usage ponctuel de la force. Si la doctrine préexistante du maintien de la paix est globalement confirmée et suivie, la protection des civils guide désormais son orientation et sa coloration. L'évolution du mandat de la MONUC/MONUSCO sous chapitre VII démontre que les principes du maintien de la paix ne sont plus immuables et monolithiques dans leur interprétation. Ils sont flexibles et s'adaptent à l'évolution de la situation sur le terrain. Le changement substantiel réside dans le fait que la protection des civils a fait l'objet d'une véritable normalisation institutionnelle et d'une intégration générale dans les usages et activités de la Mission de paix. De nouvelles cultures, méthodes, stratégies et de nouveaux mécanismes civils de protection ont été créés. Une nouvelle posture des Casques bleus se manifeste : de la présence dissuasive à la démonstration de force en passant par des brigades intégrées jusqu'aux opérations militaires offensives conjointes pour assurer la délivrance d'un service de protection efficace.

La bureaucratisation, la normalisation et l'institutionnalisation de la protection des civils ont donc assuré une place centrale au concept et permis au personnel onusien une marge de manœuvre certaine pour sa mise en œuvre. Dans la pratique, elle a influencé la mission dans son action. Elle l'a diversifiée, complexifié et parfois ouvert toutes ses potentialités. Elle a été jusqu'à déborder la nature et la définition du maintien de la paix sans remettre en cause les principes fondamentaux. Sur le terrain, la stratégie d'ensemble est une stratégie de maintien de la paix mais que l'on aménage les tactiques, les pratiques et mécanismes empruntant parfois aux techniques d'imposition de la paix libérées au nom et au service de la protection des civils. À cet égard, les opérations offensives ponctuelles des Brigades d'intervention ne seraient qu'un outil rendu possible et permissif par le mandat de protection des civils dans le pan de tactiques disponibles. En adoptant une nouvelle diversité d'outils, de mécanismes, de tactiques, de postures civile et militaire de protection, la

MONUSCO se pose en laboratoire des pratiques. Sur ce, le Conseil de sécurité a pris en compte l'image protectrice de la Mission et son action, quitte à placer les opérations de maintien de la paix sous turbulence, sujettes désormais à des innovations, des critiques et des ajustements inédits[227]

[227] Nations Unies, « Uniting our Strengths for Peace: Politics, Partnership and People », Report of the High Level Independent Panel on UN Peace Operations, 16 juin 2015. (dit « HIPPO report » ou « rapport Ramos-Horta »).

CHAPITRE IV :

Le chapitre VII et la mise en œuvre du mandat robuste

Dans les opérations de maintien de la paix autorisées par le Conseil de sécurité, l'accent est régulièrement mis sur le chapitre VII de la Charte des Nations Unies. Lorsque le mandat autorise le recours à la force[1], la question de l'application des droits de conflits armés se pose également entre les belligérants dans la conduite des opérations et la protection des victimes du conflit. Les conflits armés concernés sont les conflits armés internationaux. Ces derniers sont régis par le droit international humanitaire dont l'indépendance constitue la caractéristique principale des relations entre le *Jus ad bellum* et le *Jus in bello.* Cette indépendance détermine deux choses : le DIH ne peut pas être utilisé pour justifier le recours à la force qui serait illicite sur le plan du *jus ad bellum* et que le *jus ad bellum* ne peut pas influencer l'application des règles du DIH. Il s'agit du fameux principe de l'égalité des belligérants : principe de l'application égale du DIH à toutes les parties au conflit, indépendamment de la licéité du recours à la force et des causes poursuivies par ces parties. Ainsi, chaque recours à la force, pour être licite doit être conforme tant au *jus ad bellum* qu'au *jus in bello.* Le mandat dont il est question est celui reçu par le Conseil de sécurité, impliquant le recours à la force en dehors de cas de légitime défense. Ces opérations militaires sont menées sous le commandement et le contrôle soit des Nations Unies(rés.2098), soit d'un ou plusieurs États, voire d'une organisation régionale pour maintenir la paix, au pire l'imposer.

---

[1] L.A. SICILIANOS, « L'autorisation par le Conseil de sécurité de recourir à la force : une tentative d'évaluation », *RGDP*, 2002, p.8.

SECTION 1.
La conception asymétrique du chapitre VII dans la pratique du Conseil de sécurité

C'est de manière progressive que le chapitre VII a été appliqué dans le cadre de la MONUC/MONUSCO y compris dans le renforcement de ses effectifs que de la transformation du mandat de la Mission[2]. L'autorisation donnée aux Casques bleus sur invocation ou non du chapitre VII de la Charte des Nations Unies pour la mise en œuvre de tout ou partie de leur mandat traduit avant tout, les rapports de forces au sein du Conseil de sécurité qui demeurent variables selon le conflit dont il est saisi. Il renvoie à sa logique politique et fonctionnaliste. En réalité, le Conseil de sécurité n'a pas besoin du chapitre VII pour imposer des obligations aux parties destinataires de ses résolutions[3]. En agissant en vertu du chapitre VII, le Conseil de sécurité conserve la compétence exclusive de son action et marque son soutien politique à la Mission. Dans la résolution 1291 (2000), le Conseil de sécurité a placé le mandat de la MONUC sous le chapitre VII mais l'usage que la mission de paix fit de la contrainte fût aléatoire[4]. Toutefois, la pratique réaliste du Conseil de sécurité concernant le chapitre VII offre une lecture interprétative et complexe de ses résolutions[5].

§1. L'usage ponctuel de la force contre une des parties au conflit

En théorie, le mandat de protection des civils en vertu du chapitre VII de la Charte des Nations Unies permet d'utiliser la coercition. Cependant, les Casques bleus sont confrontés sur le terrain opérationnel à des difficultés liées aux moyens, à la clarté du mandat, aux règles d'engagement et aux contingences sécuritaires. Les pays contributeurs des troupes demeurent réticents à l'idée qu'une action coercitive sous commandement onusien de leurs soldats ne fasse

---

[2] S/RES/1291(2000) du 24 février 2000, § 8.

[3] Dans sa résolution 1565 (2004) § 25, le Conseil demande instamment aux pays qui mettent à disposition des contingents de prendre les mesures appropriées, disciplinaires et autres, afin de veiller à ce que des comptes soient pleinement rendus dans l'éventualité où leurs personnels seraient impliqués dans tels actes. Il prie le Groupe d'experts crée par la résolution 1771 (2007) de s'acquitter du mandat suivant : (...) c) Examiner et recommander, en tant que besoin, les moyens par lesquels pourraient être améliorées les capacités des États intéressés, en particulier ceux de la région, d'appliquer effectivement les mesures imposées au paragraphe 1 ci-dessus (...) ; f)Fournir au Comité, dans ses rapports, des listes dûment documentées de ceux dont il aura déterminé qu'ils ont agi en violation des mesures imposées au paragraphe I ci-dessus et de ceux dont il aura déterminé qu'ils les ont soutenus dans de tels agissements, en vue d'éventuelles mesures que le Conseil pourrait prendre (S/RES/ 1807 (2008) § 18.

[4] S/RES/1291(2000), 24 février 2000, §8.

[5] L. PIERRY, « Du chapitre VI au chapitre VII : vers des OMP plus robustes ? », *in* K. Bannelier et C. Pison (dir*), Le recours à la Force autorisé par le Conseil de sécurité*, Ed. A. Pedone, Paris 2014, p.88.

l'objet des poursuites judiciaires pour violation du droit de conflits armés[6]. Ainsi, l'exécution du mandat de la MONUC s'est heurtée progressivement à cette prohibition de l'usage de la force offensive dans sa mise en œuvre[7]. Alors que le mandat lui permettait d'utiliser tous les moyens nécessaires pour protéger les civils[8], les restrictions induites par ledit mandat reposant sur l'utilisation de la force qu'en cas de menace imminente à l'intégrité physique et légitime défense ont relativisé son usage alors même qu'il est autorisé dans les résolutions décidées par le Conseil de sécurité des Nations Unies.

A. L'application à géométrie variable du chapitre VII par les destinataires des résolutions du Conseil de sécurité

La pratique onusienne récente révèle que la mention expresse du chapitre VII ne suffit pas à établir la dimension « robuste » de l'opération. Ce sont les modalités de la mise en œuvre du mandat qui permettent d'identifier le caractère ferme qui s'y attache et qui fonde son caractère contraignant[9]. Certaines résolutions du Conseil de sécurité sans se fonder sur le Chapitre VII sont aussi rédigées sur le mode prescriptif. L'emploi de ce mode (exige, décide...) dans le dispositif de telles résolutions ne crée pas une obligation nouvelle mais rappelle l'obligation posée à l'article 25 de la Charte des Nations Unies. Cette pratique résulte de la difficulté, voire de l'impossibilité à mettre en œuvre le Chapitre VII de la Charte, qui repose sur une forme de télescopage entre le Chapitre VI et le Chapitre VII. On dirait que le Conseil de sécurité fait ce qu'il veut selon son appréciation et ses considérations face à une menace quelconque. Le désaccord entre les membres permanents du Conseil de sécurité conduit à l'adoption de résolutions de compromis qui recherchent l'apaisement principalement entre eux. Bien que fondées sur le chapitre VII, certaines résolutions concernant la RDC rappellent des résolutions précédentes sans aucune nouvelle obligation. Elles traduisent symboliquement la saisine de la situation et le suivi de l'évolution sans pouvoir déterminer les mesures et les moyens à mettre en œuvre en vue du règlement du conflit[10]. Dans le cadre de l'ONUC[11], seule opération de

---

[6] P. BODEAU-LIVINEC, « Responsabilité pour faits illicites commis au cours d'opérations autorisées par le Conseil de sécurité : remarques sur quelques problèmes d'attribution », *op.cit.* p.207.

[7] « L'usage de la force dans les relations internationales : aspects du droit international et du droit européen », Colloque Nice 9-11 septembre 2015

[8] S/RES/1493(2003), 28 juillet 2003.

[9] L. PIERRY, « Du chapitre VI au chapitre VII : vers des OMP plus robustes ? », *op.cit.* p.88.

[10] Pour plus de détails, lire la guerre d'agression contre la République Démocratique du Congo et l'interpellation du droit international, Actes des journées de réflexion du 05 au 06 octobre 1998, PUK (Presses Universitaires de Kinshasa), 1999.

[11] Il est fondamental de souligner que l'ONUC est la seule opération des Nations Unies autorisée par le Conseil de sécurité pendant la guerre froide à utiliser la force sans référence au Chapitre VII. Voir la S/RES/161 (161) du 21 février 1961. Cependant, il est indiqué au paragraphe 1 que le Conseil de sécurité « demande instamment que les Nations Unies prennent immédiatement toutes mesures appropriées pour empêcher le déclenchement de la guerre civile au Congo notamment des

maintien de la paix du temps de la guerre froide expressément autorisée à utiliser la force armée, le chapitre VII n'a pas été invoqué en vue de l'usage de la force armée alors même que l'opération y a eu recours[12]. En outre, certaines situations du Conseil de sécurité recourent au Chapitre VII mais sans corrélation dans le dispositif des résolutions[13]. L'invocation du Chapitre VII par le Conseil de sécurité ne s'arrête pas aux seules mesures relatives au maintien de la paix et de la sécurité internationale. Elle peut poursuivre d'autres objectifs parfois sans adopter aucune mesure contraignante[14]. Cependant, les exigences du Chapitre VII aboutissent à la création d'une obligation nouvelle par rapport aux décisions et accords préexistants. La référence au Chapitre VII traduit une pratique utilitariste qui permet au Conseil de sécurité de se saisir d'une situation dont il a préalablement constaté qu'elle menaçait ou risque de menacer la paix et la sécurité internationales. Le recours au chapitre VII permet aussi de briser et de contourner les prescriptions de l'Article 2§7 relatives à la non-ingérence dans les affaires intérieures d'un État et de traiter les conflits d'ordre interne sans préjuger des moyens utilisés tout en se prémunissant contre les accusations d'ingérence. Le déploiement de la force européenne Artémis en Ituri (rés.1484) par exemple s'est opérée sans consentement de toutes les parties pour des raisons humanitaires[15].

Le Chapitre VII reste indicatif du soutien dont bénéficie la mission de paix. Il répond aux contraintes politiques qui pèsent sur le Conseil de sécurité et peut constituer de fondement aux résolutions du Conseil de sécurité en cas d'impossibilité de décider des mesures coercitives[16]. Le caractère obligatoire et

---

dispositions concernant le cessez-le-feu, la cessation de toute opération militaire, la prévention des combats et le recours à la force si besoin est en dernier ressort », Voir aussi la S/RES/169 (161) du 24 novembre 1961, dans cette résolution, le Conseil de sécurité ne mentionne pas le Chapitre VII mais dans le paragraphe 4 de ladite résolution, le Conseil de sécurité « autorise le Secrétaire général à entreprendre une action vigoureuse, y compris le cas échéant, l'emploi de la force dans la mesure requise pour faire immédiatement appréhender, placer en détention dans l'attente des poursuites légales ou expulser tous les personnels militaires et paramilitaires et conseillers politiques étrangers ne relevant pas du commandement des Nations Unies, ainsi que les mercenaires visés au paragraphe 2 de la résolution 161 (1961).

[12]Résolution 161(1961) du 21 février 1961, § 1.

[13]L'autorisation donnée à la MONUC de recourir à la force : Autorise la MONUC à utiliser tous les moyens nécessaires, dans la limite de ses capacités et dans les zones de déploiement de ses unités, pour s'acquitter des missions énumérées aux paragraphes a) à g) de l'article 4 et aux paragraphes a), b), c) et f) de l'article 5 (S/RES/ 1565 (2004) §6. Voir aussi S/RES/1592 (2005) §7 ; 1649 (2005), § 11 ; 1794 (2007) §§ 5 et 8. Il en est de même lorsque le Conseil décide qu'à la fin de la période initiale de 12 mois, le Conseil de sécurité réexaminera la situation en République Démocratique du Congo et en particulier dans l'est du pays, en vue de renouveler les mesures stipulées au paragraphe 20 ci-dessus si aucun progrès significatif n'a été enregistré dans le processus de paix, en particulier sur le plan de la cessation de l'appui aux groupes armés, d'un cessez-le-feu effectif et des progrès dans le DDRRR des groupes armés étrangers et congolais (S/1493 (2003), §22.

[14] L.PERRY, « Du chapitre VI au chapitre VII : vers des OMP plus robustes ? », *op.cit.* pp.90-91.

[15] Résolution 1484 (2003), 30 mars 2003, préambule

[16] S/RES/1820 (2008), 19 juin 2008, Les femmes, la paix et la sécurité.

coercitif d'une résolution du Conseil de sécurité sont indifférents du fondement juridique du mandat. Il ne suffit pas de décréter qu'une action est obligatoire en vertu du chapitre VII pour qu'elle s'applique effectivement sur le terrain[17]. La dimension coercitive d'une mission de paix est surtout fonction de termes du mandat et des règles d'engagement. En raison de la dégradation de la situation sécuritaire et les violations de droits de l'homme, du droit international humanitaire par les parties, le seul recours au chapitre VII s'est révélé inadapté au conflit, ce qui a conduit le Conseil de sécurité à adopter un mandat robuste.

B. Le chapitre VII et l'affirmation du contenu spécifique du mandat robuste

La dégradation de la situation sécuritaire implique non seulement le recours au chapitre VII mais aussi un mandat robuste avec des objectifs clairs et une volonté politique à appliquer les résolutions sur le terrain. Le chapitre VII sur lequel est fondé la mission de paix en RDC est envisagé comme un tout, une globalité symbolisée par la formule consacrée : « *agissant en vertu du chapitre VII* ». La pratique actuelle du Conseil de sécurité à se référer de façon systématique au chapitre VII dans les résolutions concernant la RDC vise à marquer son appui au processus politique[18]. Qualifié de légalité d'exception, le chapitre VII de la Charte offre une large liberté d'action au Conseil de sécurité en ce sens qu'il n'est pas lié aux principes énoncés à l'article 1§1 de la Charte de l'ONU. Ce chapitre permet au Conseil de sécurité de créer un droit particulier au profit de ses destinataires, un droit d'action dans un objectif de maintien de la paix[19]. À la différence de la MONUC, les résolutions de la MONUSCO sur le chapitre VII s'accompagnent des moyens conséquents, des objectifs clairs et prédéterminés mais dont l'utilisation sur le terrain reste aléatoire[20]. Cependant, le recours au chapitre VII peut conduire à une dérive préjudiciable au Conseil de sécurité lui-même car son invocation systématique dans toutes ses résolutions peut participer à son affaiblissement[21]. Son usage ne rend pas ce chapitre plus obligatoire que d'autres chapitres de la Charte de l'ONU. L'analyse de la majorité des résolutions du Conseil de sécurité concernant la RDC montre un recours quasi-systématique au Chapitre VII du moins dans leurs préambules.

La posture robuste de la MONUSCO fait du chapitre VII de la Charte des Nations Unies un fondement juridique possible du renouvellement de son mandat. Cependant, le Conseil de sécurité l'utilise selon des degrés variés en

---

17 A. NOVOSSELOFF, « Le chapitre VII et maintien de la paix : une ambiguïté à déconstruire », *Bulletin de maintien de la paix*, n° 100, octobre 2010, pp.2-4

18 Y. PETIT, *Droit international du maintien de la paix, op.cit.,* p.45.

19 V. BORE EVENO, « Le contrôle juridictionnel des résolutions du Conseil de sécurité : vers un constitutionnalisme international ? », *op.cit.*, p.845.

20 S/RES/2098(2013), 28 mai 2013, §9.

21 A. NOVOSSELOFF, « Chapitre VII et maintien de la paix, une ambiguïté à déconstruire », *op.cit.*, p.3.

combinant avec ou sans le consentement des parties en conflit. La nouvelle pratique du Conseil de sécurité concernant la RDC consiste à introduire sous le chapitre VII qu'une partie du mandat autorisant l'emploi de *« toutes les mesures nécessaires »*. Le Conseil de sécurité opère une sorte de gradation dans l'usage de ce chapitre VII. On dirait même que l'utilisation du chapitre VI, fondement initial de la MONUC n'était plus adapté à l'évolution de la situation sur le terrain. À titre d'exemple, la résolution 1291(2000) qui transforme la MONUC en une véritable opération de maintien de la paix ne fonde pas le mandat de celle-ci sur le chapitre VII, mais seule la disposition concernant l'autorisation de prendre des mesures nécessaires est fondée sur le chapitre VII[22]. Le procès-verbal de la séance du Conseil de sécurité au cours de laquelle cette résolution a été adoptée révèle que ses membres ne semblaient pas vouloir d'un mandat fondé sur le chapitre VII[23]. Le recours au chapitre VII de la Charte des Nations Unies permet de répondre efficacement aux crises de protection et à contraindre les parties à respecter leurs obligations. Cet appui musclé est parfois nécessaire pour indiquer aussi les tâches spécifiques à la mission de paix et signifier aux contrevenants au processus de paix la position du Conseil et le niveau de son implication dans le conflit. Dans ce cas, l'emploi de la force armée permet de résister contre les agissements des belligérants qui cherchent à empêcher l'opération d'accomplir son mandat[24]. Sous le fondement du chapitre VII, le Conseil de sécurité prend aussi en compte les environnements de plus en plus complexes, hostiles et imprévisibles dans lesquels évoluent les Casques bleus. Si le chapitre VII est nécessaire pour marquer l'appui du Conseil de sécurité au processus de paix, il n'est pas suffisant pour ramener la paix au regard de son impact limité sur le terrain opérationnel. Tout ceci implique pour l'efficacité de la mission : des ressources suffisantes, un mandat clair, des règles d'engagements prédéfinies et la volonté politique des acteurs en jeu.

§2. Le recours aux moyens ou mesures nécessaires autorisés par le conseil de sécurité

L'expression *« tous les moyens nécessaires »* utilisée dans le mandat semble correspondre à une obligation de résultat que des moyens dans la mise en œuvre du mandat[25]. La portée de l'autorisation d'user de tous les moyens ou mesures

---

[22] S/RES/1291(2000) du 24 février 2000, § 8.

[23] Voir procès-verbal de la 4104è séance du Conseil de sécurité en date du 24 février 2000, S/PV.4104.

[24] P. DAILLIER, « Les opérations en vue du rétablissement de la paix », *op.cit.*, p.336.

[25] N. THOME, *Les pouvoirs du Conseil de sécurité au regard de la pratique récente du Chapitre VII de la Charte des Nations Unies*, Aix-en-Provence, PUAM, 2005, pp. 233-234. ; H. DIPLA, « Les résolutions du Conseil de sécurité imposant des mesures coercitives et leur mise en œuvre. Quelques réflexions concernant la responsabilité des États », *in* H. RUIZ-FABR, L-A SICILIANOS et J-M SOREL, (Dir), *L'effectivité des organisations internationales : mécanismes de suivi et de contrôle*,

nécessaires pour garantir la mise en œuvre du mandat peut varier généralement au cours d'une même opération. Le Conseil de sécurité peut ajouter ou retrancher certaines dispositions au mandat initial placées sous cette autorisation. Malgré l'impossible systématisation des réactions du Conseil de sécurité et les limites capacitaires dans le cadre de la prise en considération des impératifs de la planification opérationnelle relatif au processus décisionnel, l'autorisation des moyens nécessaires détermine le cadre du recours à la force.

A. La MONUC et l'autorisation de tous les moyens ou mesures nécessaires

L'autorisation donnée aux Casques bleus de la MONUC d'user de « *tous les moyens nécessaires* » ou « de *prendre toutes les mesures nécessaires* » pour exécuter tout ou une partie du mandat détermine le cadre du recours à la force et la dimension coercitive de l'opération. Ce cadre semble insuffisant dans la mesure où cette autorisation ne détermine, ni la situation juridique de la force, ni les moyens correspondants, encore moins les limites de cet usage en vue du rétablissement de la paix[26]. Toutefois, il ressort des résolutions concernant la MONUC/MONUSCO une constance dans l'évolution de son cadre juridique traditionnel. La pratique du Conseil de sécurité tendant à autoriser la MONUC à la mise en œuvre de *« tous les moyens nécessaires »* pour exécuter son mandat renvoie bien que de manière non automatique à l'autorisation de l'usage de la force et de la contrainte militaire dès lors que les circonstances s'imposent. La MONUC qui, au départ ne pouvait user de la force pour protéger les populations civiles, ou assurer sa propre défense a été explicitement autorisée par le Conseil de sécurité[27]. Cette même pratique du Conseil de sécurité recourant au chapitre VII a été réaffirmée dans la résolution 1592 (2005)[28]. Cette autorisation crée un droit pour la MONUC qui trouve son fondement non pas dans le droit naturel de légitime défense mais dans la résolution du Conseil de sécurité. Bien qu'autorisée à utiliser tous les moyens nécessaires, ce nouveau mandat ne transforme pas automatiquement la MONUC à une force d'imposition de la paix car sa nature coercitive ne peut se déduire exclusivement de l'autorisation des mesures nécessaires. Les règles d'engagement, la nature et les termes du mandat

---

SFDI, Journées d'études franco-helléniques, 7-8 mai 1999, Pedone, Paris 2000, p.46. O. THIELEN, *Le recours à la force dans les opérations de maintien de la paix contemporaines*, *op.cit.*, p.69.

[26] S/RES/ 1327 (2000), 13 novembre 2000, Annexe II, §2 ; H. HAMMANT, « L'évolution profonde du fondement juridique des opérations de maintien de la paix des Nations Unies *», in Les menaces contre la paix et la sécurité internationales : nouveaux défis et nouveaux enjeux,* Paris, Publication de l'IREDIES n° 1, Université Paris I- Panthéon-Sorbonne, 2010, pp.11-12 et 28-32.

[27] Pour une analyse sur les évolutions du mandat de la MONUC et sa mise en œuvre. X. ZEEBROEK, « La mission des Nations Unies au Congo. Le laboratoire de la paix introuvable », *op.cit.*, pp.25-26. ; P. SEBAHARA, « MONUC : les défis d'une mission de maintien de paix », *Note d'analyse du GRIP*, août 2005, p.3. Voir aussi J-C. WILLAME, *Les « faiseurs de paix » au Congo. Gestion d'une crise dans un État sous-tutelle*, op.cit. pp.120-132.

[28] RES/1592 (2005) du 30 mars 2005, § 7.

ainsi que le fait d'agir en faisant abstraction du consentement des parties en constituent les conditions de la coercition du mandat[29]. Cette disposition relative à l'expression précitée a un caractère parcellaire alors que le recours à la force par contre a un caractère globalisant certes, mais indéterminé car ni l'armement autorisé, ni les conditions d'ouverture de feu, ni le degré de force à utiliser létale ou non ne sont définis par le Conseil de sécurité. L'usage de la force varie également selon les circonstances, l'appréciation des contingents et les commandants sur le terrain opérationnel[30]. Pour Le colonel Vincotte, l'expression tous les moyens nécessaires confèrent une marge d'appréciation en vue de l'exécution du mandat, marge d'appréciation qui ne peut pas s'accommoder d'une terminologie rigide. Cette imprécision s'avère nécessaire pour l'efficacité de la mission dans la mesure où les entités contre lesquelles le Conseil de sécurité autorise un recours à la force analysent les autorisations pour en connaître les limites et bâtir leur stratégie. Il est donc important que les résolutions ne dévoilent pas trop les stratégies militaires envisagées avec trop de précisions[31].

B. L'interprétation de l'expression mesures nécessaires dans la conduite opérationnelle de la MONUC/MONUSCO

Dans la résolution 1592 (2005) concernant la République Démocratique du Congo, le Conseil de sécurité rappelle que la MONUC est « autorisée à utiliser tous les moyens nécessaires dans la limite de ses capacités et dans les zones de déploiement de ses unités ». Cette précision du Conseil risque de réduire dans une certaine mesure la portée même de son autorisation. Le Conseil de sécurité présume que la force onusienne peut ne pas être dotée des moyens requis pour accomplir son mandat alors même que le Rapport Brahimi souligne la nécessité de doter les forces de paix d'un mandat clair, des moyens et des capacités adéquates[32].Cette position traduit dans une certaine mesure les limites de la pratique onusienne particulièrement du Conseil de sécurité s'agissant de

---

[29] L. PINESCHI, « L'emploi de la force dans les opérations de maintien de la paix des Nations Unies robustes, conditions et limites juridiques », *in* Jocelyn COULON, Alexandra NOVOSSELOFF (dir), *La paix par la force ? Pour une approche réaliste du maintien de la paix robuste*, Athéna éditions, 2011, p.156.

[30] S/RES/ 1843 (2008), 20 novembre 2008 §4 ; S/RES/1856 (2008), 22 décembre 2008, §8 ; communiqué de presse du Conseil de sécurité, CS/9552, 22 décembre 2008, MONUC.

[31] Colonel VINCOTTE, « Le commandement militaire face au droit des conflits armés : retour d'expérience d'Afghanistan et de Libye (le point de vue de l'armée de l'air) » *in aux confins du Jus ad bellum et du Jus in bello : Retour sur les interventions autorisées par le Conseil de sécurité du Kosovo et de l'Afghanistan ; de la Libye au Mali*, Grenoble, 22-23 novembre 2012

[32] Rapport Brahimi, A/55/305-S/2000/809, 21 août 2000, § 48 et 55. ; lire aussi C. DE JONGE OUDRAAT, « L'ONU, les conflits internes et le recours à la force armée », *AFRI*, 2000, p.828. ; Déclaration du Président du Conseil, S/PRST/1998/35 du 30 novembre 1998

l'adoption de ses résolutions, fruit d'un consensus difficile[33], lequel limite toute réflexion sur l'ensemble des questions politiques et opérationnelles relatives à la création d'une opération de maintien de la paix, son déploiement, à la modification de son mandat et aux moyens mis à sa disposition pour l'exécuter[34]. Les résolutions du Conseil de sécurité ont un caractère permissif et ne créent aucune obligation d'agir pour les Casques bleus. L'expression ainsi autorisée à utiliser tous les moyens ou mesures nécessaires est un concept globalisant pour la MONUC qui ne détermine pas la nature des moyens et les modalités correspondant à son usage. À l'état actuel du droit, cette autorisation accordée aux Casques bleus n'exige aucune action ou aucun type de comportement aux Casques bleus dans leur conduite opérationnelle[35]. Ces derniers ont le choix d'agir ou de ne pas agir sans que leurs actions ou leurs omissions d'agir ne soient considérées comme constitutives d'une violation de droit. Pour les Casques bleus, il s'agit d'une faculté d'agir plutôt que d'une obligation relevant des engagements des États dont ils sont l'émanation. Tout ce développement révèle le caractère permissif des résolutions du Conseil de sécurité, lequel est traduit par le verbe « autoriser » qui ne créent aucune obligation aux Casques bleus.

SECTION 2.
L'influence de droits de conflits armés dans la conduite des opérations militaires décidées par le Conseil de sécurité

Les relations et tensions éventuelles entre le droit de conflits armés dans le mandat des opérations autorisées par le Conseil de sécurité soulèvent une certaine préoccupation dans la conduite opérationnelle. L'examen de cette question permet d'identifier l'impact du droit international humanitaire sur les prescriptions de l'article 39 de la Charte des Nations Unies définissant les critères d'intervention des Nations Unies parmi lesquels, le constat de menace contre la paix, rupture de paix et acte d'agression. Autrement dit sur les critères qui déclenchent l'application du chapitre VII de la Charte des Nations Unies et de la qualification des conflits dans lesquels les opérations autorisées par le Conseil de sécurité sont impliquées afin de déterminer si elle est influencée par la licéité des opérations sur le plan du *jus ad bellum.*

[33] D. MOISI, « Les Nations Unies entre la paix incertaine et justice sélective », *Ramsès* 2002, 2001, p. 63 ; P. TEIXEIRA, « Le Conseil de sécurité à l'aube du XXI ème siècle. Quelle volonté et quelle capacité de gérer les opérations de paix ? », *Guide du maintien de la paix* 2004, 2003, p.51.
[34] O. THIELEN, *Le recours à la force dans les opérations de maintien de la paix contemporaines, op.cit.*, p.73.
[35] *Ibid*

§1. Le droit international humanitaire et la notion de menace contre la paix, rupture de paix et acte d'agression

Selon la doctrine, le Conseil de sécurité dispose d'une marge d'appréciation quant à la qualification d'une situation de menace contre la paix, de rupture de paix et d'acte d'agression. Pour Keiichiro Okimoto, le Conseil de sécurité qualifie une situation de rupture de paix ou d'acte d'agression en cas de conflit armé international. En outre, de menace contre la paix en cas de situation de conflit armé non international. Dans le cadre des conflits armés, le Conseil de sécurité indique que les violations du droit international humanitaire peuvent être qualifiées de menace à la paix et à la sécurité internationale. Ainsi par le biais d'une résolution du Conseil de sécurité fondé sur le chapitre VII, le *jus in bello* peut être incorporé en tant qu'élément déclencheur des mesures résultant du *jus ad bellum*. En vertu de la résolution 1291(2000), le Conseil de sécurité constate que la situation en RDC menace la paix et la sécurité dans la région.

A. Les résolutions de caractère général adoptées par le Conseil de sécurité relatives à la menace contre la paix

La question de la protection des civils est une préoccupation permanente du Conseil de sécurité dans les conflits armés modernes et notamment le conflit armé en RDC (rés.1906). Cette protection des civils que d'autres catégories particulières vulnérables telles que les femmes, les enfants et les personnes âgées relèvent des résolutions du Conseil de sécurité(rés.1325). C'est dans ce cadre que certaines résolutions du Conseil de sécurité affirment que les violations du *jus in bello* peuvent être qualifiées de menace contre la paix et la sécurité internationale. À titre d'exemple, dans la résolution 1894 (2009) concernant la RDC, le Conseil de sécurité note que : « le fait de prendre pour cibles des civils ou d'autres personnes protégées, ainsi que les violations systématiques, flagrantes et nombreuses du droit international humanitaire et des droits de l'homme applicables commises en période de conflit armé peuvent constituer une menace contre la paix et la sécurité internationale »[36]. Il en est également de violence sexuelle utilisée ou commandée comme arme de guerre prenant délibérément pour cibles des civils par les belligérants ou dans le cadre d'une attaque généralisée ou systématique dirigée contre des populations civiles même si la qualification de ces violences de menace à la paix reste moins explicite (rés. 1820). Dans le même sens, le Statut de la CPI reconnait que les crimes prévus par le statut, à savoir les crimes de guerre énoncés dans son article 8, « menacent la paix, la sécurité et le bien-être du monde »[37]. Les travaux au sein de l'ONU portant sur la responsabilité de protéger ont confirmé que les violations du DIH peuvent être qualifiées de menace à la paix et à la sécurité internationales et

---

[36] S/RES/1894(2009), 16 novembre 2009, §3.

[37] Préambule, considérant 3, Statut de Rome de la CPI, 17 juillet 1998.

donner lieu à une action coercitive du Conseil de sécurité. Le CICR admet dans un rapport de 1993 sur la protection des victimes de guerre que dans certaines situations, la continuation de violations du DIH serait constitutive d'une menace contre la paix. Il admet également qu'il relève de la responsabilité du Conseil de sécurité d'opérer une qualification en ce sens et d'adopter les mesures nécessaires en vertu des articles 41 ou 42 de la Charte.

B. Les résolutions du Conseil de sécurité relatives aux précédents conflictuels

Dans la majorité de cas, le Conseil de sécurité n'expose pas explicitement les éléments qui justifient la qualification d'une situation de menace contre la paix. Il décrit la situation dans le préambule d'une résolution et procède à la qualification sans qu'il soit mentionné dans le préambule l'ensemble des éléments ou certains d'entre eux. Dans certains cas, les préambules des résolutions pertinentes se réfèrent aux violations du DIH(rés.2098). Mais, il existe également des résolutions dans lesquelles, le Conseil de sécurité donne plus de détails sur le contenu de la menace contre la paix dont il est saisi. Dans une résolution concernant la RDC, le Conseil de sécurité note que les actes qui font obstacle à l'acheminement de l'aide humanitaire constituent la violation du DIH et menace la paix et la sécurité dans la région(rés.1291). Les résolutions 808 du 22 février 1993 et 955 du 8 novembre 1994 qui créèrent les tribunaux pénaux internationaux pour l'ex-Yougoslavie et pour le Rwanda constituent des illustrations en ce sens. Même si ces résolutions ne relèvent pas du *jus ad bellum* stricto sensu, elles constituent un précédent de la qualification par le Conseil de sécurité des violations du DIH de menace à la paix et la sécurité internationale. La rés.2078 (2012) sur la situation en RDC constitue un autre lien implicite entre la violation du DIH et l'existence de menace contre la paix. Dans cette résolution, le Conseil de sécurité n'explique pas les éléments justifiant la qualification de la situation de menace contre la paix et la sécurité internationale. Toutefois, le Conseil de sécurité se réfère à : « la persistance des violations graves (...) du DIH perpétrées contre les civils » et rappelle « ses résolutions ayant trait aux femmes, à la paix et la sécurité, aux enfants dans les conflits armés et à la protection des civils en période de conflit armé. Autrement dit, le Conseil de sécurité rappelle les résolutions générales dans lesquelles, les violations de *jus ad bellum* constituent la menace contre la paix et la sécurité internationale. À ce titre, la résolution 2078 (2012) concernant la RDC pourrait être considérée comme l'application concrète de ces précédentes résolutions. Incorporer les violations du DIH dans la notion de menace contre la paix et la sécurité internationale pour déclencher une action coercitive autorisée par le Conseil de sécurité sous le chapitre VII marque l'influence exercée par le *jus in bello* sur le *jus ad bellum.* L'élément déterminant dans la qualification de menace à la paix et la sécurité internationale réside dans la qualification juridique de certains actes de violation de DIH, potentiellement de crimes de guerre ou des crimes contre l'humanité.

Autrement dit, les actes en *jus in bello* influencent leur qualification en *jus ad bellum*. Toutefois, cette influence ne remet pas en cause l'indépendance de ces deux branches du droit international, car elle s'inscrit dans le cadre des pouvoirs du Conseil de sécurité[38].

§2. Le respect du jus in Bello par les opérations conduites sous le chapitre VII

Le fait qu'une opération militaire soit autorisée par le Conseil de sécurité et donc, conformément aux règles du *jus ad bellum* ne dispense pas la mission de paix, les États ou coalition d'États autorisés à sa mise en œuvre de l'obligation de se conformer aux règles du *jus in bello* y compris à l'égard des combattants soupçonnés de pires crimes(rés.2098). Les États autorisés à recourir à la force peuvent considérer que dès lors que le mandat onusien ne fait pas d'eux des belligérants puissent les délier de certaines contraintes juridiques du *jus in bello* ou leur permettent la réinterprétation de ces règles en raison de leur mission. Même dans le cadre des autorisations du Conseil de sécurité, un tel aménagement n'est pas possible. À ce sujet, le Secrétaire général des Nations Unies rappelle que toute intervention militaire autorisée par le Conseil de sécurité doit se dérouler dans le strict respect du droit international humanitaire[39]. Ce rappel renvoie à la qualification du conflit dans lequel les forces autorisées vont se déployer et celle de la détermination des règles juridiques applicables.

A. Les aspects entourant la qualification des conflits armés conduits dans le cadre de maintien de la paix

La question qu'on pourrait se poser est de savoir si dans la résolution autorisant une opération de paix comme la MONUC, le Conseil de sécurité peut imposer une qualification aux fins d'application du DIH. Sans pouvoir l'exprimer réellement, le Conseil de sécurité prie dans la majorité de ses résolutions relatives à la RDC aux parties de respecter le DIH (res.2047). La référence de l'obligation aux parties au conflit de respecter le DIH pourrait signifier que les Etats intervenant dans le conflit pourraient être qualifiés des puissances occupantes. Ou que les Etats aux yeux du Conseil de sécurité ne sont pas des puissances occupantes, mais sont néanmoins obligés de respecter le DIH et également le droit de l'occupation (rés.2098). Pour le CICR, la qualification du conflit qui pourrait résulter des résolutions du Conseil de sécurité ne constitue qu'un indice pour lequel le Conseil de sécurité tente d'imposer la qualification. La réalité réside dans les faits selon lesquels, l'élément décisif pour la

---

[38] V. KOUTROULIS, « Les tensions entre jus ad bellum et jus in bello dans le cadre des mandats du conseil de sécurité », in K. Bannelier et C. Pison (dir), *le recours à la force autorisé par le Conseil de sécurité*, 2014, pp.33-34.

[39] Rapport du Secrétaire général sur la protection des civils dans les conflits armés, S/2012/ 376 du 22 mai 2012, § 20

qualification de situation aux fins de l'application du DIH résulte des réalités factuelles du terrain. Cette approche est confirmée dans la jurisprudence de la CIJ dans l'affaire des activités armées sur le territoire du Congo (RDC c. Ouganda)[40]. Les résolutions du Conseil de sécurité adoptées en vertu du chapitre VII invitent les parties au conflit à respecter le DIH et notamment la IVe convention de Genève en indiquant que la situation est qualifiée de conflit armé international[41]. En revanche, l'arrêt RDC c. Ouganda de la CIJ ne se réfère pas aux résolutions précitées pour établir l'existence d'un conflit armé international ou d'une occupation et fonder l'application des instruments pertinents du DIH. Cependant, la CIJ s'est basée uniquement sur les articles déclencheurs classiques de l'application des conventions de Genève et du règlement de la Haye, à savoir les articles 2 communs aux Conventions et 42 du règlement[42]. La qualification de menace contre la paix résultant d'une résolution du Conseil de sécurité en vertu du chapitre VII ne constitue pas une obligation des parties à l'application du DIH. Cette qualification doit être interprétée comme un indice de la qualification factuelle induisant l'extension du droit applicable au bénéfice des personnes protégées en vertu d'une résolution obligatoire du Conseil de sécurité des Nations Unies.

B. L'interprétation du mandat d'une opération des Nations Unies et le droit international humanitaire

Cette disparité s'opère entre l'interprétation du mandat à la lumière du DIH que du DIH à la lumière du mandat. Interpréter le mandat sous le prisme du DIH implique que l'exécution du mandat soit conforme au DIH. En vertu de la résolution 2098 (2013), le Conseil de sécurité autorise la mission de paix à prendre toutes les mesures nécessaires pour protéger les civils dans le respect du DIH. À la lumière du DIH, la résolution autorise le recours à la force uniquement en cas de risque d'attaques indiscriminées contre les civils au sens du *jus in bello*. À ce titre, l'application parallèle du *jus ad bellum* et du *jus in bello* dans la résolution du conflit armé implique que pour être licites, les actions des belligérants doivent se conformer à la fois au *jus ad bellum* qu'au *jus in bello*. Pour le reste, le Conseil de sécurité est libre de décider ce qui relève de menace contre la paix et de la sécurité internationale alors même que le conflit a opposé à un moment plusieurs Etats de la région et d'inclure les actes qui sont conformes au *jus in bello*. L'autorisation de la Brigade d'intervention de la MONUSCO à neutraliser les groupes armés(rés.2098), inscrit l'action onusienne dans la licéité sur le plan du DIH. La présence de plusieurs États dans le conflit congolais n'a

---

[40] C.I.J, affaire relative aux Activités armées sur le territoire du Congo (RDC c. Ouganda), arrêt. 19 décembre 2005, C.I.J. Recueil 2005, pp.230-231, §§.172-178 et pp.243-244, §§ 217-218.
[41] S/RES.1355, 15 juin 2001, §16 ; S/RES. 1341, 22 février 2001, §14 ; S/RES.1304, 16 juin 2000, §15.
[42] C.I.J, affaire relative aux Activités armées sur le territoire du Congo (RDC c. Ouganda), arrêt. 19 décembre 2005, C.I.J. Recueil 2005, pp.230-231, §§.172-178 et pp.243-244, §§ 217-218.

pas empêché le Conseil de sécurité de qualifier la situation en RDC de menace contre la paix et la sécurité internationale dans la région et d'autoriser les États contributeurs des contingents à prendre toutes les mesures nécessaires pour mettre fin à cette menace. Le fait d'autoriser la force contre les attaques armées n'est pas en contradiction avec le DIH. Dans le cadre de conflit armé, les conditions de nécessité et de proportionnalité sur le plan du *jus ad bellum* imposeront aux contingents des limitations supplémentaires à celles du DIH. Il s'agit d'une conséquence de l'application parallèle du *jus ad bellum* et du *jus in bello* dans un conflit armé. Toutefois, les conflits opposant le mandat des Nations Unies et le DIH ne sont pas résolus en faveur du DIH car celui-ci s'adapte au mandat de l'opération autorisée par le Conseil de sécurité. Cette interprétation aligne l'avantage militaire sur l'objectif de l'opération résultant du mandat décidé par le Conseil de sécurité[43].

[43] V. KOUTROULIS, « Les tensions entre jus ad bellum et jus in bello dans le cadre des mandats du conseil de sécurité », in K. Bannelier et C. Pison (dir), *le recours à la force autorisé par le Conseil de sécurité*, 2014, p.51.

Conclusion chapitre IV

Le principe selon lequel le Conseil de sécurité peut autoriser sous le chapitre VII une mission de paix, des États ou organisations internationales à intervenir militairement sur un État indépendant pour rétablir la paix et protéger les civils n'appelle plus de débat. Toutefois, le contenu de ces autorisations, leur interprétation et surtout leur mise en œuvre soulève encore des questions juridiques et politiques pertinentes. La mise en œuvre effective des résolutions s'accompagne des contestations. La multiplication de ces autorisations introduit dans le système de sécurité collective un élément de décentralisation en raison des pouvoirs qu'elles accordent aux États qui répondent aux dites résolutions. Bien que nécessaires pour le fonctionnement du système de sécurité collective, les autorisations du Conseil de sécurité présentent un risque : les puissances autorisées à recourir à la force utilisent le mandat pour perpétuer des interventions illicites tout en poursuivant des intérêts propres que ceux de la collectivité.

Pour assurer au système de sécurité collective toute son efficacité, les autorisations du Conseil de sécurité doivent être légales et légitimes. Ces deux concepts ne se limitent pas au déclenchement de l'opération militaire et au cadre décidé par le Conseil de sécurité. Mais tout au long des hostilités, le respect du DIH par les parties s'impose. Elles reconnaissent leur épilogue dans la reconnaissance de la responsabilité des Nations Unies et des différents acteurs en cas de violation du DIH. Dans le cadre des opérations robustes, les *Jus in bello* et *Jus ad bellum* sont applicables mais leur indépendance constitue la caractéristique principale de leurs relations. Leurs points de contact bien que limités ne peuvent pas remettre en cause leur distinction. L'analyse de notre développement confirme l'indépendance du *Jus in bello* par rapport au *Jus ad bellum*. En réalité, on se trouve en présence du principe d'égalité des belligérants structurant le droit des conflits armés. En outre, le *Jus in bello* exerce une influence importante sur l'application des règles du *Jus ad bellum*. Cette influence est marquée par l'incorporation des violations du droit international humanitaire dans la notion de menace contre la paix ainsi que l'inclusion dans le mandat des opérations autorisées par le Conseil de sécurité sous chapitre VII des tâches relatives au droit international humanitaire.

Conclusion de la partie I

Bien que fondés sur le chapitre VII de la Charte des Nations Unies, l'examen des mécanismes et postures développés par la MONUC/MONUSCO pour améliorer la protection des civils dans les zones de conflit et assurer un environnement stable et sécurisé révèle un fonctionnement très insatisfaisant. Eu égard au cadre d'intervention de la mission de paix qu'au caractère indéterminé des règles qui encadrent leur établissement et la mise en œuvre effective du mandat, la mission accompagnait son propre échec entremêlé d'incertitudes. Celles-ci sont marquées par la recrudescence de l'insécurité dans l'Est de la RDC, région où le ¾ de la force onusienne est déployée. Bien que la protection soit au centre du mandat, les nouvelles pratiques de protection des civils et du mandat ne semblent pas concluantes. Le cadre d'intervention de nombreuses entités étatiques et non étatiques a rendu la nature qualificative même du conflit impossible. Le peu de considérations faite de jure ou de facto au droit des victimes par les belligérants en présence de la force de maintien de la paix témoigne que son format est inadapté au contexte de son déploiement. D'une manière générale, l'analyse des pratiques des Nations Unies en matière de protection, bien que légitimant les activités de la mission de paix présente nombre des limites renvoyant à la réticence des Nations Unies à se déclarer liées par des initiatives locales de paix proposées par la Mission de paix plutôt que celles provenant du sommet représenté par New-York. Toutefois, ces moyens nouveaux de protection traduisent l'hyper activisme de la Mission mais apparaissent largement imprécis, voire indéterminés pour conférer des perspectives satisfaisantes pour la paix. Tout ceci laisse une marge d'appréciation d'apparence discrétionnaire au Conseil de sécurité mais il n'en reste pas moins que ces initiatives n'éliminent pas absolument les limites intrinsèques des mécanismes qui restent strictement internes à la mission de paix. Les Nations Unies ne tirent que partiellement les conséquences des opérations analogues et les critiques qui leurs sont formulées en termes de mandat que des ressources disponibles. La création et le contexte de déploiement de la MONUC/MONUSCO couvaient des insatisfactions longtemps prévisibles mais jamais assumées par la Mission de paix. Un effectif réduit, une application incomplète des résolutions du Conseil de sécurité par ses destinataires, des moyens limités, des stratégies opérationnelles à minima, des interprétations ambiguës et une volonté politique défaillante. Tout ce développement ouvrait la voie au constat d'une mission de paix inachevée dont il n'est pas excessif pour l'État hôte de demander son désengagement. La permanence de l'insécurité à l'Est du pays atteste que le format actuel des missions de paix reste inadapté et qu'il faudra proposer des opérations robustes dans un cadre juridiquement prédéfini.

PARTIE II :

L'INTENSITE DU CONFLIT ARME ET SON INFLUENCE DANS LA DETERMINATION DE L'AUTORISATION DE RECOURS A LA FORCE SOUS CHAPITRE VII

Après avoir tenté de rétablir la paix et protéger les civils victimes des divers crimes par des mécanismes civils et des opérations militaires ponctuelles, la recrudescence de l'insécurité a réduit significativement la ligne abstraite entre le maintien de la paix traditionnel et robuste en RDC. Cette évolue oblige le Conseil de sécurité à autoriser sous le chapitre VII la mission de paix à recourir à la force armée pour exécuter son mandat (rés 2098)[1]. Le mandat robuste permet de renforcer les activités du maintien de la paix et d'améliorer l'efficacité des forces de maintien de la paix. Ce recours implique d'identifier la finalité de l'usage de la force et de la contrainte armées afin de garantir l'interprétation uniforme du mandat par les différents contingents engagés dans la conduite des opérations. Ce qui suppose que les règles et principes encadrant l'opération de maintien de la paix soient clarifiés, uniformisés et connus de tous les contingents. Ce dispositif juridique permet de garantir l'interopérabilité des Casques bleus en limitant les abus[2]. Cette dynamique opérationnelle nouvelle procède également par l'intégration de la légitime défense fonctionnelle dans le mandat de la MONUSCO. Dépassant son approche strictement prohibitive, le recours à la force décidé par le Conseil de sécurité sous chapitre VII adopte finalement l'approche permissive résultant des résolutions du Conseil de sécurité et symbolisée par le verbe « autoriser ». En raison de la gravité du conflit, le recours à la force par la Brigade d'intervention de la MONUSCO constitue un moyen autonome de dissuasion pour exécuter le mandat, protéger les civils et les Casques bleus. Il ne s'agit pas d'une obligation à laquelle la Brigade est tenue. La marge d'appréciation de la Brigade pour faire usage de la force trouve son

[1] Opération de maintien de la paix des Nations Unies : principes et orientations, DOMP, 2008, p.38.
[2] O. THIELEN, *Le recours à la force dans les opérations de maintien de la paix contemporaines*, *op.cit.*, p.31.

fondement dans la possibilité que requiert l'autorisation du Conseil de sécurité. À ce sujet, les États et les organisations qui vont participer aux opérations militaires doivent volontairement et ensemble élaborer une stratégie d'emploi de la force et répondre sans aucune contrainte à des questions techniques : procédure à suivre, choix des partenaires, la nature et le contenu du mandat ainsi que le type d'armes à utiliser[3].

---

[3] P. DAILLIER, « Les opérations en vue de rétablissement de la paix », *op.cit.* p.333. ; S/RES/2098 (2013), 28 mai 2013, §10

TITRE III :

L'usage de la force et de la contrainte armées dans les opérations de paix conduites sous le chapitre VII

La dichotomie de l'usage de la force, tactique s'agissant du maintien de la paix robuste et stratégique s'agissant de l'imposition de la paix[1] parait d'emblée claire mais elle est difficilement exploitable dans le contexte congolais où les deux niveaux s'entremêlent dans la lutte contre les groupes armés[2]. On est en face d'opérations combinées mêlant étroitement la recherche du consentement des parties par la négociation d'une part et la contrainte militaire et armée d'autre part[3]. L'usage de la force armée par la MONUC transparaissait déjà derrière les termes « *tous les moyens nécessaires » ou « mandat élargi* ». Cependant, dans la pratique onusienne, il régnait une certaine réticence au sujet de son usage en dehors de cas de légitime défense. Cette réticence fût rapidement vaincue en raison de la recrudescence des attaques armées contre les civils et les Casques bleus. Ce constat permis le Conseil de sécurité de placer la Mission sous le chapitre VII de la Charte accompagnée de la formule : « *La MONUSCO est autorisée à utiliser tous les moyens nécessaires dans la limite de ses capacités et dans les zones où ses unités sont déployées* »[4]. Autrement dit, la mission peut décider des mesures coercitives pouvant aller jusqu'à l'emploi de la force au-delà de la stricte légitime défense individuelle[5]. Il ne s'agit pas d'une obligation du Conseil de sécurité à la Mission mais plutôt une possibilité offerte à celle-ci à

---

[1] Y. PETIT, *Droit international du maintien de la paix*, éd. L.G.D.J., 2000, pp.45- 55.

[2] G. BOUTROS-BOUTROS, « Peut-on réformer les Nations Unies ? », *Pouvoirs,* 2/2004 (n° 109), p.5

[3] TARDY(T), « Quel maintien de la paix « robuste », pour quel maintien de la paix efficace ? Vers une approche réaliste de la robustesse », *in* J. Coulon, A. Novosseloff (dir), *La paix par la force ? Pour une approche réaliste du maintien de la paix «* robuste », Athéna Éditions 2011, p. 24.

[4]S/RES/1925(2010) du 28 mai 2010, § 11.

[5] A. NOVOSSELOFF et P. SARTRE, « L'emploi de la force dans les opérations de maintien de la paix des Nations Unies ». Fondements juridiques et organisation politico-militaire, *in* Jocelyn Coulon, AlexandraNovosseloff (dir), *La paix par la force ? Pour une approche réaliste du maintien de la paix robuste,* Athéna éditions, 2011, p.187.

recourir à tous les moyens y compris par la force. Toutefois, les Casques bleus ne recourront pas automatiquement à la force mais que son emploi reste autorisé.

CHAPITRE V :

Le recours à la force armée au secours du maintien de la paix des Nations Unies

Dans le conflit congolais, le recours à la force apparaît comme l'aboutissement d'une solution logique, longtemps envisagée mais jamais testée. Dissuasive et adaptée au contexte évolutif du conflit, le recours à la force revêt une signification tactique pour les Casques bleus qui doivent pour être respectés doivent être bien équipés, bien organisés, et savoir aussi prendre des risques jusqu'au sacrifice suprême[1]. Bien qu'autorisée par le Conseil de sécurité et reposant sur le chapitre VII, la posture robuste ne transforme pas la force de paix en une force d'imposition de la paix encore moins à une force belligérante du point de vue du DIH. Les Nations Unies sont une organisation de promotion des valeurs de paix. À ce titre, elles entretiennent une relation ambiguë avec le recours à la force comme l'atteste l'article 2§4 de la Charte des Nations Unies[2]. Cette prohibition de recours à la force participe à la préservation de la paix internationale et contribue au renforcement de la coopération interétatique. Cependant, la Charte des Nations Unies fait du Conseil de sécurité, l'organe principal habilité à autoriser le recours à la force dans les relations internationales et ses membres permanents expriment rarement d'opposition à ce sujet[3]. Dès sa création, la MONUC disposait des règles d'engagement « *robustes* » lui permettant si nécessaire, de mener toutes les actions y compris coercitives dans les limites de ses capacités et de la zone de son déploiement(rés.1279). En 2013, le recours à la force offensive résultant de la résolution 2098 avait pour vocation

---

[1] Rapport du Groupe d'étude sur les opérations de paix de l'Organisation des Nations Unies « Rapport Brahimi », A/55/305, S/2000/809, 21 août 2000, §51.

[2] L'article 2§4 de la Charte des Nations Unies dispose : « *Les membres de l'Organisation s'abstiennent, dans leurs relations internationales, de recourir à la menace ou à l'emploi de la force, soit contre l'intégrité territoriale ou l'indépendance politique de tout État, soit de toute autre manière incompatible avec les buts des Nations Unies* ».

[3] T. TARDY « Quel maintien de la paix « robuste », pour quel maintien de la paix efficace ? Vers une approche réaliste de la robustesse », *op.cit.*, p.23.

à neutraliser les groupes armés irréguliers qu'ils soient nationaux ou étrangers[4]. Cependant, cette autorisation soulève une double question de l'applicabilité du DIH aux forces de maintien de la paix et de la modification possible du statut des Casques bleus participant activement aux hostilités[5]. La création de la Brigade d'intervention de la MONUSCO au mandat offensif s'inscrit dans un cadre juridique bien défini, avec des objectifs précis, un effectif et des moyens conséquents pour dissuader les groupes armés ou de les neutraliser[6]. Tout ceci implique une stratégie militaire globale qui passe par la détermination des objectifs politiques, militaires et l'identification des cibles éventuelles y compris la stratégie de sortie(rés.2047)[7].

SECTION 1.
Réflexion autour de la problématique de l'usage de la force armée dans le mandat de la MONUC/MONUSCO

L'usage de la force vise à assurer la défense du mandat, la sécurité physique des Casques bleus et des civils. Le mandat robuste intervient au niveau tactique et non stratégique en accord avec le gouvernement congolais[8]. Ce recours à la force traduit la volonté des Nations Unies et des États contributeurs des troupes d'apporter des réponses concrètes à des défauts de protection. En tant que moyen dissuasif, l'usage de la force est confronté au problème de clarté de la résolution autorisant le recours à la force et placé sous le chapitre VII, au développement des mécanismes de contrôle garantissant le respect du cadre d'autorisation et sanctionnant les violations[9]. En effet, le Conseil de sécurité et le commandant des opérations n'ont pas la même interprétation des résolutions sur le terrain opérationnel. Au siège des Nations Unies à New-York, certains officiels retiennent une lecture restrictive des résolutions du Conseil de sécurité et souhaitent que son application soit conforme à l'esprit et à son contenu[10]. En

---

[4] M. BETTATI, « L'usage de la force par l'ONU », *Pouvoirs*, 2004/2, n° 109, pp.111-112. ; S/RES/2098 (2013), 28 mars 2013, §9.

[5] A. RAINAUD, « Réflexion sur l'usage de la force, le droit et les opérations de maintien de la paix, Perspectives internationales et européennes », *Perspectives* n° 1, 2003. ; J. TERRIE, « The Use of Force in UN Peacekeeping: The Experience of MONUC », *African Security Review*, vol.18, n°1, Institute for Security Studies, 2006, pp.21-34.

[6] S/RES/2098 (2013), 28 mars 2013, §§ 9-12.

[7] P. SARTRE, « La robustesse du maintien de la paix des Nations Unies, Ni contraindre, ni céder mais protéger pour convaincre », *in* Jocelyn COULON et Alexandra NOVOSSELOFF (dir), *La paix par la force ? Pour une approche réaliste du maintien de la paix robuste, op.cit.*, pp.72-73.

[8] S/RES/1925(2010), 28 mai 2010, §12.

[9] O. THIELEN, *Le recours à la force dans les opérations de maintien de la paix contemporaines, op.cit.*, p.33.

[10] J-M. GUEHENNO, « Le maintien de la paix robuste, Obtenir un consensus politique et renforcer la structure de commandement et de contrôle », *in* J. COULON, A. NOVOSSELOFF (dir.) *La paix par la force ? Pour une approche réaliste du maintien de la paix « robuste »*, Athéna édition 2011, p.125.

revanche, le commandant des opérations s'appuie sur la réalité du terrain et la nécessité d'une action immédiate, rapide et imminente que les contraintes onusiennes en termes de mandat et d'autorisation ne permettent pas. Ce moyen d'action ne constitue pas un mode de décision pour le règlement du conflit mais un soutien permettant de créer les conditions favorables à une solution qui demeure politique[11]. Ainsi, le recours à la force n'est pas qu'une posture militaire, elle est une approche politique et opérationnelle tendant à mettre en œuvre le mandat et à contrer toute menace au processus politique de paix[12].

§1. La dynamique interprétative des résolutions du conseil de sécurité et des règles d'engagement

L'exécution du mandat d'une opération de maintien de la paix procède d'une résolution du Conseil de sécurité des Nations Unies. Ces résolutions ne sont pas d'une grande clarté. On pourrait attendre du Conseil de sécurité de mandats avec des objectifs et des limites clairs et précis mais dans la pratique, il renvoie à des textes négociés ou adoptés dans d'autres enceintes sans définir les situations précises dans lesquelles son autorisation pourra s'exécuter. Sur le terrain opérationnel, l'exécution du mandat est confrontée à d'interprétations divergentes des résolutions en raison des différences de cultures militaires des États contributeurs des troupes et de la spécificité de l'ONU dans la détermination des règles d'engagement qui encadrent lesdites opérations[13]. Celles-ci définissent les circonstances, les conditions, le degré et la manière à respecter pour pouvoir ou non faire usage de la force[14]. Ces règles déterminent le niveau de la force autorisée lequel, les contingents ne peuvent pas dépasser en opération, le type d'armes à utiliser, les moyens et l'intensité de la force à mettre en œuvre. Cette analyse traduit les exigences auxquelles, l'emploi de la force devra se soumettre[15]. Le déploiement d'une force robuste implique la détermination de la finalité de la force et de la contrainte armée. Il permet de garantir une interprétation uniforme du mandat pour les contingents. Tout ceci renvoie à l'analyse des mécanismes, des règles, des résolutions et des principes devant encadrer les opérations militaires. La clarification, l'uniformisation de

---

[11] A. NOVOSSELOFF et P. SARTRE, « La pratique de l'usage de la force, Réflexions sur un maintien de la paix « robuste », *op.cit.*, p.129.

[12] Rapport du groupe d'études sur les opérations de paix de l'Organisation des Nations Unies, A/55/305-5/2000/809, 20 août 2000, p. viii.

[13] T. FINDLAY, « La problématique de l'utilisation de la force dans le cadre d'opération de paix », *Guide du maintien de la paix,* Athéna éditions et CEPES, 2007, pp.113-126.

[14] *NATO Rules of engagement*, MC362/15Military decision),30 juin2003, p.2

[15] *Directive internationale sur l'usage de la force en opération militaire se déroulant à l'extérieur du territoire français,* Les règles d'engagements, les règles de comportement, PIA n° 05.203, n° 806/DEF/EMA/EMP.1/NP, p.3. ; O. THIELEN, *Le recours à la force dans les opérations de maintien de la paix contemporaines, op.cit.*, p.55 ; A. NOVOSSELOFF et P. SARTRE, « La pratique de l'usage de la force, Réflexions sur un maintien de la paix « robuste *», op.cit.*, p.134.

l'interprétation des résolutions et les modalités d'intervention constituent un cadre juridique susceptible d'assurer la cohérence de l'action onusienne dans un schéma opérationnel dont l'application dépend de ses destinataires[16].

A. L'obligation d'agir des Casques bleus en conformité des résolutions du Conseil de sécurité

Les règles d'engagements et les résolutions du Conseil de sécurité déterminent au préalable les conditions et les circonstances dans lesquelles, les Casques bleus peuvent recourir à la force armée. Le degré de la force et sa nature, létale ou non ainsi que les équipements militaires autorisés doivent être précisés et déterminés. Cependant, cette détermination n'est pas considérée comme un objectif de la mission et en plus elle n'est pas systématiquement intégrée dans la planification des opérations au niveau tactique[17]. L'exécution des résolutions varie selon les pratiques militaires et l'interprétation des ECT. L'application du mandat par les Casques bleus demeure tributaire de l'interprétation des résolutions du Conseil de sécurité qu'auraient donnée les instances onusiennes, les États contributeurs des troupes (ECT) ainsi que des contingents déployés sur le terrain[18]. En outre, ces interprétations ne sont pas uniformes et varient selon l'implication des États dans la résolution du conflit, les traditions militaires des contingents, la gestion des risques, les impératifs sécuritaires et les ressources militaires disponibles[19]. Ce cadre garantit une interopérabilité des contingents tout en limitant le risque d'un usage excessif de la force[20]. Il permet également de déterminer les moyens en termes du personnel, d'équipement et d'armement à utiliser[21]. À travers la BI de la MONUSCO, le Conseil de sécurité a pris conscience de la nécessité de doter l'opération d'un mandat clair, des règles d'engagement précises et des moyens nécessaires pour riposter aux attaques des groupes armés contre les Casques bleus et les civils[22]. D'une manière générale, les résolutions du Conseil de sécurité, autorisant les Casques bleus de la

---

[16] O. THIELEN, *Le recours à la force dans les opérations de maintien de la paix contemporaines, op.cit.*, p.30. ; O. FLEURENCE, *La réforme du Conseil de sécurité, L'état du débat depuis la fin de la guerre froide*, éd. Bruylant Bruxelles 2000, p. 255.

[17] Exposé du Représentant spécial du Secrétaire général, Alain Doss devant le Conseil de sécurité lors du vingt-huitième rapport du Secrétaire général sur la MONUC, S/2009/335, 30 juin 2009.

[18] F. MEGRET, « La pente glissante de l'usage de la force par le Conseil de sécurité : Quelles contraintes au niveau du *jus ad bellum* ? », *in* K. BANNELIER et C. PISON (Dir), *Le recours à la Force autorisé par le Conseil de sécurité*, Ed. A. PEDONE, Paris 2014, p.160.

[19] K. MANSSON, « Use of Force and Civilian Protection: Peace Operations in the Congo », *International Peacekeeping*, vol, n° 4, 2005, p.514

[20] Dix-septième rapport du Secrétaire général sur la Mission de l'Organisation des Nations Unies en République Démocratique du Congo, S/2005/167 du 15 mars 2005, § 19.

[21] Capstone Doctrine, 2008, p.38

[22] A. NOVOSSELOFF, « Les opérations de maintien de la paix des Nations Unies en 2009 : crise de croissance ou crise de maturité ? », *op.cit.*, p.4. Rapport du Secrétaire général sur la Mission de l'Organisation des Nations Unies pour la stabilisation en République Démocratique du Congo, S/2013/388, 28 juin 2013, §24.

MONUC/MONUSCO à faire usage de tous les moyens nécessaires pour la mise en œuvre du mandat participent de son pouvoir discrétionnaire[23]. Elles créent de façon autonome un droit au profit de leurs destinataires sur le territoire d'un État. D'ailleurs, la permissivité des résolutions transparaît dans son verbe « *autoriser* » comme n'impliquant aucune obligation, ni commandement de sa mise en œuvre à l'égard de son destinataire qui est la MONUC[24]. Cette autorisation résultant de la résolution 1565(2004) traduit la faculté dont dispose les Casques bleus de la MONUC à recourir à la force armée mais ne les y obligent pas. L'interprétation de cette autorisation soulève également la question de l'attribution des dommages résultant de l'omission d'agir qui ne saurait empêcher de prospérer sur le terrain de l'indemnisation et de la possible responsabilité civile des Nations Unies. La décision d'agir ou de ne pas agir pour les Casques bleus apparaît plutôt comme une faculté qu'une obligation. Dans ce cadre, l'inaction, les réticences ou les omissions d'agir par les Casques bleus dans une situation donnée apparaissent donc, légalement conformes au droit[25]. Dans cette hypothèse, le refus par les Casques bleus de faire usage de la force armée alors que les circonstances l'exigent ne caractérise pas la violation des résolutions du Conseil de sécurité, ni moins la méconnaissance du droit international. La protection des populations civiles élevée en priorité absolue relève aussi de ce caractère permissif de l'autorisation d'user de la force et ne constitue pas une obligation à laquelle les Casques bleus seraient tenus y compris dans le cadre de la responsabilité de protéger[26]. Ainsi, on peut déduire que le caractère permissif des résolutions du Conseil de sécurité ne s'oppose pas à ce que la responsabilité de protéger s'impose aux Casques bleus et devienne une obligation en cas de nécessité[27]. À ce sujet, la présence des Casques bleus impuissants à protéger les civils dans une région donnée alors qu'ils sont sous menace physique porte atteinte à la réputation des opérations de maintien de la paix et peut conduire à l'ouverture d'une action disciplinaire pour non-assistance[28].

Le Conseil de sécurité conserve son pouvoir d'action, d'inaction ou de moindre action en fonction des rapports de forces en son sein[29]. L'examen du

---

[23] Il faut signaler que la Charte des Nations Unies ne mentionne nullement que le Conseil de sécurité prend des actes appelés « résolutions » dans l'accomplissement de ses fonctions. Le terme résolution a été créé par le Conseil lui-même dans un règlement intérieur provisoire (doc. S/96/Rev. 7), voir les articles 31, 36 et 38.

[24] H. ASCENSO, *L'autorité de la chose décidée en droit international*, Thèse de Doctorat, Université Paris X-Nanterre, 1997, pp. 478-479 et 574-577. ; S/RES/1565 (2004), 1er octobre 2004, §6

[25] Ibid.

[26] S/RES/1327 (2000), 13 novembre 2000, annexe I et II

[27] Rapport Brahimi, *op.cit.*, §62.

[28] Le Conseil de sécurité réfléchit aux moyens d'adapter les opérations de maintien de la paix à des environnements toujours plus complexes et volatiles, CS/11 594 du 9 octobre 2014.

[29] B. DELCOURT, « L'introduction de la notion de responsabilité de protéger dans les autorisations données par le Conseil de sécurité : enjeux politiques et paradoxes », *in* BANNELIER (K) et PISON (C) (Dir), *Le recours à la force autorisé par le Conseil de sécurité*, Éditions A. Pedone, Paris 2014,

caractère juridique de la responsabilité de protéger dans cette perspective avec le mandat de protection des populations civiles dont dispose les Casques bleus de la MONUC nous permet de rechercher s'il existe une obligation d'agir et le cas échéant de faire usage de la force armée susceptible de s'imposer aux Casques bleus lorsque les exactions sont commises à la fois par les groupes armés que certains éléments des FARDC, renvoyant à une sorte de responsabilité de protéger spécifiquement aux forces de maintien de la paix.

B. La nécessité d'une interopérabilité dans la mise en œuvre des autorisations

L'adoption de la résolution du Conseil de sécurité résulte d'un consensus en son sein. Son application sur le terrain d'opération génère souvent des interprétations divergentes au risque de paralyser son action et compromettre l'efficacité l'opération. Les divergences d'interprétation du mandat et l'opportunité de la mise en œuvre de l'autorisation d'user de la force traduisent l'absence d'une autorité unique d'interprétation. Dans certaines situations, la résolution du Conseil de sécurité s'appuie en principe sur l'accord des États contributeurs des troupes[30]. En effet, les autorisations données par le Conseil de sécurité ne sont pas d'une grande clarté. Elles laissent une large marge d'appréciation aux acteurs intervenants dans l'exécution du mandat[31]. La nécessité de les interpréter permet de saisir le sens et la portée du mandat pour mieux assurer son application sur le terrain. La résolution 2098 (2013) qui autorise la Brigade d'intervention de la MONUSCO à neutraliser les groupes armés ne définit pas exactement le degré de cette force, le niveau de son intensité, les limites de cette neutralisation et le seuil de son efficacité opérationnelle. Outre son imprécision, cette résolution soulève une autre question fondamentale liée à l'interprétation du verbe « neutraliser » et ses conséquences juridiques éventuelles pour les Casques bleus[32]. Pour assurer une interopérabilité, le Conseil de sécurité encadrerait ses résolutions d'une interprétation claire, imposable à

---

pp.57-59 ; P. DAILLIER, « La responsabilité de protéger, corollaire ou remise en cause de la souveraineté ? », *in la responsabilité de protéger*, *op.cit.*. p.52.

[30] S/RES/2085(2012), préambule. Le Conseil de sécurité souligne que son action est conduite à la demande même du gouvernement du Mali : « Rappelant la lettre que les autorités de transition du Mali ont adressé au Secrétaire général le 18 septembre 2012, demandant que soit autorisée, selon les dispositions du Chapitre VII de la Charte des Nations Unies, une force militaire internationale chargée d'aider les Forces armées maliennes à reprendre les régions occupées du Nord du pays, et rappelant également la lettre que lesdites autorités ont adressé au Secrétaire général le 12 octobre 2012, insistant sur la nécessité d'offrir un appui, y compris sous la forme d'une telle force militaire internationale, à l'action menée aux niveaux national et international pour traduire en justice les auteurs de crimes de guerre ou de crimes contre l'humanité commis dans le nord du Mali ».

[31] L-A. SICILIANOS, « L'autorisation par le Conseil de sécurité de recourir à la force : une tentative d'évaluation », *R.G.D.I.P.*, 2002, p.45.

[32] RES/2098 (2013), 28 mars 2013, §9. S/2001/1154, lettre datée du 5 décembre 2001, adressé au Président du Conseil de sécurité par le Secrétaire général, C. DE JONGE OUDRAAT, « L'ONU, les conflits internes et le recours à la force armée » *op. cit.* pp.823-827.

tous les contingents et en assurerait même le contrôle[33]. L'absence du contrôle sur les actions qu'il décide permet aux États puissants et aux contingents sur le terrain d'usurper ses propres pouvoirs, ce qui conduirait à l'affaiblissement de la Charte qui a pour principale vocation la substitution du recours unilatéral à la force armée par le système de sécurité collective. L'interprétation d'une résolution du Conseil de sécurité et des règles d'engagement est non seulement un acte de volonté mais aussi de connaissance. Elle donne aux contingents le sens propre du contenu de la résolution qui, du fait de différentes autorités d'interprétation peut diverger du contenu initialement envisagé par le Conseil de sécurité. De manière générale, les États délégataires ont toujours manifesté la volonté de conserver une marge d'appréciation quant à l'exécution de mission de paix. La nécessité de contrôle des contingents fait naître une certaine tension entre le commandement onusien et le commandement des États contributeurs des troupes. Les États qui répondent aux appels d'offre des Nations Unies, leurs contingents agissent sous commandement national à leurs risques et périls tout en supportant le fardeau financier des opérations à l'exception des Casques bleus dont les dépenses sont financées par l'ONU.

À ce sujet, certaines considérations politiques et militaires militent en faveur d'une liberté de participation des États contributeurs des troupes (ECT) dans la planification, le commandement et le déroulement des opérations. Dans cet ordre, le Commandant de la force de la MONUSCO, le général Carlos Alberto Dos Santos Cruz a estimé : « *Qu'il était possible de mettre à profit la marge de manœuvre qui existe dans l'interprétation qui peut être faite des termes des mandats existants* »[34]. Cette marge de liberté est à préserver car elle constitue l'attrait du système et permet au Conseil de sécurité d'obtenir des volontaires pour ses opérations de paix. En 2005, faisant une interprétation large du mandat s'agissant de la protection des civils, le commandant Cammaert explique que : « *Les groupes armés par leur nature prédatrice, sont par leur seule présence une menace pour la population et la MONUC doit donc, dans le cadre de son mandat de protection intervenir de manière préemptive* ». Toutes ces divergences d'interprétations renvoient d'une part à la permissivité des résolutions du Conseil de sécurité qui ne créent aucune obligation d'agir pour les Casques bleus et d'autres part, à l'absence d'un Commandement militaire unifié et intégré marqué par la coexistence de plusieurs autorités d'interprétation

[33] T. CHRISTAKIS, « L'encadrement juridique des opérations militaires autorisées par le Conseil de sécurité et le concept de « Responsibility while Protecting » (RwP), *in* K. BANNELIER et C. PISON, *le recours à la Force autorisée par le Conseil de sécurité,* éd. A. Pedone, Paris 2014, p.137.
[34] Le Conseil de sécurité réfléchit aux moyens d'adapter les opérations de maintien de la paix à des environnements toujours plus complexes et volatiles, CS/11 594 du 9 octobre 2014.

§ 2. La coexistence des autorités d'interprétation des résolutions du conseil de sécurité

Dès lors que les rédacteurs de la Charte des Nations Unies n'avaient prévu aucun organe habilité juridiquement à interpréter les résolutions du Conseil de sécurité, leur caractère permissif induit la coexistence de plusieurs autorités d'interprétation[35]. En raison de leurs interventions dans la chaîne de commandement opérationnel, nous examinerons le Secrétaire général des Nations Unies, les États contributeurs des troupes et les contingents. D'une manière générale, les États contribuent aux forces de maintien de la paix de manière volontaire. Cet acte de volonté pourrait être interprété comme une acceptation par les États des résolutions pertinentes du Conseil de sécurité y compris les modifications du mandat qui pourront être apportées dans l'exécution du mandat conformément à l'évolution de la situation sur le terrain[36].

A. Le Secrétaire général de l'ONU et l'interprétation des résolutions du Conseil de sécurité

L'intervention du Secrétaire général des Nations Unies dans l'interprétation des résolutions du Conseil de sécurité dont il est l'exécutant ne relève pas d'une disposition spécifique de la Charte des Nations Unies mais de la pratique. En tant qu'organe d'exécution, chargé de la conduite des opérations et des rapports à la disposition du Conseil de sécurité et de l'Assemblée générale des Nations Unies, la position du Secrétaire général peut influer sur la nature des résolutions du Conseil et de ce fait jouer un rôle non négligeable. Le SGNU participe à la planification et à l'élaboration des opérations ainsi qu'à la validation des règles d'engagement des forces de maintien de la paix en vue d'assurer la mise en œuvre des résolutions du Conseil de sécurité[37]. Cet activisme du Secrétariat général lui vaut un rôle central dans la mise en œuvre de mandat. La pratique du Conseil de sécurité révèle que le Secrétariat général dispose d'une indéniable marge de manœuvre en matière d'interprétation. Cette faculté permet au Secrétariat d'élaborer des plans d'opérations réalistes correspondant aux effectifs mis à la disposition des Nations Unies. Le Secrétariat tend à rationaliser le mandat de sorte que le concept d'opération corresponde à la réalité du terrain autrement dit, adapter l'opération des Nations Unies à ses limites capacitaires et à ses contraintes opérationnelles intrinsèques ainsi qu'aux règles d'engagement. L'analyse des premiers rapports du Secrétaire général des Nations Unies sur la MONUC conduit à penser que le concept d'opération ayant prévalu dans le mandat initial de la MONUC ne correspondait pas au mandat autorisé par le

---

[35] S. SUR, « Quelques observations sur les normes juridiques internationales », *R.G.D.I.P*, 1985, p. 905.

[36] L'article 25 de la Charte des Nations Unies

[37] O. THIELEN, *Le recours à la force dans les opérations de maintien de la paix contemporaines*, *op.cit.*, p.82.

Conseil de sécurité[38]. Cette mission des Nations Unies est demeurée longtemps une force d'observation sous équipée militairement et en sous-effectif(rés.1291). Le principe d'une intervention plus active n'a émergé qu'en septembre 2002 lorsque le Secrétaire général propose un concept d'opération élargi fondé sur le déploiement d'une force intégrée d'intervention avancée bien équipée et dotée d'une unité d'hélicoptère d'assaut dans le but de faciliter les opérations de désarmement et de déminage[39]. Pendant cette période, le concept d'opération n'avait pas encore intégré l'usage de la force dans la protection des civils menacés des violences[40]. Pour le Secrétaire général de l'ONU : « sans les effectifs supplémentaires et une reconfiguration de l'opération, la MONUC ne sera pas capable de remplir sa mission de protection des civils »[41]. D'ailleurs, l'interprétation de la résolution 1493 (2003) avait posé de graves difficultés à la MONUC. L'établissement de ce nouveau mandat a fait espérer que la Mission imposerait la paix sur l'ensemble du pays sans toutefois analyser l'écart entre les attentes de la population et la capacité réelle de la Mission de paix à répondre. Le fait que la résolution 1493 (2003) ne définisse pas de manière précise les tâches qui sont assignées à la MONUC, n'a pas contribué à une utilisation optimale des ressources mises à sa disposition[42]. Dans la résolution1870 (2009), le Conseil de sécurité souligne que : « Le concept d'opération militaire et les règles d'engagement sont régulièrement actualisés et parfaitement conformes aux dispositions du mandat de la Mission conformément aux résolutions pertinentes du Conseil de sécurité »[43].

---

[38] Sixième rapport du Secrétaire général sur la Mission des Nations Unies en République Démocratique du Congo, S/2001/128 du 12 février 2001, §§71-86, Septième rapport du Secrétaire général sur la Mission des Nations Unies en République Démocratique du Congo, S/2001/373 du 17 avril 2001, §§ 95-110, spécifiquement §98, Neuvième rapport du Secrétaire général sur la Mission des Nations Unies en république Démocratique du Congo, S/2001/970 du 16 octobre 2001, §§83 et 98, onzième rapport du secrétaire général sur la Mission des Nations Unies en République Démocratique du Congo, S/2002/621 du 5 juin 2002, §§ 71-74.

[39] O. THIELEN, *Le recours à la force dans les opérations de maintien de la paix contemporaines, op.cit.* p.83.

[40] Onzième rapport du Secrétaire général sur la Mission des Nations Unies en République Démocratique du Congo, S/2002/621, 5 juin 2002, §71 ; Rapport spécial du Secrétaire général sur la Mission des Nations Unies en République Démocratique du Congo, S/2002/1005, 10 septembre 2002, §§ 48-54 ; Deuxième rapport spécial du Secrétaire général sur la Mission des Nations Unies en République Démocratique du Congo, S/2003/566, 27 mai 2003, §53

[41] Il est à remarquer que l'opération était placée sous le Chapitre VII et autorisée à faire usage de la force qu'à compter de la résolution S/RES/1493 (2003), 28 juillet 2003, §§25 -26 : Y. BRAEM, A. de HOOP SCHEFFER, C. OLSSON et R. POUYE, « le rôle des militaires dans la reconstruction d'États après les conflits », *Centre d'études en sciences sociales de la défense*, 2007, pp.233-239. Cette conception étant partagée par un certain commandement de la MONUC : C. HOUDET, « Réussir avec l'Organisation des Nations Unies ? L'exemple du Congo-Kinshasa », *ès Stratégie* Éditions, Coll. Chercheurs militaires 2008, pp 51-63.

[42] Troisième rapport spécial du Secrétaire général sur la Mission de l'Organisation des Nations Unies en République Démocratique du Congo, S/2004/650, 16 août 2004, §§ 58-59

[43] S/RES/1870 (2009), 30 avril 2009, §27

B. Le rôle des États contributeurs des troupes dans l'interprétation des résolutions du Conseil de sécurité

D'une manière générale, les États contribuent aux forces de maintien de la paix de manière volontaire. Cet acte de volonté pourrait être interprété comme une acceptation par les États des résolutions pertinentes du Conseil de sécurité y compris les modifications du mandat qui pourront être apportées dans l'exécution de la Mission[44]. Celui-ci, pourra passer du caractère permissif à contraignant aussi bien dans son contenu que dans ses règles d'engagement. Cette lecture induit non pas une obligation d'exécution stricte mais plutôt celle d'agir conformément à l'engagement volontairement souscrit par l'acte de contribution[45]. Cette obligation d'exécuter le mandat semble limitée en ce sens que les accords de contribution conclus avec les Nations Unies n'engagent pas les États contributeurs à mettre en œuvre le mandat décidé par le Conseil de sécurité[46]. Dans la pratique, les États continuent à préserver l'autonomie d'interprétation et de décision concernant la détermination des actions et des réactions de leurs contingents dans l'exécution du mandat des Nations Unies. Chaque État contributeur des contingents conserve le droit d'évaluer les conséquences politiques, diplomatiques et stratégiques des actions que les contingents mettront en œuvre en exécution d'un commandement onusien. Il peut les interdire ou les autoriser. D'ailleurs, dans le cadre des négociations entre l'ONU et les ECT, certains d'entre eux négocient même le périmètre de leur intervention excluant parfois l'usage de la force pourtant prévu par le chapitre VII. À ce titre, l'ECT a le pouvoir d'interdire ou d'autoriser à son contingent des actions offensives. C'est dans ce cadre, qu'il convient de souligner la faiblesse des mécanismes institutionnels de supervision de l'action du Conseil de sécurité car si le Conseil de sécurité mandate, il est le plus souvent dans l'impossibilité de contrôler la manière dont ses mandats sont interprétés et exécutés par les États[47]. En tant que titulaire du commandement organique et hiérarchique, l'État contributeur, peut demander à ses troupes d'appliquer les résolutions et les règlements d'engagements selon sa compréhension, voire les substituer par sa propre analyse[48]. Le pouvoir d'interpréter les résolutions du Conseil de sécurité dont il tire de son droit interne lui permet de demander à ses troupes déployées sur le terrain de faire usage ou non de la force armée pour

---

[44] L'article 25 de la Charte des Nations Unies.

[45] L-A. SICILIANOS, « L'autorisation par le Conseil de sécurité de recourir à la force : une tentative d'évaluation », *R.G.D.I.P*, 2002, pp.17-19.

[46] O. THIELEN, *Le recours à la force dans les opérations de maintien de la paix contemporaines, op.cit.*, p.78.

[47] F. MEGRET, « La pente glissante de l'usage de la force par le Conseil de sécurité : Quelles contraintes au niveau du *jus ad bellum* ? », *op.cit.*, p.160.

[48] C. HOUDET, « Réussir avec l'Organisation des Nations Unies ? L'exemple du Congo-Kinshasa », *op. cit.*, p.54 ; R. GAGNON, « Une perspective canadienne des opérations de paix. Directives politiques versus impératifs militaires », *Guide de maintien de la paix* 2007, 2006, pp. 108-109.

exécuter le mandat, pourtant décidé par le Conseil de sécurité. Les Etats participant aux OMP peuvent interférer même dans la chaîne de commandement opérationnel en ordonnant la restriction opérationnelle générale ou ponctuelle de participer ou non aux actions militaires coercitives. En RDC, cette différence d'interprétation du mandat est au cœur même du décalage de perception de la force entre l'ONU et les populations civiles selon que les Casques bleus sont armés mais ne combattent pas les GA alors qu'ils disposent des équipements dignes d'une véritable armée (rés.2098, §12). Bien qu'innovante à son genre, cette résolution 2098 pourtant adoptée dans un contexte consensuel illustre bien les difficultés de son interprétation. Le Conseil de sécurité créé une brigade spéciale d'intervention placée sous le commandement direct de la MONUSCO et autorisée à neutraliser les groupes armés. Les États contributeurs des troupes ont interprété cette résolution comme autorisant la MONUSCO à s'opposer par la force à tous les groupes armés et à les neutraliser. Cette interprétation a conduit même la cellule militaire stratégique à rédiger des règles d'engagement robustes et a prévu des moyens opérationnels adéquats permettant de riposter militairement à de violation flagrante du mandat. La mise en œuvre de cette résolution a soulevé d'autres questions juridiques liées à l'interprétation du verbe « *neutraliser* », à la nature du mandat. Des conséquences juridiques sur le statut des Casques bleus, les humanitaires ainsi que l'épineuse question de l'impartialité des forces du maintien de la paix et de sa perception par les autres parties en conflit restent préoccupantes[49]. En dépit de la paix qu'elle est censée procurer à la région, la résolution 2098(2013) au mandat offensif peut augmenter des tensions et générer de l'insécurité dans la région. L'application incorrecte des résolutions du Conseil de sécurité au mandat robuste peut représenter des risques pour les Casques bleus, les humanitaires et les populations civiles. Dans ce contexte, des questions de responsabilité des États, des organisations internationales et des Casques bleus participant aux opérations robustes peuvent être évoquées devant les tribunaux en raison de dommage résultant de ces opérations militaires[50]. La responsabilité des Etats peut être engagée à propos d'erreurs ou négligences conduisant à des incidents dans lesquels, l'Etat fournisseur des contingents devait répondre du comportement fautif de ses propres forces. Concernant la responsabilité des organisations internationales, l'actuel projet d'articles de la CDI a codifié le principe qui s'applique aussi aux organisations régionales[51]. S'agissant de la responsabilité des individus, les

[49] UN doc. S/2006/310 du 22 mai 2006, §10, le Secrétaire général précisait qu'on pourrait avoir des conséquences humanitaires négatives, car dans certains cas, des opérations de désarmement militaires avaient suivies des représailles à l'égard des civils ; en fin les opérations de la MONUC quel qu'elles soient, pourraient augmenter les tensions et l'insécurité dans la région du Kivu §§ 28 et 48-50.

[50] E. DAVID, « Conclusions », *in* Karine BANNELIER et Cyrille PISON (dir), *Le recours à la Force autorisé par le Conseil de sécurité*, Pedone, 2014, p.276.

[51] P. BODEAU-LIVINEC, « Responsabilité pour faits illicites commis au cours d'opérations autorisées par le Conseil de sécurité : remarques sur quelques problèmes d'attribution », *in* Karine

rapports entre la CPI et le Conseil de sécurité ainsi que le caractère sélectif des situations dont cette dernière est saisie illustre bien ce développement. La responsabilité individuelle pour crimes de DIH ne se limite pas seulement aux cas où la CPI peut exercer sa compétence. Les tribunaux nationaux internes de tous les États sont aussi compétents pour connaitre ce que prévoit le DIH en cas d'inaction fautive. Dans ce contexte, un équilibre s'impose dans la prise des décisions entre le siège en New York et le terrain des opérations. Il implique l'exigence institutionnelle de centralisation et la réalité fonctionnelle de décentralisation. Constatant l'impossibilité du Conseil de sécurité à intégrer dans le commandement opérationnel une interprétation unifiée du mandat, le caractère permissif de ses résolutions préserve une divergence d'interprétation du mandat qui résulte des différentes autorités sur le terrain opérationnel.

SECTION 2. La nécessité d'une interprétation uniforme du mandat et des règles d'engagement

Dans la mise en œuvre du mandat, certaines divergences d'interprétation du mandat peuvent apparaître. Les traditions militaires nationales ne convergent pas sur l'usage de certains termes notamment le sens à donner à la notion d'imminence ou d'intention hostile, voire selon les individus en charge de commander et de définir exactement les circonstances dans lesquelles la force peut être utilisée[52]. Toutes ces divergences d'interprétation résultent de l'absence d'un organe juridiquement habilité par la Charte des Nations Unies à uniformiser l'interprétation de résolutions. Tout ceci peut entraver l'interopérabilité des contingents et paralyser l'action onusienne d'où la nécessité d'une interprétation uniforme des règles et des résolutions qui soient applicables et opposables à tous les contingents indépendamment de leurs législations nationales.

BANNELIER et Cyrille PISON (dir), *Le recours à la Force autorisé par le Conseil de sécurité*, Pedone, 2014, p.206.

52 L'interprétation de la notion d'imminence relève de l'appréciation de la situation sur terrain par le Commandant de la zone opérationnelle, ainsi dans la conduite des opérations de la MONUC, certains contingents interprètent le mandat portant autorisation d'user de tous les moyens nécessaires pour assurer la protection des populations civiles comme impliquant d'attendre que l'attaque contre la population ait commencé alors que d'autres contingents prônaient dans certaines circonstances que les villages soient à la merci des bandes armée et milices pour qu'un usage préventif, proactif et offensif de la force létale soit mise en œuvre pour dissuader ces attaques, voir désarmer par la force les groupes ou individus en cause.

§1. L'articulation du processus d'interprétation des résolutions du conseil de sécurité entre les autorités d'intervention

Si la majorité des résolutions du Conseil de sécurité concernant la RDC autorisent les Casques bleus de la MONUC/MONUSCO à utiliser tous les moyens nécessaires pour exécuter le mandat, force est de constater que ceux-ci hésitent toujours à ouvrir le feu même dans des circonstances où cela semblait nécessaire. Les massacres de Kiwanja (2008) et de Bukavu (2004) interrogent les motivations des Casques bleus qui, tout en disposant d'un mandat robuste n'interviennent pas directement pour protéger les civils contre les attaques des rebelles dont certains opèrent près de leurs bases. Dès lors que les résolutions du Conseil de sécurité ne déterminent pas leurs applications systématiques, les États contributeurs des troupes (ECT) continuent à préserver leurs pouvoirs d'interprétation en restreignant à leurs contingents l'usage de la force armée dans une opération de maintien de la paix[53]. L'absence d'encadrement de ces pouvoirs conduit à des interprétations extensives et décentralisées en dehors des circonstances délibératives du Conseil de sécurité.

A. L'inclusion des contingents au processus d'interprétation des résolutions du Conseil de sécurité

Aucune disposition juridique n'oblige les États à exécuter le mandat décidé par le Conseil de sécurité. Ces derniers ne sont tenus que par une obligation de bonne foi. Ils apprécient le recours à la force en fonction de leurs motivations et des objectifs qu'ils tiennent d'atteindre en accord avec les résolutions du Conseil de sécurité. Les États contributeurs interférent dans la chaîne du commandement opérationnel et peuvent décider de mettre en œuvre ou non les mesures décidées par le Conseil de sécurité. Cette immixtion des ECT dans le commandement opérationnel de la Mission de paix risque de restreindre le champ d'application de la résolution décidée par le Conseil de sécurité, autorisant de recourir à la force pour protéger les civils et les Casques bleus des attaques des groupes armés. Bien qu'ils acceptent les résolutions du Conseil de sécurité conformément à l'article 25 de la Charte des Nations Unies, les ECT ne sont pas juridiquement liés à l'interprétation de la résolution faite par le Conseil de sécurité. Contrairement au commandement onusien, les États peuvent interpréter les résolutions, édicter à leurs contingents nationaux des restrictions opérationnelles générales ou ponctuelles applicables sur les théâtres d'opération[54]. Cette pratique

[53] T. VIRCOULON, « Ambiguïtés de l'intervention internationale en République Démocratique du Congo », *op.cit.*, p.2.

[54] S/RES/1973, 17 mars 2011 concernant la Libye ; G. BALCERSKI, « Le Conseil juridique opérationnel : comment pense-t-on le droit des conflits armés lors de la planification et la conduite des opérations militaires ? L'exemple de la Libye », *in* Karine BANNELIER et Cyrille PISON (dir), *Le recours à la Force autorisé par le Conseil de sécurité*, éd. Pedone, Paris 2014, pp.191-192 ; O.

peut porter atteinte à la légitimité même du mandat d'où la nécessité d'une interprétation unique du mandat qui s'impose à tous les contingents indifféremment de leurs législations nationales[55].

Les contingents constituent le dernier maillon dans cette chaîne de commandement. Ils interviennent dans la conduite opérationnelle et disposent du pouvoir d'interprétation des résolutions du Conseil de sécurité sur le terrain. Pourtant, aucune disposition de la Charte des Nations Unies n'autorise encore moins les contingents participant à une opération de maintien de la paix à interpréter les résolutions du Conseil de sécurité. Leur participation au processus interprétatif résulte de l'absence d'un organe onusien spécifique, chargé d'interpréter ses résolutions et d'un commandement onusien intégrant les commandements nationaux des contingents qui devaient le composer[56]. Juridiquement, les contingents sont liés au pouvoir organique, statutaire et disciplinaire de leurs États. F. Hampson, rapporteur de la Commission des droits de l'homme précise à ce sujet : *« Il n'existe, en droit international, aucune obligation juridique d'obéir aux ordres du commandement de la force »*[57]. Cette position marque l'absence de lien organique, légal et disciplinaire entre les deux commandements : onusien et national de chaque contingent qui compose la force de maintien de la paix. En plus, les règlements militaires nationaux ne prescrivent pas d'obligation aux contingents d'exécuter les ordres qui émanent du commandement onusien[58]. Cette absence de subordination matérielle et organique au commandement onusien explique la préservation de l'autonomie du pouvoir d'interprétation, voire du pouvoir discrétionnaire du commandement national dans la mise en œuvre des décisions militaires opérationnelles[59]. Dès lors que le commandement organique, source du pouvoir disciplinaire et hiérarchique reste exclusivement dévolu aux seuls États, les forces de maintien de la paix restent juridiquement sous le commandement national et sont soumises à l'interprétation variable des résolutions et des règles d'engagement données par leurs autorités nationales et les commandants de leur contingent. Ainsi, les Casques bleus restent juridiquement soumis à l'autorité statutaire et disciplinaire du commandement national. Ils ne sont pas les agents des Nations Unies et ne

---

THIELEN, *Le recours à la force dans les opérations de maintien de la paix contemporaines, op.cit.*, p.82.

55 F. MEGRET, « La pente glissante de l'usage de la force par le Conseil de sécurité : Quelles contraintes au niveau du *jus ad bellum* ? », *op.cit.*, p.169.

56 O. THIELEN, *Le recours à la force dans les opérations de maintien de la paix contemporaines, op.cit.*, p.74.

57 Administration de la justice, État de droit et de démocratie, Document de travail sur la responsabilité du personnel international participant dans les opérations de soutien de la paix, Présenté par Françoise Hampson, Commission des droits de l'homme, E/CN.4/ Sub.2/2005/42, 7 juillet 2005§16

58 A. LEGAULT, « Organisation et conduite des opérations de maintien de la paix », *Politique étrangère*, 1997, pp.388-389 ; O. THIELEN, *Le recours à la force dans les opérations de maintien de la paix contemporaines, op.cit.* p.75.

59 *Ibid*

relèvent pas de son autorité hiérarchique. L'absence d'un commandement intégré et uniformisé onusien laisse entrevoir la subordination des contingents aux interprétations diverses et variées de leurs autorités nationales[60]. Dans une certaine mesure, cette subordination constitue la base de l'organisation hiérarchique et de la discipline intrinsèque aux forces armées. Ainsi, le refus pour un Casque bleu, d'exécuter un ordre onusien ne peut pas justifier une sanction disciplinaire par le commandement onusien, ni une sanction juridictionnelle par une instance des Nations Unies alors qu'il peut constituer une infraction dans le cadre de la législation militaire pénale nationale[61]. C'est dans ce cadre que les Casques bleus sud-africains de la MONUSCO, suspectés d'abus sexuels, au lieu d'être sanctionnés par les instances onusiennes ont été mis à la disposition de leur commandant pour être rapatriés dans leur pays d'origine[62]. Pour éviter la paralysie de l'action onusienne par le dédoublement de la chaîne de commandement résultant d'une sorte d'insubordination du commandement national d'exécuter un ordre onusien, les États contributeurs des troupes sont priés de donner l'ordre au commandement de leur contingent d'exécuter les ordres onusiens sans pouvoir invoquer au préalable les conséquences juridiques du refus[63].

B. Les commandements, les contingents et les moyens de protection : les risques calculés

L'interprétation des résolutions du Conseil de sécurité au bénéfice des contingents sur le terrain relève des commandants des unités qui, restent soumis à l'obligation juridique de prévoyance et de précaution. Les exigences de mission

[60] Commandement et conduite des opérations de maintien de la paix, Rapport du secrétaire général, A/49/681, 21 novembre 1994, 6, 7et 20, supplément à l'agenda pour la paix, rapport de situation présenté par le Secrétaire général à l'occasion du cinquantenaire de l'Organisation des Nations Unies, A/50/60-S/1995/1, 3 janvier 1995, §41. Le général Dallaire a dénoncé dans le cadre de la MINUAR qu'il n'exerçait aucun contrôle ni commandement effectif sur les contingents de la MINUAR : Rapport de la Commission indépendante d'enquête sur les actions de l'Organisation des Nations Unies lors du génocide de 1994 au Rwanda, S/1999/1257, 16 décembre 1999, §38.

[61] Certaines législations nationales considèrent un ordre militaire légalement exécutable que lorsqu'il émane notamment d'une autorité nationale, c'est le cas de l'Allemagne, le Canada et l'Irlande : Rapport sur le contrôle démocratique des forces armées, Commission européenne pour la démocratie par le droit, Études n°389/2006, adoptée par la Commission de Venise lors de sa 74ème séance plénière, 14-15 mars 2008, §301 ; Rapport de la Commission d'enquête sur la Somalie, Canada, 2 juillet 1997, vol 1 « *La chaîne de commandement* ».p. 43. ; O. THIELEN, *Le recours à la force dans les opérations de maintien de la paix contemporaines, op.cit.* p.75.

[62] En République Démocratique du Congo, 50 Casques bleus sud-africains déployés dans le cadre de la brigade d'intervention spéciale ont été rapatriés pour faute disciplinaire, AFP, 24 septembre 2015 à 14h 15

[63] La Cour militaire belge, chambre française permanente, Le ministère public c. Marchal Luc, 8 mai 1996, reproduit dans le RDPMDP, n° 1-2, 1997, pp.76-77. Signalons que le code militaire belge n'incrimine que le refus d'exécution d'un ordre du commandement hiérarchique strictement national. ; O. THIELEN, *le recours à la force dans les opérations de maintien de la paix contemporaines, op.cit.* p.76.

de paix les obligent à assurer la protection physique des membres de leurs unités et de ne pas les exposer inutilement à des risques sous peine d'engager leur responsabilité pénale. Toutefois, certaines difficultés opérationnelles et d'interopérabilité liées à la définition, à la gestion des risques acceptables et à l'impératif sécuritaire pour chaque contingent varient selon les traditions militaires[64]. À ce sujet, le commandement de la MONUC a relevé que certains commandants ont beaucoup de peines à vivre avec cette notion de risque calculé et il n'est pas rare de voir leurs unités ne patrouiller que de jour et dans les abords immédiats de leurs bases, leurs soldats ne quittant qu'à contrecœur leurs transports de troupes[65]. L'interprétation du mandat par les contingents semble divergente, et parfois variable au gré des situations. Certains contingents risquent d'interpréter de manière restrictive la résolution, limitant les moyens de protection ou réduisant de leur propre initiative le champ d'application de la résolution. D'autres contingents par contre ont une lecture bureaucratique du mandat[66], préférant n'est pas agir plutôt que de se mettre en danger face aux milices[67]. À ce titre, certains ONG ont souligné dans leurs rapports que les contingents de la MONUC se préoccupent plus de leur propre sécurité physique que de celle des civils qu'ils sont appelés à protéger. Ils sortent très peu de leurs casernes et ne patrouillent que pour assurer la sécurité de leurs bases. Ils vont rarement dans les zones reculées qui, ont plus besoin de protection que les centres urbains[68]. Par crainte de devoir rendre compte de leurs actions, les Casques bleus

---

[64] Les Casques bleus sont souvent victimes des attaques des miliciens, celles-ci peuvent soit conforter le commandement sur le terrain dans leur volonté d'exécuter pleinement leurs missions et favoriser le renforcement de la stratégie militaire, soit au contraire dissuader toute prise de risque pour l'avenir susceptible de paralyser la mission et de livrer la population à la merci des bandes rivales sans intervenir.

[65] O. THIELEN, *recours à la force dans opérations de maintien de la paix contemporaines, op.cit*. p.77.

[66] Opération Artémis : The Lessons of the Interim Emergency Multinational Force, Department of Peacekeeping Operations, Best Practice Unit, Military Division, octobre 2004, pp. 8-9 ; T. VIRCOULON, « Réformer le Peacemaking en République Démocratique du Congo. Quand les processus de paix deviennent des systèmes d'action internationaux », Notes de *l'IFRI*, février 2009, p.9.

[67] O. THIELEN, *recours à la force dans opérations de maintien de la paix contemporaines, op.cit*. pp.76-77. ; « Les Nations Unies jouent leur crédibilité au Congo », Le Monde, 27 mars 2005 ; J-C. WILLAME, Les *« faiseurs de paix » au Congo. Gestion d'une crise internationale dans un État sous tutelle*, Bruxelles, Éditions Complexes, Coll. Les Cahiers du GRIP, 2007, pp. 151-152 ; C. HOUDET, Réussir avec l'organisation des Nations Unies, L'exemple du Congo-Kinshasa, *op.cit.*, p.65. ; T. VIRCOULON, Réformer le 'peance making' République Démocratique du Congo. Quand les processus de paix deviennent des systèmes d'action internationaux, *op.cit.*, pp. 9-10 et 21. ; J. TERRIE, « The Use of Offensive Force in United Nations Peacekeeping : The Experience of MONUC », *African Security Review*, vol. 18,

[68] Human Rights Watch : Massacres à Kiwanja, l'incapacité de l'ONU à protéger les civils, 11 décembre 2008. ; Rapport consolidé sur les enquêtes par le bureau conjoint des Nations Unies des droits de l'homme sur les graves abus des droits de l'homme commis à Kiwanja, Nord- Kivu, en Novembre 2008, MONUC- Bureau du haut-commissariat aux droits de l'homme, Rapport spécial, 7 septembre 2009, §3.

choisissent souvent l'inaction comme la meilleure action. Le Bureau des services de contrôle interne de l'ONU rapporte à ce sujet : « *Il y a des sanctions pour l'action, mais pas de sanctions pour l'inaction (...) sur la ligne de front, le Peacekeeper individuel, faisant face à de nombreuses menaces mal définies, en danger constant, craignant les sanctions s'il procède à la force mais conscient de l'absence de sanction s'il n'agit pas, décide souvent que l'inaction est la meilleure action* »[69]. Dans cette perception, l'impératif sécuritaire tant physique que juridique des contingents l'emporte sur l'exécution du mandat[70]. S'agissant des plans d'opérations de la force de maintien de la paix, chaque commandement de contingent conserve son autonomie et sa liberté d'appréciation des conditions dans lesquelles le mandat devra être accompli. Il est fort à craindre que les contingents interprètent soit de leur propre initiative ou sur instruction nationale de manière restrictive les modalités d'ouverture de feu et d'usage de la force[71]. Cette faculté dont se prévaut souvent les Casques bleus risque de porter l'interprétation sur des considérations de retenus des moyens au détriment du mandat décidé par le Conseil de sécurité. En interférant au commandement des Nations Unies ou en substituant à celui-ci son interprétation en fonction des circonstances propres à chaque contingent, l'action onusienne risque la paralysie. Le général P. Cammaert, expliquait qu'une action offensive pourra être entreprise dans le cas où un ou des groupes armés « *choisissent de ne pas désarmer et commettent régulièrement des actes de violence à l'encontre des civils au mépris de la paix, de la loi et de l'ordre* ». Il partage l'affirmation de Jean-Marie Guehenno suivant laquelle « *les soldats de la paix (...) doivent dépasser la position statique qui les caractérise souvent et qui, traduirait les limites de la force de maintien de la paix. Ils doivent plutôt adopter une posture proactive afin de conserver l'initiative* »[72]. Sur le terrain des opérations, les contingents disposent d'une marge d'appréciation lorsque les civils sont victimes des violences physiques imminentes. Le Rapport Brahimi note à ce sujet : « *(...) la présence des Nations Unies dans une zone de conflit suscite chez les civils une*

---

[69] Nations Unies, OIOS, Evaluation of the Implementation and Results of Protection of Civilians Mandates in United Nations Peacekeeping Operations, A/68/787, 7 mars 2014

[70] Keeping the peace in Haiti? The assessment of the United Nations stabilization mission in Haiti using compliance with its prescribed mandate as a barometer for success, Harvard Law Student Advocates for Human Rights, Cambridge, Massachusetts et Centro de justiça global, Rio de janeiro/sao Paulo, Brésil, mars 2005, pp. 27-34 ; B. POULIGNY, « Les Casques bleus sont là, mais on ne voit pas ce qu'ils font », *Guide du maintien de la paix* 2006, 2005, p.177

[71] P. CAMMAERT, « Learning to Use on the Force Hoof in peacekeeping. Reflexions on the Experience of MONUC's Easten Division », *Institute for Security Studies*, Situation Report, avril 2007, p.3 ; COT (M), « Les opérations de l'Organisation des Nations Unies : évoluer ou mourir », *les cahiers de mars,* n° 145, 1997, p.39., L.. PINESCHI, « L'emploi de la force dans les opérations de maintien de la paix des Nations Unies " robustes" : conditions et limites juridiques » *in* M. ARCARI et L. BALMOND (Dir), *La sécurité collective entre la légalité et défis à la légalité*, Milan, Guiffre Édition, 2008, pp. 163-165.

[72] J-M. GUEHENNO, « Le maintien de la paix robuste, Obtenir un consensus politique et renforcer la structure de commandement et de contrôle », *op.cit.*, p.122.

attente de protection»[73]. L'analyse des interprétations créatives des résolutions du Conseil de sécurité indique que les Nations Unies ne disposent pas des capacités juridiques et politiques susceptibles d'imposer aux contingents nationaux une interprétation unique et uniforme du mandat. Pour modérer ces interprétations divergentes, le Conseil de sécurité développe désormais des mécanismes alternatifs en vue d'une interprétation uniformisée imposable à tous les contingents en vue d'une mise en œuvre optimale du mandat. Cette dynamique vise à promouvoir une unicité de vue sur les mesures à prendre et leur contenu.

§2. La recherche de cohérence et d'efficacité de l'action onusienne

La nécessité d'obtenir une interprétation uniformisée des résolutions et des règles d'engagement dans l'exécution du mandat participe à la recherche de cohérence et d'efficacité de l'action onusienne. Cette pratique répond à deux exigences, d'une part contourner les effets permissifs des résolutions du Conseil de sécurité par la participation des États contributeurs des troupes à la planification opérationnelle et d'autres part, mettre en œuvre une procédure de contrôle interne aux missions en vue de sanctionner les inexécutions fautives des Casques bleus dans la conduite opérationnelle[74]. Bien qu'instaurés, ces deux mécanismes présentent un bilan contrasté résultant de la position prépondérante de l'ONU dans ce processus décisionnel qui lui est exclusivement consacré.

A. La participation des États contributeurs des troupes à la planification opérationnelle

La création d'une opération de paix et les règles d'engagement qui lui sont attachées obéissent à une procédure fixe et standardisée. En effet, lors de la création de l'opération de paix, le service de planification militaire en consultation avec le bureau des opérations préparent un projet de plan d'opération et des règles d'engagement qui sera examiné à la fois par le bureau des opérations et le bureau des affaires juridiques. Ce plan est finalement soumis à la validation du Secrétaire général adjoint au Département des opérations de maintien de la paix[75]. Pendant tout ce processus décisionnel, les États

[73] Rapport Brahimi, *op.cit.*, §62.

[74] P. BODEAU-LIVINEC, « Responsabilité pour faits illicites commis au cours d'opérations autorisées par le Conseil de sécurité : remarques sur quelques problèmes d'attribution », *in* K. BANNELIER et C. PISON(Dir), *Le recours à la Force autorisée par le Conseil de sécurité,* éd. A. Pedone, Paris 2014, pp.207-208.

[75] Dans ce processus, le commandant de la future opération peut proposer des modifications, des évolutions ou des révisions mais sur le théâtre des opérations, il lui revient de signaler toute incompatibilité ou inadéquation estimées entre les règles d'engagement et la situation sur le terrain. S'agissant de la modification des règles d'engagement, seul le Secrétaire général adjoint peut les approuver, les amender ou les réviser.

contributeurs des troupes n'interviennent pas ou peu du tout. Le risque de divergence sur l'interprétation du mandat et de règles d'engagement reste permanent. L'exclusion des États contributeurs des troupes à cette étape ne leur permet pas ni d'exprimer, ni d'apprécier le sens qu'ils conviennent des termes encadrant et entourant la notion du recours à la force ainsi que le rôle et les objectifs des futures opérations[76]. La difficulté naît du fait qu'en amont, le consensus n'a pu être trouvé parce que les points de vue des États contributeurs n'ayant pas été pris en compte. Ce processus demeure trop onusien alors même que l'intégration et la coordination des États contributeurs des troupes à la planification des OMP s'avère nécessaire. Un document interne de la MONUC rappelait récemment cette nécessité pour le DOMP : *« De définir et d'exposer clairement et sans équivoque aux États contributeurs lors de la planification de toute opération future et en coordination avec eux, ce qui implique la disposition dans le mandat autorisant l'usage de tous les moyens nécessaires en termes de nature de la mission et de moyens militaires à mettre en œuvre »*[77].

À ce sujet, l'Assemblée générale prie le Secrétaire général « *de faire de nouveaux efforts concrets pour que les pays qui fournissent des contingents soient correctement représentés au DOMP et DAM compte tenu de ce qu'ils apportent aux activités du maintien de la paix de l'organisation des Nations Unies* »[78]. Pour qu'elle soit équitable dans la sélection du personnel dans les missions des Nations Unies, cette représentation devra tenir compte de la contribution de chaque État dans les opérations de maintien de la paix. Autrement dit, il faudra renforcer la coopération entre ceux qui planifient les opérations, définissent les mandats et les gèrent et ceux qui les exécutent. De par leurs expériences et leurs compétences, les pays fournisseurs des contingents peuvent contribuer au processus de planification et peuvent aider le Conseil de sécurité à prendre rapidement des décisions appropriées. Cette étape de planification intégrée permet de fournir aux États contributeurs des troupes (ECT) ainsi qu'aux commandements nationaux des renseignements précis s'agissant de la façon dont il convient d'interpréter les mandats, les règles d'engagement ainsi que le concept d'opération[79]. Autrement dit, toutes les parties concernées par le conflit doivent saisir la portée de la mise en œuvre du mandat

---

[76] Commandement et conduite des opérations de maintien de la paix, A/49/681, *op. cit.* §27 ; O. FLEURENCE, *La réforme du Conseil de sécurité- L'état du débat depuis la fin de la guerre froide, op.cit.*, pp. 199-205 ; A. NOVOSELOFF, *Le comité d'état -major des Nations Unies : histoire d'une institution en sommeil*, Paris, L.G.D.J., Global Understanding Series, 2008, p. 82. O. THIELEN, *Le recours à la force dans les opérations de maintien de la paix contemporaine, op.cit.,* p.87.

[77] Problèmes et opportunités identifiés dans le cadre des opérations de paix menées par l'Organisation des Nations Unies. ; O. THIELEN, *Le recours à la force dans les opérations de maintien de la paix contemporaine, op.cit.* p.87.

[78] À/RES/65/290, 30 juin 2011 : Renforcement des capacités de l'organisation des Nations Unies sur le plan de la conduite des opérations de maintien de la paix et de l'appui à leur fournir, §7.

[79]Application des recommandations du Comité spécial des opérations de maintien de la paix, A/64/573, *op. cit.* §§16 - 19. Operation Artemis : The Lessons of the Interim Emergency Multinational Force, *op. cit.*, pp. 8-9.

et ses implications. Il est tout aussi essentiel que les États et les membres des contingents acceptent avant même leur déploiement l'ensemble des missions qui leurs seront confiées. Que l'usage de la force dans les opérations de maintien de la paix des Nations Unies constitue un des moyens pour exécuter le mandat et qu'il emporte des conséquences et des risques pour leurs contingents qui vont devoir se battre, voire éventuellement tuer ou se faire tuer[80]. Les États doivent être informés avec précision de la complexité des opérations robustes et qu'il est indispensable de s'entendre sur les termes de la coopération. Le risque sécuritaire étant dans ce cas, le corollaire de toute opération militaire et qu'en engageant des contingents dans ces opérations, les États acceptent des risques et doivent supporter des dommages collatéraux sur les populations, des forces dispersées et des tirs fratricides[81]. En 2009, le Secrétaire général rapporte concernant la RDC en ces termes : « *Les règles d'engagement ont aussi été abondamment étudiées et certains de leurs aspects ont été modifiés, notamment les dispositions relatives à l'appui-feu, aux engagements air-sol, à la prévention des effets collatéraux et à l'autorisation de faire usage de tel ou tel système d'armes* »[82].

Le but est de clarifier les choses et de supprimer les dispositions restrictives concernant le recours à la force pendant les opérations militaires telles que prévues dans le concept d'opération. Pour éviter de fragiliser les capacités opérationnelles de la mission sur le terrain, les représentants politiques et militaires des États contributeurs des troupes doivent être admis à la planification des opérations, à la rédaction et à toute modification du mandat et des règles d'engagement. Cette position vise à limiter des interprétations restrictives des mandats auxquelles les contingents seraient soumis de la part de leurs États et commandements nationaux respectifs[83]. Bien que les États soient consultés, il arrive que cette consultation s'opère après l'adoption de la résolution mettant souvent les États devant un fait accompli, ce qu'ils n'ont cessé de dénoncer. Certains États font de cette consultation préalable une condition de leur engagement opérationnel en vue d'assurer la robustesse et l'adéquation des

---

[80] Vingt-septième rapport du Secrétaire général sur la Mission de l'Organisation des Nations Unies en République Démocratique du Congo, S/2009/160, 27 mars 2009§§90 - 91 ; Rapport consolidé sur les enquêtes par le bureau conjoint des Nations Unies des droits de l'homme sur les graves abus des droits de l'homme commis à Kiwanja, Nord-Kivu, en novembre 2008, MONUC-Bureau du haut-commissariat aux droits de l'homme Rapport spécial, 7 septembre 2009, §33 ; Rapport du Secrétaire général sur l'application de la résolution 1701 (2006), période allant du 11 au 17 août, S/2006/670, §31.

[81] P. SARTRE, « La robustesse du maintien de la paix des Nations Unies, Ni contraindre, ni céder mais protéger pour convaincre », *in* J. Coulon, A. Novosseloff (dir), *La paix par la force ? Pour une approche réaliste du maintien de la paix*, *op.cit.,* p.96

[82] Vingt-septième rapport du Secrétaire général sur la Mission de l'Organisation des Nations Unies en République Démocratique du Congo, S/2009/160, 27 mars 2009§§90 - 91

[83] J-M. GUEHENNO, « Le maintien de la paix robuste : obtenir un consensus politique et renforcer la structure de commandement et de contrôle », *Bulletin du maintien de la paix*, n° 98, mars 2010, pp. 2-4.

règles d'engagement au mandat[84]. Ces procédures de participation des États ne sont pas suffisamment développées, bien que nécessaires pour la plupart des États contributeurs en troupes[85]. Elles portent le risque d'un consensus minimaliste sur l'interprétation des mandats. Il est nécessaire de combler ce fossé entre les intentions du Conseil de sécurité et ce que les pays contributeurs des troupes sont prêts à laisser leurs soldats faire sur le terrain[86].

B. La procédure administrative de contrôle interne dans la conduite des opérations

À défaut d'un mandat précis, un équilibre devrait être trouvé entre la marge d'appréciation laissée aux entités autorisées à exécuter le mandat et l'indispensable nécessité de s'assurer que les mandats donnés par le Conseil de sécurité ne seront pas dépassés. Ce qui implique la mise en œuvre d'un cadre de contrôle systématique et fiable des autorisations pour éviter des abus. Pour la transparence de la conduite opérationnelle, les instances onusiennes ont développé un mécanisme apparenté à la procédure disciplinaire au sens strict du mot. Elle tend à obliger les commandements nationaux de rendre compte de leurs actions, inactions et omissions dans le cadre de l'exécution de leur mandat[87]. Indépendamment des effectifs et des moyens nécessaires à l'exécution du mandat, toute omission fautive, passive ou toute inexécution des dispositions du mandat par quel que commandement national ou onusien doit être sanctionné. Cette sanction peut aller du relèvement du commandement à la démission des responsables des Nations Unies[88]. La procédure consiste à sanctionner la passivité résultant de la non-exécution des dispositions du mandat ou d'un ordre émanant du commandement des Nations Unies en dehors de toute justification liée aux moyens, aux effectifs disponibles et à la force majeure[89]. Entre mai et juin 2004, cette procédure administrative interne a été mise en œuvre au sein de la MONUC à la suite de massacre commis à Bukavu par les miliciens du général rebelle Nkunda Batware et le colonel Mutebutsi sans que les Casques bleus sans

[84] Déclaration faite lors du séminaire sur le maintien de la paix organisé par le Ministère nigérian de la défense, le 02 août 2010, disponible sur le site operationspaix.net

[85] A. NOVOSSELOFF, « Les opérations de maintien de la paix des Nations Unies en 2009 : crise de croissance ou crise de maturité ? », *Bulletin du maintien de la paix*, n° 92, janvier 2009, p.3.

[86] Communiqué de presse, un « nouvel horizon au Conseil de sécurité pour les opérations de maintien de la paix, avec en point de mire une coopération renforcée avec les pays contributeurs de troupes, CS/9694, 29 juin 2009, 6153ème séance.

[87] Opérations de maintien de la paix des Nations Unies. Principes et orientations, *op.cit.* ; p. 87. Depuis 2002, un panel d'expert et des praticiens du maintien de la paix onusienne avait considéré cette compétence d'action dans une certaine mesure disciplinaire essentielle : Challenges *in* Peacekeeping. Past, present and future, Seminar Report, International Peace Academy- Department of Peacekeeping Operations Unit, New York, 29 octobre 2002, pp. 3-4.

[88] Opérations de maintien de la paix des Nations Unies. Principes et orientations, *op.cit.*, p.87.

[89] « Les Nations Unies jouent leur crédibilité dans l'Est du Congo », *Le Monde*, 27 mars 2005.

réaction des Casques bleus conformément à leur mandat[90]. À la suite de ces évènements, une commission d'enquête onusienne fût envoyée sur place et en vertu de la résolution 1565(2004), le Conseil de sécurité décide une nouvelle reconfiguration de la MONUC avec un mandat ferme et le remplacement de certains hauts responsables civils et militaires de la mission. Au niveau de la direction opérationnelle : une division de force est créée au sein de la MONUC et s'installe à l'Est. Elle est placée sous le commandement de P. Cammaert[91]. D'ailleurs, les enseignements tirés de cette crise ont servi à la rédaction de la directive sur le commandement et le contrôle des opérations de maintien de la paix des Nations Unies[92].

Du 4 au 5 novembre 2008 à Kiwanja, 150 civils sont massacrés par le CNDP à 3 km de la base de la MONUC[93]. Le rapport du Bureau conjoint aux droits de l'homme de la MONUC conclu à un manque de communication entre la population et les Casques bleus alors qu'on était devant un cas d'inaction fautive de la force de maintien de la paix. Le rapport considère que les Casques bleus n'auraient pas été mis au courant des événements à temps. Suite à ce défaut de protection, la Section des affaires civiles (CAS) de la MONUC décide la création de nouveaux outils de protection pour améliorer la communication avec la population. Elle déploie ses équipes de protection et des bases opérationnelles mobiles (MOB) et les bases opérationnelles transitoire (TOB) dans les zones à risque.

---

[90] Le contingent uruguayen de 600 Casques bleus présents dans la ville de Bukavu et ses environs proches ont estimé que la menace représentée par 4000 miliciens était trop importante pour envisager une confrontation militaire ; Opération Artémis : The Lessons of the Interim Emergency multinational Force, *op.cit.*, pp.8-9 ; J-C. William, Les «*faiseurs de paix au Congo*». *Gestion d'une crise internationale dans un État sous tutelle, op.cit.*, pp. 101-103. ; Les lacunes et les risques qui sont attachés à la MONUC en termes d'échecs dans l'accomplissement de sa mission de protection des populations étaient déjà dénoncés par l'ancien secrétaire général adjoint aux opérations de maintien de la paix Jean-Marie GUEHENNO, dès le début du déploiement de la MONUC : cité *in* G. GLUME, « La responsabilité de protéger. Une réalité croissante, sous condition *», Guide du maintien de la paix* 2006, 2005, pp.130-131. La MONUC, pour assurer une meilleur communication et collaboration avec les populations locales dans les zones en conflit a fini par développer depuis 2009 des mécanismes d'alerte et de renseignement par la diffusion des numéros de téléphones des bases des Casques bleus auprès des populations, la présence constante de traducteurs en vue d'intervention rapide, équipes conjointes d'intervention, multiplication des patrouilles diurnes et nocturnes dans les zones reculées ainsi que les jours de marché : Échos de la MONUSCO, n° 2, 11 août 2010, pp. 6-7.

[91] S/RES/1565 (2004), 1er octobre 2004, §§ 2 - 4

[92] X. ZEEBROEK, « protection des populations et opérations robustes en République Démocratique du Congo », *Note d'analyse du GRIP,* 4 novembre 2008, p.6., J-M. GUEHENNO, « Le maintien de la paix robuste, obtenir un consensus politique et renforcer la structure de commandement et de contrôle » *in* Jocelyn Coulon, Alexandra Novosseloff (dir), *La paix par la force ? Pour une approche réaliste du maintien de la paix « robuste »*, Athèna Editions 2011, p. 125 ; Rapport du Secrétaire général sur les pratiques de référence dans le domaine du maintien de la paix, A/62/593, 18 décembre 2007, §38

[93] Rapport de Human Rights Watch, « Massacres à Kiwanja : l'incapacité des Nations Unies à protéger les civils », Décembre 2008.

Le 4 avril 2010, les insurgés Enyele attaquent la ville de Mbandaka, capitale provinciale de l'Équateur. Lors de leur passage, ils tuent et violent les civils se trouvant en proximité de la base des Casques bleus de la MONUC. Constatant l'inaction des Casques bleus, le porte-parole du gouvernement congolais accuse les Casques bleus «*de non-assistance à personne à danger*»[94]. Face à ces accusations, les Nations Unies ouvrent une enquête interne qui établit que le commandant de zone avait commis une faute de service en ne mettant pas en œuvre le mandat et les ordres onusiens relatifs à la mission de paix. La mise en œuvre de cette procédure s'est révélée particulièrement intéressante et novatrice en ce sens qu'elle a permis de relever un commandant d'opération et d'infliger des sanctions disciplinaires prévues dans les règlements des forces armées nationales. Cette procédure consistant à sanctionner le commandant fautif peut permettre d'encadrer l'autonomie d'interprétation de commandement national des contingents. Cependant, il implique une collaboration entre les États membres permanents du Conseil de sécurité et les ECT tendant à clarifier les critères réalistes en matière de faisabilité du mandat, des capacités et de résultats qui constituent des conditions permettant de distinguer une omission fautive d'agir ou celle résultant de la force majeure[95].

En 2014, faute d'avoir protégé les civils sous leur contrôle, le responsable de la MONUSCO en RDC a dû s'excuser publiquement de la passivité des Casques bleus lors du massacre de la population de Mutarule au Sud-Kivu alors même que la protection des civils est érigée en priorité absolue de la Mission[96]. Si le bilan de cette procédure de contrôle interne reste encore mitigé, elle ouvre des perspectives encourageantes dans la responsabilisation de commandement dans les opérations de paix[97]. Chaque fois, l'ONU se trouve dans une position particulièrement inconfortable entre faire preuve de sévérité pour dissuader des potentiels indisciplinés et faire pression sur les pays d'origine des contingents pour qu'ils traduisent en justice leurs ressortissants qui ont failli ou ayant trempé dans la commission de certaines infractions dans l'exercice ou/et en dehors de leur mandat. Cette hypothèse rend prévisible le refus par ces pays de contribuer à la poursuite d'autres missions. Dans la pratique, ce mécanisme interne bien qu'encourageant présente une limite intrinsèque. Son déclenchement est tributaire des résultats des enquêtes internes menées par les Nations Unies, lesquelles détermineront si le commandant de zone en cause a commis ou non une faute de service en décidant de ne pas intervenir et de ne pas exécuter le plan

---

[94] « République Démocratique du Congo : la MONUC rejette les accusations d'un responsable congolais », Centre d'actualités des Nations Unies, Dépêche du 4 avril 2010.

[95] O. THIELEN, *Le recours à la force dans les opérations de maintien de la paix contemporaines, op.cit.*, p.93.

[96] T. VIRCOULON, « Le maintien de la paix, version ONU : radiographie d'une impuissance », *JeuneAfrique.com*, le 10 octobre 2017, p.2.

[97] A. NOVOSSELOFF et P. SARTRE, « La pratique de l'usage de la force, Réflexions sur un maintien de la paix robuste », *in* Jocelyn COULON, Alexandra NOVOSSELOFF, *La paix par la force ? Pour une approche réaliste du maintien de la paix robuste, op.cit.*, pp.142-143

d'opération ou les ordres des missions. La pratique onusienne en la matière montre aussi que les rapports du Secrétaire général des Nations Unies et des commissions d'enquête internes admettent d'une manière générale difficilement le caractère fautif d'une omission d'agir. Les Nations Unies limitent les hypothèses qui appellent une application effective de ce mécanisme rendant son application ponctuelle et de surcroît facultative à l'exception de quelques exemples précités[98]. Et même dans les situations pour lesquelles les Nations Unies admettent des dysfonctionnements dans l'exercice des missions dévolues aux Casques bleus, elles ne tirent pas les conséquences juridiques qui en découlent en termes de responsabilité. La nature de la Mission et les conditions dans lesquelles, les Casques bleus conduisent les opérations fournissent aux Nations Unies une circonstance favorable à masquer leur éventuelle responsabilité[99]. Les enquêtes étant menées par ses propres services et on peut légitimement s'interroger sur la crédibilité d'une situation infractionnelle dans laquelle l'employeur est en même temps juge, procureur et enquêteur. La nature de la mission assure aux Casques bleus (mission de paix) des privilèges et immunités que les instances onusiennes n'oseront porter atteinte au point de se priver de l'un de ses moyens d'actions les plus visibles.

---

[98] Le rapport préliminaire de la mission d'enquête du bureau conjoint des Nations Unies aux droits de l'homme sur les viol massif et autres violations des droits de l'homme commis par une coalition de groupes armés sur l'axe Kibua-Mpofi, en territoire de Walikale, province du Nord-Kivu du 30 juillet au 2 août 2010, publié le 24 septembre 2010, constate le manque de réaction des Casques bleus déployés face aux premières informations relatives aux massacres en cours obtenues depuis le 30 juillet 2010, dû « à certaines contraintes opérationnelles qui ont limité sa capacité d'intervention et la prompte collecte d'information », sans toutefois en tirer aucune conséquence en termes de manquement éventuel dans la réalisation de la mission : §§ 34-38 et « conclusions et recommandations ». 19 villages situés au Nord-Est de Shabunda auraient été attaqués durant les 3 premières semaines d'août 2010 et 214 viols commis par les FDLR sans que le Bureau conjoint des Nations Unies aux droits de l'homme pour la RDC ait pu enquêter sur toutes ces allégations en raison de l'extrême insécurité dans la zone : Échos de la MONUSCO, n° 4, 30 septembre 2010, p.3.

[99] J-M. SOREL, « La responsabilité des Nations Unies dans les opérations de maintien de la paix », *International Law, forum du droit international*, volume 3, No 2, June 2001, p.132.

Conclusion du chapitre V

Le recours à la force par les Casques bleus de la MONUSCO constitue un moyen et non une fin pour la Charte des Nations Unies : le maintien de la paix qu'il convient de dissocier de son imposition. Il traduit une portée avant tout fonctionnelle et évolutive de sorte que dans son rapport avec la protection des civils et la défense du mandat, sa pratique demeure tributaire de la volonté des décideurs et des exécutants de son autorisation. Dès lors que les considérations juridiques et les contraintes politiques guident le cadre d'intervention des Casques bleus dans l'exécution du mandat, il convient de concilier le rapport de force autorisée par le Conseil de sécurité à celui de la paix recherchée par le droit à travers sa mise en œuvre. Cette perception permet de garantir aux victimes des conflits armés ainsi qu'aux Casques bleus déployés sur le terrain pour rétablir la paix et protéger les civils que leurs droits respectifs en tant que droit naturel au sens de l'article 51 de la Charte des Nations Unies demeure assurés et protégés. Toutefois, la pratique des opérations robustes démontre que le recours à la force fondé sur le chapitre VII bien que poursuivant un but légitime tel qu'il est consacré dès l'article 1er de la Charte des Nations Unies, n'est pas à l'abri des dérives dans l'exercice de sa mise en œuvre. Indépendamment des avancées structurelles et conceptuelles dont il traduit dans la pratique contemporaine des opérations de maintien de la paix robuste, le volontarisme étatique demeure le principal levier du système onusien relatif au maintien de la paix et que le renforcement hypothétique du caractère coercitif des opérations de maintien de la paix par des déploiements additionnels des contingents et de nouvelles résolutions constitue pour le Conseil de sécurité en vertu du chapitre VII de la Charte des Nations Unies un enjeu stratégique plus que politique et juridique. La dimension consensuelle du recours à la force reste confortée par le respect d'une double exigence : celle d'inscrire sous le chapitre VII l'autonomisation du régime juridique des opérations robustes dans un cadre institutionnel défini par la Charte des Nations Unies en matière de recours à la force flexible et de laisser le choix de son usage conjointement aux États et au Conseil de sécurité dans le respect du droit.

CHAPITRE VI :

La normalisation du recours à la force dans une opération de maintien de la paix

Le concept de maintien de la paix robuste ou l'approche robuste du maintien de la paix en RDC procède de la volonté des Nations Unies et de certains États engagés dans les opérations de maintien de la paix d'apporter des réponses concrètes à des flambées des violences récurrentes dans la partie Est de la RDC[1]. Ainsi, le recours à la force constitue une des modalités d'adapter le mandat onusien à son environnement opérationnel[2]. Le recours à la force résulte de l'incapacité de la MONUC à protéger efficacement les civils et le mandat[3]. Des recours ponctuels à la force et limités dans la zone de déploiement des Casques bleus ont été enregistrés mais pas de succès. Cependant, sa normalisation a été consacrée par la résolution 2098(2013) et dont la trajectoire reste fondée sur le chapitre VII. Cette résolution autorise la Brigade d'intervention de la MONUSCO à faire usage de la force offensive pour neutraliser les groupes armés. Par cette résolution, le Conseil de sécurité va placer le chapitre VII au centre du mécanisme coercitif de la MONUC/MONUSCO en autorisant la mission de recourir à la force contre les forces hostiles à la paix de façon unilatérale et parfois indépendamment des FARDC. Cependant, la simple invocation du chapitre VII ne saura déterminer la dimension coercitive de la Mission. Celle-ci est fonction des termes du mandat, des règles d'engagement tout en faisant abstraction du consentement des parties[4]. Elle inclut également la

---

[1] X. ZEBROECK, « RDC : un premier pas vers une doctrine des opérations robustes », *Studia diplomatica*, Bruxelles, *GRIP*, 2008, pp.1-4

[2] T. TARDY, « Quel maintien de la paix « robuste », pour quel maintien de la paix efficace ? Vers une approche réaliste de la robustesse », *op.cit.*, p. 22

[3] A. RAINAUD, « Réflexion sur l'usage de la force, le droit et les opérations de maintien de la paix », paru dans PIE, Perspectives, Variations, Réflexion sur l'usage de la force, le droit et les opérations de maintien de la paix, mis en ligne le 21 juillet 2005, URL : http://revel.unice.fr/pie/index.html?id=41.

[4] L. PIERRY, « Du chapitre VI au chapitre VII : vers des OMP plus robustes ? », *in* K. Bannelier et C.Pison (dir), *Le recours à la Force autorisé par le Conseil de sécurité*, éd. Pedone, 2014, p.101.

volonté des destinataires de cette résolution de pouvoir l'appliquer. Le bilan contrasté du mandat robuste en RDC relève de ce manque de volonté politique des Etats , destinataires de la résolution à appliquer la lettre et l'esprit de la résolution au mandat robuste. Désormais, la pratique du Conseil de sécurité, dissocie l'invocation de ce chapitre du fondement juridique des opérations de maintien de la paix comme support total ou partiel du mandat[5]. Au-delà du bien-fondé juridique de son action, l'invocation du Chapitre VII dans le conflit armé en RDC constitue un moyen pour le Conseil de sécurité de souligner son engagement politique ferme et de rappeler aux parties, ainsi qu'à l'ensemble des États membres des Nations Unies, la responsabilité qui leur incombe de donner suite à ses résolutions[6]. Le mandat ferme donné à une opération de paix ne change pas sa nature consensuelle et le consentement de toutes les parties représentatives impliquées au conflit[7]. Il permet d'améliorer l'efficacité de la Mission de paix par la contrainte militaire qu'elle impose aux contrevenants des résolutions du Conseil de sécurité en vue du maintien de la paix et de la stabilité nationale et régionale.

SECTION 1.
Le développement des méthodologies d'encadrement de l'usage de la force dans la conduite opérationnelle de paix

Les Nations Unies ont affiché une certaine indifférence à l'établissement des règles pouvant encadrer les opérations de maintien de la paix dans lesquelles, l'usage de la force est autorisé. Ces opérations militaires sont considérées comme ne pouvant être menées par les Casques bleus. Ces derniers n'ont pas vocation à faire la guerre et que leurs forces ne sont pas chargées, ni à participer aux hostilités, ni à imposer la paix aux parties en conflit, encore moins des forces

---

[5]. *Ibid.*

[6]. Étude d'ensemble de toute la question des opérations de maintien de la paix sous tous leurs aspects, Rapport du Secrétaire général, UN doc. À/62/627 du 28 décembre 2007, § 74. ; F. JORAM, « Le cadre juridique des opérations militaires de l'Union européenne. L'exemple de l'opération Artémis en République Démocratique du Congo », *Doctrine*, n° 4, septembre 2004, pp.50-52. ; M. KAMTO, « Le cadre juridique des opérations de maintien de la paix des Nations Unies », *Forum du droit international*, n° 3, 2001, p.101 ; A. NOVOSSELOFF, « *Le* chapitre VII, le recours à la force et le maintien de la paix », *Guide du maintien de la paix* 2008, 2007, p.92 ; S. SUR, « Leçons de terrain », *in opérations des Nations Unies. Leçons de terrain, journées de la fondation pour les études de défense,* 16-17 juin 1995, Paris, la documentation française, 1995, p.385 ; E. LAGRANGE, *les opérations de maintien de la paix et le chapitre VII de la Charte des Nations Unies*, Paris, Montchrestien -CEDIN -Paris XIII, Coll. Perspectives internationales n° 16, 1999, p.10 ; A. FLEISCHHAUER CARL, « Le Secrétaire général des Nations unies : sa position et son rôle », *Pouvoirs*, 2/2004, n° 109, pp.75-87 ; Étude d'ensemble de toute la question des opérations de maintien de la paix sous tous leurs aspects, Rapport du Secrétaire général, UN doc. À/62/627 du 28 décembre 2007, § 74.

[7] Rapport du Secrétaire général sur la mise en œuvre du rapport du Groupe d'étude sur les opérations de paix de l'Organisation des Nations Unies, A/55/502 du 21 octobre 2000, §7 (e).

combattantes qui visent à neutraliser un ennemi identifié et ciblé[8]. Pour toutes ces raisons, elles étaient exclues du champ de l'application des droits des conflits armés[9]. Les contraintes juridiques mais également politiques qui entourent le champ de bataille sont devenues de plus en plus pesantes et contradictoires pour les participants aux opérations militaires dans le cadre de maintien de la paix. Pour opérer, les contraintes politiques, militaires et juridiques liées aux opérations de maintien de la paix, les règles d'engagement et certains principes structurant les conflits armés permettent d'encadrer le recours à la force.

§1. L'apport des règles d'engagement au concept de légitime défense dans le cadre du recours à la force

La problématique de la détermination des règles pouvant encadrer l'usage de la force dans une OMP s'est longtemps appesantie à la justification du droit de légitime défense qui peut être personnelle et fonctionnelle ainsi qu'à la reconnaissance par les Nations Unies que leurs forces respectent l'esprit et les principes des Conventions de Genève[10]. À ce titre, les instances onusiennes n'ont jamais fixé ni les conditions, ni les circonstances d'ouverture du feu, ni les règles à respecter, reléguant la détermination de toutes ces questions aux États contributeurs des troupes[11]. Les règles d'engagement ou des règles de conduite opérationnelle permettent au commandement militaire d'indiquer les limites de l'usage de la force à leurs subordonnés. Dans la détermination des cibles, les règles d'engagement permettent d'évaluer les dommages collatéraux et invitent les forces combattantes à épargner au maximum les civils lors qu'ils attaquent. Cette évaluation s'inscrit dans le cadre et le respect des principes de précaution lors de l'attaque et celui de la proportionnalité de la force à utiliser.

A. Les règles d'engagement dans la pratique des Nations Unies

En vue de clarifier et de déterminer les règles qui pourraient ou devraient encadrer l'usage de la force et de la contrainte militaire armée ou non, létale ou non par les Casques bleus, il convient de saisir la portée de cette notion « *règles d'engagement* ». Par règles d'engagement, on entend « *l'ensemble des directives établies par l'état-major ou une autorité militaire désignée, avalisées par l'autorité politique et adressées aux forces engagées dans une opération*

[8] A. RAINAUD, « Réflexion sur l'usage de la force, le droit et les opérations de maintien de la paix, Perspectives internationales et européennes », *op.cit.*, p.9.

[9] J-M. THOUVENIN, « Le statut juridique des forces de maintien de la paix des Nations Unies », *International Law Forum du droit international*, volume 3, N° 2, juin 2001, pp.105-113. ; J-M. SOREL, « La responsabilité des Nations Unies dans les opérations de maintien de la paix », *International Law Forum du droit international,* volume 3, N° 2, June 2001, pp.127-138.

[10] O. THIELEN, *Le recours à la force dans les opérations de maintien de la paix contemporaines, op.cit.* p.99.

[11] *Ibidem*

extérieure déterminée»[12]. Ces règles définissent les circonstances, les conditions, le type d'armes, le degré et la manière de pouvoir ou non faire usage de la force ou effectuer des actions considérées comme hostiles y compris l'usage de la force armée ou toute mesure conduisant à restreindre les libertés individuelles notamment les mesures de contrôle des foules et de rétention opérationnelle extrajudiciaire. Ces règles traduisent les conditions et circonstances opérationnelles auxquelles l'emploi de la force est soumis. Celles-ci doivent répondre à une volonté politique d'emploi maitrisé et opportun des forces armées ; respecter la légalité nationale et internationale ; garantir une liberté d'action suffisante pour permettre à la fois l'accomplissement de la mission et la sauvegarde de la force[13].

Autrement dit, les règles d'engagement sont des règles de conduite opérationnelle militaire. Elles peuvent préciser le positionnement géographique des forces comme le passage de frontière, garantissent la conformité de l'usage de la force au mandat tel qu'il a été décidé par le Conseil de sécurité en référence au droit international humanitaire. Sur le terrain des opérations, ces règles sont modulables en fonction des composantes, des unités ou du niveau de violence. Elles permettent de fixer la limite de la force autorisée en termes des moyens et d'intensité[14]. Ces règles déterminent les types d'armes utilisables par les Casques bleus dans la conduite opérationnelle. Dans le cadre de la MONUC, l'évolution du cadre juridique du recours à la force s'est traduite par la quantité et la qualité de l'armement offensif autorisé aux Casques bleus, ce qui ne préjuge pas de leur mise à disposition effective par les États. Les Casques bleus de la MONUC ont été autorisés à utiliser des armements offensifs et inoffensifs notamment(rés.2098) : les armes légères remplacées par des armes d'appui, des mitrailleuses, des mortiers légers, des véhicules blindés de transport de troupes et d'hélicoptère d'attaques, des jeeps voire des armes antichars[15]. Dans cet ordre, la MONUC dispose de 350 blindés, 8 hélicoptères d'attaque et de 3 unités de forces spéciales[16]. S'agissant de la protection des civils contre les groupes armés

---

[12] O. THIELEN, *Le recours à la force dans les opérations de maintien de la paix contemporaines, op.cit.*, p.55. ; F. MARTINEAU, «Les règles d'engagement en 10 questions», *Doctrine*, 4 septembre 2004, p.18., C.Pison, « Outils et méthodes opérationnels d'encadrement de l'usage de la force », in K. Bannelier et C.Pison (dir), *Le recours à la Force autorisé par le Conseil de sécurité*, éd. Pedone, 2014, p.174.

[13] O. THIELEN, *Le recours à la force dans les opérations de maintien de la paix contemporaines, op.cit*. p.55.

[14] « Directives issued by competent military authority that delineate the circumstances and limitations under which United States forces will initiate and/or continue combat engagement with other forces encountered », definition du Dictionary of military and associated terms, Department of Defense, Joint Publication 1-02, 8 novembre 2010, amendé le 15 mai 2011.

[15]Neuvième rapport du Secrétaire général sur la Mission de l'organisation des Nations Unies en République Démocratique du Congo, S/2001/970 du 16 octobre 2001, § 80.

[16]Intervention du Général Babacar GAYE- Commandant de la MONUC, puis de la MONUSCO d'avril 2005 à juillet 2010, dans le cadre du séminaire portant sur les opérations de paix sur le continent africain : état des lieux, enjeux et perspectives, organisé le 7 juin 2010 à Addis-Abeba par

irréguliers par la MONUC, les règles d'engagement précisent que : « *Des actions offensives peuvent être menées par les Casques bleus, sous réserve que ces groupes fassent montre d'une intention hostile persistante et manifeste contre les populations civiles et qu'il n'y ait pas des civils dans la zone d'opération militaire prévue* »[17].

B. Les règles d'engagement, stratégie militaire et opérationnelle

Les contraintes juridiques et politiques qui entourent le champ de bataille pèsent sur les Casques bleus. Parfois contradictoires, les règles d'engagement sont nécessaires pour opérer une synthèse des contraintes juridiques, politiques et militaires entre les contingents issus de culture militaire différente. Par cet habillage, les règles d'engagement permettent aux commandements militaires d'exprimer les limites de l'usage de la force à leurs subordonnés. En cas de menace imminente contre les civils, les règles d'engagement prescrivent aux Casques bleus de mener des actions offensives tout en s'assurant que les civils se trouvant dans la zone soient moins affectés. Classées confidentielles même après la fin de la mission, les règles d'engagement constituent des documents sensibles contenant la stratégie militaire et le niveau de tolérance des soldats avant l'ouverture du feu. Elles relèvent du secret des opérations et ne doivent pas être publiées en aucun moment et dans aucune circonstance. Elles assurent la sécurité des forces déployées sur le terrain et de ce fait, constituent une stratégie militaire. Elles demeurent classifiées et sont, en général inaccessibles au public[18]. Pour les soldats sur le théâtre des opérations, les règles d'engagement sont obligatoires lorsqu'elles prohibent une action qui produit des effets nuisibles à l'image de la mission et dommageables pour la protection des civils. Ainsi, le code de conduite militaire/ distribué aux Casques bleus de la MONUSCO, les invitant à n'est plus fréquenter les bars, les lieux de plaisir en tenue des Casques bleus participe à préserver l'image de la mission de paix et des Nations Unies. Ces règles d'engagement sont facultatives et optionnelles lorsqu'elles autorisent une action. Ces règles peuvent préciser le positionnement géographique des forces comme autoriser le passage d'une frontière ou non, ou encore le type

---

l'Union africaine, la Représentation internationale de la Francophonie, le Réseau francophone de recherche sur les opérations de paix et l'Université de Montréal ; Voir aussi O. THIELEN, *Le recours à la force dans les opérations de maintien de la paix contemporaines, op.cit.* p.63. Neuvième rapport du Secrétaire général sur la mission des Nations Unies en République Démocratique du Congo, S/2001/970, 16 octobre 2001, §80.

[17] P. CAMMAERT, « Learning to Use Force on the Hoof in Peacekeeping. Reflections on the Experience of MONUC's Eastern Division », *op. cit.*, pp.6-7.

[18] B. JANSSENS, « Les règles d'engagement pendant les opérations des Nations Unies en Somalie », *RDMDG*, 1996, p.209. ; MONUSCO, « Rules of Engagement for the Military Component of MONUSCO », 5 Novembre 2010 (Document interne confidentiel, non-accessible au public) ; N. DI RAZZA, *La protection des civils par les opérations de maintien de la paix, op.cit.*, p.150. MONUSCO, « Aide-Mémoire », *in Rules of Engagement for the military component of MONUSCO*, 2010

d'armement utilisable. Contrairement à une certaine opinion, les règles d'engagement ne sont pas des documents juridiques, ni dans leur forme, ni dans leur contenu. Formellement, elles n'ont pas de valeur législative dans la mesure où leur production ne correspond pas aux règles établissant une loi. Il s'agit d'un ordre à appliquer en tant que tel. Son contenu est mixte regroupant des contraintes politiques, militaires et juridiques qui pèsent sur la campagne[19].

§2. Le condensé des principes de droit des conflits armés applicables aux agents de maintien de la paix

D'une manière générale, les règles d'engagement ont une dimension strictement opérationnelle. Elles déterminent le comment de l'usage de la force. Si elles peuvent prohiber une action ou un comportement autorisé par le droit des conflits armés, elles ne peuvent pas autoriser une action proscrite par le droit international humanitaire. Elles visent à rationaliser les opérations conduites par les forces de maintien de la paix. Cependant, elles font aussi souvent l'objet des critiques pour être trop restrictives et constituent de ce fait un obstacle à l'imminence de l'action des Casques bleus justifiée par l'urgence et la nécessité. Les contingents sur le terrain reprochent aux règles d'engagement de ne pas être standardisées et d'être sans cesse réadaptées aux situations. Les règles d'engagement interdisent l'usage de la force létale pour protéger les installations de l'ONU à condition que les groupes armés occupent lesdites installations et se servent d'elles pour lancer des offensives mettant en danger les Casques bleus et les populations civiles. Ainsi, les règles d'engagement évoluent suivant la situation et les objectifs fixés sur le terrain. Elles tiennent compte du degré de la violence sur le théâtre d'opération et par conséquent, sont à la fois fonctionnelles et évolutives. Dans la mise en œuvre optimale du mandat, les règles d'engagement se préservent de certains principes fondamentaux.

A. Le principe de la compatibilité descendante dans les opérations militaires

Par compatibilité descendante, on entend l'impossibilité aux subordonnés d'élargir de leur propre initiative les règles d'engagement ou d'engager une quelconque action sans autorisation préalable de la hiérarchie. Par cet habillage, les règles d'engagement permettent au commandement militaire d'exprimer les limites de l'usage de la force à ses subordonnés. Dans le cadre du recours à la force par la MONUSCO, le soldat de la paix devra consulter d'abord son supérieur si le temps et le lieu le permettent avant toute action. Toutefois, si l'imminence de l'action hostile menace la sécurité des Casques bleus et les civils,

[19] C.PISON, « Outils et méthodes opérationnels d'encadrement de l'usage de la force », in K. Bannellier et C. Pison (dir), *Le recours à la force autorisé par le Conseil de sécurité*, éd. Pedone, 2014, pp.173-174.

cette disposition ne sera pas d'application. La force étant le dernier recours dans la conduite opérationnelle, il est demandé à la composante militaire de la MONUC/MONUSCO de privilégier la prévention et la dissuasion pour éviter l'escalade de la violence. Dans le dispositif opérationnel de la mission de paix, les règles d'engagement instituent la procédure de sommation avant tout usage de la force. Cependant, cette disposition intègre des potentielles contraintes pour une mise en œuvre efficace. En face d'une activité hostile, l'usage de la force doit aussi respecter une certaine gradation qui passe par la négociation verbale, la démonstration visuelle de l'intention d'utiliser la force, le chargement des armes et des patrouilles sur des chars, des coups de feu de sommation, tout cela peut produire un effet visuel et audible plus dissuasif avant tout emploi de la force armée proprement dit[20]. Dans les opérations extérieures, les règles d'engagement permettent aux Casques bleus de remplir des missions de police ou du maintien de l'ordre public. Dans le cadre de contrôle des foules, il est recommandé l'usage des moyens non létaux comme des gaz lacrymogènes ou des balles en caoutchouc. Les règles d'engagement permettent de contrôler l'emploi de la force aux différents échelons de commandement en fonction des limitations imposées par des impératifs politiques, militaires et juridiques prédéterminés.

Le principe de proportionnalité implique l'évaluation des moyens engagés par rapport à l'objectif poursuivi autrement dit, le commandement opérationnel devra établir la différence entre les objectifs militaires, les biens et les personnes civiles à protéger avant d'autoriser une action militaire sur une zone opérationnelle donnée. Le Conseil de sécurité peut, dans certaines circonstances, changer les termes de mandat qu'il s'est lui-même donné et donc changer fondamentalement ce qui est considéré comme proportionnel. Tant que le Conseil ne l'a pas modifié et qu'un cadre juridique n'a été tracé dans une résolution, celui-ci lie les États contributeurs des troupes en termes de mise en œuvre. Dans la zone opérationnelle, cette notion de proportionnalité s'apprécie par rapport aux choix des cibles en fonction de leur degré d'implication dans le fait illicite[21].La délégation aux États de recourir à tous les moyens nécessaires afin de protéger les civils traduit en quelque sorte une adéquation dans la mise en œuvre du mandat qui est assez proche de la proportionnalité du *jus ad bellum*[22]. Il est difficile que les États mettant en œuvre le mandat autorisé par le

---

[20] Les seules règles d'engagement onusiennes partiellement publiées sont ainsi celles de la MONUC. Elles ont été récemment modifiées sans que leur contenu nouveau soit accessible. Voir X. ZEEBROEK, M. MENIER, P. SEBAHARA, « Mission des Nations Unies en RDC, Bilan d'une décennie du maintien de la paix et perspectives », *op.cit.,* p.40.

[21] C. PISON, « Outils et méthodes opérationnels d'encadrement de l'usage de la force », *in* K. BANNELIER et C. PISON (Dir), *Le recours à la Force autorisé par le Conseil de sécurité*, éd. A. PEDONE, Paris 2014, p.175.

[22] F. MEGRET, « La pente glissante de l'Usage de la force par le Conseil de sécurité : Quelles contraintes au niveau du jus ad bellum ? » *in* Karine BANNELIER et Cyrille PISON (Dir), *Le recours à la Force autorisé par le Conseil de sécurité*, Ed. A. Pedone, Paris 2014, p. 165.

Conseil de sécurité engagent des moyens disproportionnés au but recherché, sans fragiliser grandement la légalité de leur action. Dans ce cadre, la Mission devra éviter de frapper n'importe quelle cible plus au moins liée à l'effort militaire mais uniquement les cibles impliquées dans l'action illicite justifiant le recours licite à la force. Dans la pratique récente, certaines situations où l'emploi de la force par la MONUC/MONUSCO a été considéré comme excessif ont été notées[23].

B. L'affirmation du principe de proportionnalité et de précaution dans l'attaque pour l'exécution du mandat de la MONUC/MONUSCO

Le principe de précaution implique l'exigence de la proportionnalité de l'attaque[24]. Prévu par l'article 57 du Protocole additionnel 1 aux conventions de Genève, le principe de proportionnalité a été repris par le Secrétaire général des Nations Unies dans sa circulaire relative au respect du droit international humanitaire par les forces des Nations Unies en ces termes : *« La force des Nations Unies prend toutes les précautions pour éviter et, en tout cas, pour réduire au minimum les pertes en vies humaines dans la population civile et les dommages aux biens civils qui pourraient être causés incidemment »*[25]. Il s'agit pour les personnes en position de commandement de faire la différence entre les objectifs militaires d'une part et les biens et personnes civiles d'autre part. Lorsque l'objectif militaire est identifié, son traitement doit procurer un avantage militaire concret et quantifiable et dont la neutralisation est supérieure à une simple destruction des biens ou des décès des civils. En 2005, les enquêtes des Nations Unies ont conclu à un usage excessif de la force par les militaires de la MONUC, appartenant au contingent du Bangladesh qui avaient adopté à l'égard de certains détenus qui tentaient d'échapper à leur contrôle[26]. Le 2 mars 2005, les troupes de la MONUC ont été attaquées alors qu'elles étaient en patrouille et conduisaient une opération définie par les Nations Unies *« de bouclage et de ratissage »* visant à démanteler le poste de commandement des miliciens du Front Nationaliste Intégrationniste (FNI) qui terrorisaient les populations dans la région d'Ituri. Au cours de cette opération, deux soldats pakistanais ont été blessés contre 50 à 60 miliciens tués[27]. Si le principe de proportionnalité invite le militaire à comparer l'avantage militaire qu'il prévoit à l'issue d'une action militaire à la perte de biens des civils et de non-combattants, le nombre des

---

[23] Ibid. p. 164.

[24]Selon F. Martineau : *« les règles opérationnelles d'engagement sont basées sur l'idée d'une gradation de la violence, mettant en œuvre le principe de proportionnalité du droit des conflits armés. Seule la force minimale et nécessaire à l'obtention de l'objectif doit être utilisée. »*

[25] ST/SGB/1999/13, Respect du droit international humanitaire, article 5§ 3.

[26] L. PINESCHI, « L'emploi de la force dans les opérations de maintien de la paix des Nations Unies, Conditions et limites juridiques », *in* Jocelyn COULON, Alexandra NOVOSSELOFF (dir), *La paix par la force ? Pour une approche réaliste du maintien de la paix robuste, op.cit.*, p.173 ; *UN DAILY News*, 11 juin 2007, p.4.

[27] Dix-septième rapport du Secrétaire général des Nations Unies en République Démocratique du Congo, S/2005/167 du 15 mars 2005, §§11-19.

miliciens tués au cours de cette opération est sans conteste très élevé pour justifier un usage disproportionné de la force. Dans l'arrêt sur les *Activités armées sur le territoire du Congo,* la CIJ avait exprimé un certain scepticisme à l'idée selon laquelle « *la capture par l'Ouganda des villes et aéroports de la République Démocratique du Congo à plusieurs centaines de kilomètres de la frontière n'était pas une manière proportionnelle de répondre à une série d'attaques transfrontalières pour justifier le droit à la légitime défense* »[28].

La question de proportionnalité pourrait encore se poser dans le cadre de la résolution 2098 (2013) autorisant les Casques bleus à neutraliser les groupes armés. A partir de combien des rebelles tués ou des miliciens neutralisés ou capturés peut-on juger proportionnel l'action de la Brigade d'intervention de la MONUSCO ? Ainsi, le Conseil de sécurité et les États agissant sous commandement onusien doivent proscrire des attaques indifférenciées aux cibles dirigées contre les civils. Cette volonté de rationaliser et de simplifier les règles d'engagements entourant l'emploi de la force se trouvent également dans le cadre de cible à viser. Il s'agit pour les commandants des opérations de faire la différence entre les objectifs militaires d'une part, les biens et les personnes civiles d'autre part. Dès lors qu'un objectif militaire est identifié, son traitement doit apporter un avantage concret, direct, quantifiable et dont la neutralisation des groupes armés ciblés devra être supérieure à la destruction des biens ou au nombre des décès des civils. Toutefois, le principe de proportionnalité n'exclut pas les contraintes inhérentes à tout emploi de la force dans une opération de maintien de la paix. Cependant, la distinction entre les objectifs civils et militaires constitue une exigence absolue à tous les commandants des opérations. Il oblige les parties à faire tout ce qui est pratiquement possible en vérifiant les informations à utiliser pour éviter des dommages inconsidérés en choisissant au mieux la méthode d'attaque[29]. Afin de répondre à une volonté politique consistant à éviter des abus dans le cadre des règles d'engagement, certaines exigences s'avèrent nécessaires pour encadrer l'usage de la force dans les opérations de paix. Ces exigences constituent des limites et contraintes à l'application des règles d'engagement par les Casques bleus.

[28] C.I.J, *Affaire des activités armées sur le territoire du Congo (République Démocratique du Congo c. Ouganda), op.cit.,* p. 223, §147.

[29] C. PISON, « Outils et méthodes opérationnels d'encadrement de l'usage de la force », *in* K. BANNELIER et C. PISON (dir), *Le recours à la Force autorisé par le Conseil de sécurité*, éd. A. pedonne, Paris, 2014, pp. 174-175.

SECTION 2.
Les limites et évolutions des principes gouvernant le recours à la force

Ces principes qui sont inspirés du droit des conflits armés, sont appliqués au sein des règles d'engagement en temps de paix qu'en temps de guerre[30]. Le recours à la force est soumis au respect de certaines restrictions qui constituent en principe ses limites. Il s'agit de la compatibilité descendante, du principe de nécessité qui implique qu'il ne doit y avoir de moyens alternatifs à l'emploi de la force parce que tous les moyens de persuasion pacifique ont échoué. Cette notion de nécessité implique également l'obligation d'un avertissement préalable chaque fois que c'est possible. Le principe de proportionnalité renvoie à l'idée selon laquelle l'emploi de la force sera réduit au minimum, étroitement rapporté à la menace à affronter et il ne doit se prolonger au-delà des limites strictement nécessaires pour atteindre l'objectif donné. et le respect des obligations découlant des normes pour la protection des droits de l'homme et du droit international humanitaire en cas de participation active des forces des Nations Unies à des combats[31]. Bien que critiqués, ces principes jouent un rôle positif dans les conflits modernes sur les questions relatives à la protection des non-combattants mais également à la célérité de la prise de décision.

§1. Les contraintes propres au Jus ad Bellum

Les règles d'engagement sont une synthèse entre les contraintes politiques, militaires et juridiques qui pèsent sur les opérations. L'usage de la force est une mesure de dernier recours, lorsque toutes les initiatives pacifiques pour contraindre les parties à respecter leurs engagements n'ont pas été concluantes. Toutefois, son usage reste largement encadré par le droit pour limiter l'escalade. Au niveau opérationnel, le *Jus ad bellum* manifeste une contrainte plus forte que

---

[30] Le protocole additionnel I précisément à ses articles 51§8, 56§7 et 57 concernant les obligations des belligérants de prendre des mesures de précaution pour épargner les populations civiles et leurs biens. L'article 57 donne les détails de cette obligation : les belligérants doivent vérifier que l'objectif visé est bien un objectif militaire ; doivent choisir les armes et méthodes qui risquent de causer le moins de dommages collatéraux aux civils ; ils doivent également interrompre toute attaque qui viserait un objectif non militaire ou causerait aux civils des dommages excessifs par rapport à l'avantage militaire attendu ; ils doivent avertir la population civile de toute attache ou opération qui peut l'affecter, dans la mesure du possible ; pour un même résultat stratégique, ils doivent choisir l'attaque la moins dangereuse et la moins coûteuse pour les civils.

[31] L. PINESCHI, « L'emploi de la force dans les opérations de maintien de la paix des Nations Unies, Conditions et limites juridiques », *in* Jocelyn COULON, Alexandra NOVOSSELOFF (dir), *La paix par la force ? Pour une approche réaliste du maintien de la paix robuste, op.cit.*, pp.171-172 ; Circulaire du Secrétaire général. Respect du droit international humanitaire par les forces des Nations Unies, UN doc. ST/SGB/1999/13 du 6 août 1999, article premier.

celle de *Jus in bello*. Bien que les principes de nécessité et de proportionnalité réservent des significations distinctes au sens du *Jus ad bellum* qu'au niveau du *Jus in bello*, ils se superposent et se renforcent en partie. En effet, les résolutions du Conseil de sécurité autorisent les Casques bleus à utiliser tous les moyens nécessaires. Cependant, le Conseil ne définit pas l'expression « *tous les moyens nécessaires* »[32]. De cette expression, on peut déduire l'usage de la force armée ou non, mais le Conseil de sécurité n'attend pas non plus autoriser la force de manière illimitée et que l'usage de la force autorisée ne transforme pas automatiquement l'OMP en une opération d'imposition de la paix. Cette pratique du Conseil de sécurité implique son rôle au moins résiduel pour le *Jus ad bellum.*

A. La prise en compte des limites liées à l'usage de la force

L'emploi de la force n'est autorisé que pour l'achèvement de certains objectifs prédéfinis. En 2013, l'emploi de la force contre les rebelles du M23 avait pour but de réduire la menace que ce groupe représentait contre la population civile, dans la région et la contraindre à une solution politique du conflit. Ainsi, l'application des règles d'engagement doit être raisonnable, adapté à la fois sur le plan quantitatif que qualitatif à la réalisation de l'objectif visé autrement dit, entre plusieurs moyens susceptibles de réaliser un but précis, il faut choisir celui qui est le moins préjudiciable aux intérêts des civils que le mandat devra protéger. Dans cette perspective, la violation des principes de nécessité, de proportionnalité et des obligations découlant de la protection des droits de l'homme et droit international humanitaire par les Casques bleus devrait conduire à la constatation d'un usage excessif de la force. Dans cet ordre, la mort de 50 à 60 miliciens du Front Nationaliste Intégrationniste contre la mort de 2 Casques bleus lors d'une opération militaire définie « *de bouclage et ratissage* » menée le 2 mars 2005 en Ituri par les Casques bleus pourrait intégrer le registre de la disproportion de la force onusienne[33].

Dans le cadre de recours à la force, les Casques bleus doivent accorder une attention particulière pour la protection de la vie humaine et doivent s'imposer une limite vigoureuse au recours à la force meurtrière. Il en est ainsi lorsque le recours à l'emploi de la force vise à protéger des contingents des Nations Unies

---

[32] L. SICILIANOS, « Sanctions institutionnelles et contre-mesures : tendances récentes », *in* PICCHIO FORLATI, SICILIANOS (dir), *Les sanctions économiques en droit international*, Leiden/Boston, 2004, p.27 : (...) On sait que l'expression' tous les moyens nécessaires' devenue presque rituelle dans la pratique récente du Conseil est destinée principalement à permettre l'emploi de la force militaire. Étant donné, cependant, le caractère englobant de la formule en question, rien n'empêche les États de prendre d'autres mesures (...) avant ou parallèlement au recours à la force. En effet, qui peut le plus, peut également le moins. L'expression tous les moyens nécessaires laisse aux États une marge d'appréciation, voir un pouvoir quasi discrétionnaire quant à la nature, au contenu et à l'étendu des mesures à prendre, et quant aux modalités et au moment du déclenchement de leur réaction.

[33] « Les soldats de l'Organisation des Nations Unies affrontent les miliciens en Ituri », *Le Monde*, 4 mars 2005.

ou assurer la sécurité des militaires dans les opérations y compris lorsque les populations civiles se trouvent à proximité des champs de bataille. L'exigence de la proportionnalité de l'acte exige que les militaires engagés dans les OMP quel que soit la nature du mandat traditionnel ou robuste ne puisse justifier a priori le sacrifice des vies innocentes. Il semble inadmissible que des circonstances exceptionnelles telles que l'apparition soudaine des tensions avec la population locale puissent légitimer l'adoption des mesures plus sévères pour mieux protéger le personnel des OMP en sacrifiant la vie des civils. En 2022, à la frontière de Kasindi entre l'Ouganda et la RDC, les nombreux incidents impliquant les Casques bleus et la colère populaire ont conduit les forces de la paix à ouvrir le feu tuant des civils congolais. Face à ces incidents répétés, Kinshasa décide de réévaluer le calendrier de départ de la force onusienne. À ce sujet, le Secrétaire général de l'ONU invite le Conseil de sécurité à adopter une résolution précisant les critères d'après lesquels le recours à la force armée aurait pu être autorisé dans l'exercice de la responsabilité de protéger[34] :

Ainsi, pour légitimer le recours à la force, il est nécessaire d'évaluer les critères de gravité de la menace, lesquels peuvent déterminer des mesures alternatives au recours à la force. L'émergence des résolutions autorisant le recours à la force pour exécuter le mandat montre une grande prudence du Conseil de sécurité quant à la définition des circonstances où la force peut être déployée pour protéger les civils en danger. On peut parler de véritables clauses de limitation parce que l'action d'une opération de paix est subordonnée au respect de trois conditions précitées. La force ne peut être utilisée que dans la mesure où les capacités de l'opération de maintien de la paix les permettent et dans les zones de déploiement de leurs unités et sans préjudice de la responsabilité du Gouvernement local[35]. Le recours à la force ne pourra être envisagé que lorsque toutes les voies alternatives à la force sont épuisées. Les indications du Conseil de sécurité constituent à ce sujet, le cadre et les circonstances d'intervention de la force de maintien de la paix et par conséquent ses limites. S'agissant de l'opération dans laquelle l'usage de la force armée est autorisé comme la MONUSCO, les règles d'emploi de la force doivent traduire la volonté politique qui a conduit à son autorisation et respecter la légalité nationale et internationale[36]. L'autorisation de l'usage de la force aux Casques bleus résultant de la résolution 2098(2013) pour exécuter le mandat n'est pas automatique. Depuis son déploiement, le mandat de la MONUSCO, bien que reposant sur le chapitre VII de la Charte, avait privilégié les moyens alternatifs à

[34] D. BARBARA, « L'introduction de la notion de responsabilité de protéger dans les autorisations données par le Conseil de sécurité : enjeux politiques et paradoxes », *in* K.Bannelier et C.Pison (dir), *Le recours à la Force autorisé par le Conseil de sécurité*, éd. Pedone, 2014, p.57.

[35] S/RES/1493 (2003), §25 ; S/RES/1291 (2000), 24 février 2000, §8.

[36]Directive interarmées sur l'usage de la force en opération militaire se déroulant à l'extérieur du territoire français, les règles d'engagement, les règles de comportement, PIA n° 05.203, n° 806/DEF/EMA/EMP.NP, p.3.

l'usage de la force pour limiter les dommages collatéraux et l'escalade de la violence.

B. Les limites de l'usage de la force imposées par le droit

À côté des limites propres à l'emploi de la force se greffe d'autres limites imposées par le droit. Pour une conduite opérationnelle optimale, l'ensemble des principes qui dirigent le recours à la force doit être connu par le commandement militaire. La formation des combattants doit intégrer les limites imposées par le droit international mais également insister sur le champ des possibles. C'est à ce titre que le commandement militaire sera capable de faire la synthèse et de prendre une décision pertinente en faisant appel à l'évaluation personnelle de la situation tout en recourant aux principes développés sans pouvoir en être esclave[37]. La prise en compte du droit des conflits armés par des matrices d'engagement quoique confortables pour un militaire n'ayant pas reçu des formations juridiques poussées, n'est pas suffisant. La référence au droit international humanitaire semble nécessaire et non des règles d'engagement qui simplifient le droit existant tout en incluant d'autres critères notamment politiques et militaires. Toutefois, ces principes peuvent revêtir d'autres applications pour les militaires eux-mêmes. Pour assurer une interopérabilité, il est important de proscrire des méthodes communes aux armées coalisées, afin de recommander une standardisation nécessaire à un fonctionnement cohérent d'une alliance militaire. Toute la difficulté réside dans la prise en compte de chaque particularisme des Etats sur la question du droit international humanitaire. Pour C. Pison, il convient de repenser ces méthodes pour prendre en compte des cas particuliers. Ce qui peut passer soit par une complexification à outrance, soit simplement par la responsabilisation du commandement militaire. En dernier ressort, la décision finale repose sur les épaules du commandeur dont la responsabilité principale est d'appliquer et de faire appliquer le droit des conflits armés. Il convient de noter qu'il existe une sorte de superposition ou de renfort potentiel des droits dans un conflit armé. En matière de *Jus in bello,* lorsque les conditions d'existence d'un conflit armé sont réunies, toutes les cibles combattantes sont considérées licites. Dans ce cadre, les forces de paix qui mettent en œuvre l'usage de la force ne violent pas le droit de la guerre et les combattants ne commettent pas de crime de guerre dès lorsqu'ils prennent pour cible les belligérants. En revanche, en matière de *Jus ad bellum*, l'exigence de traçabilité des cibles à la violation de la paix, fondement du recours à la force est susceptible de diminuer le champ des cibles légitimes. En cas de légitime défense, la contrainte semble vague et que toute opération engagée

---

[37] C. PISON, « Outils et méthodes opérationnels d'encadrement de l'usage de la force », *in* K. Bannelier et C. Pison (dir), *Le recours à la Force autorisé par le Conseil de sécurité*, éd. A. pedonne, Paris, 2014, pp.180-181.

contre l'État agresseur qui vise à diminuer son potentiel militaire serait couverte par le *Jus ad bellum*[38].

En raison des règles d'engagement strictes, la MONUC/MONUSCO a estimé que la confrontation militaire avec les rebelles en pleine ville de Goma pouvait provoquer beaucoup de dommages pour la population civile. Sur ce, elle a renoncé à intervenir militairement pour empêcher la chute de la ville aux mains des rebelles. Dans ce contexte, l'usage de la force armée dans le mandat de la MONUSCO apparaît une possibilité, eu égard à l'évaluation de dommage faite par la mission plutôt qu'une obligation à laquelle l'opération devrait se soumettre. Son usage reste encadré par des principes notamment de nécessité et de proportionnalité et des règles d'engagement stricts d'où sa pratique incrémentale et restrictive.

§2. Les modalités d'intégration des règles d'engagement dans la conduite des opérations militaires

Le Conseil de sécurité autorise le recours à la force par les Casques bleus en tant que moyen d'action dissuasive mais son application sur le terrain devra s'accommoder aussi avec les dispositions nationales des États contributeurs des troupes. Les règles d'engagement consistent à limiter le niveau des hostilités, à réduire les risques d'escalade de la violence, des tirs fratricides et de dommages collatéraux en déterminant les conditions d'ouverture de feu et d'identification des cibles[39]. À ce titre, elles garantissent les conditions d'utilisation de la force ainsi que l'armement autorisé tel qu'il a été décidé par le Conseil de sécurité. Les règles d'engagement doivent être conformes au droit international humanitaire et à l'accord sur le statut de la force signé entre les Nations Unies et l'État hôte (Accord de siège).

A. La modélisation des règles d'engagement dans les opérations onusiennes de paix

En général, les règles d'engagement sont soumises aux exigences structurant le droit des conflits armés notamment le principe de discrimination, de nécessité et de proportionnalité ainsi que le respect du droit international des droits de l'homme[40]. Notons cependant, que les règles d'engagement peuvent proscrire

[38] F. MEGRET, « La pente glissante de l'usage de la force par le Conseil de sécurité : quelles contraintes au niveau du jus ad bellum ? », in K. Bannelier et C. Pison (dir), *Le recours à la Force autorisé par le Conseil de sécurité*, éd. A. pedonne, Paris, 2014, p.167.

[39] O. THIELEN, *Recours à la force dans les opérations de maintien de la paix contemporaines*, *op.cit.*, p.57

[40] C. GOSSIAUX, « Les règles d'engagement, norme juridique nouvelle ? », *in Société internationale de droit militaire et de droit de la guerre,* Journée d'étude du 4 mai 2001, pp.5-6 ; A. GUELLALI, « Lex specialis, droit international humanitaire et droits de l'homme : leur interaction dans les nouveaux conflits armés », *R.G.D.I.P.*, 2007, pp. 539-573.

certaines actions ou comportements autorisés par les droits des conflits armés en termes d'armement utilisé mais elles ne peuvent pas déroger au comportement ou acte prohibé par le droit international humanitaire. En 2008, le DOMP a rendu public cette évolution dans le cadre de la MONUC en ces termes : *« L'usage proactif et offensif de la force est désormais autorisé dans le but de dissuader et contraindre les parties au conflit au respect de leurs engagements, une fois que les moyens pacifiques de négociation ont tous échoué sous réserve que cet usage soit calibré, précis, proportionnel et approprié »*[41].

Les règles d'engagement élaborées par le DOMP ne se trouvent pas dans une relation de subordination ou de stricte conformité hiérarchique avec le mandat décidé par le Conseil de sécurité. Celui-ci n'intervient ni dans leur élaboration, ni dans leur validation[42]. Autrement dit, les règles d'engagement sont indifférentes de la nature du mandat et des décisions du Conseil de sécurité. Il peut seulement prier le Secrétaire général de mettre en conformité les plans d'opérations et les règles d'engagement avec le mandat qui a été déterminé sans qu'il n'existe aucune obligation juridique. Dans le cadre national, les règles d'engagement sont perçues comme des ordres militaires[43]. Cependant, elles comportent un double risque intrinsèque, d'une part une trop grande complexité car fruit des différentes cultures militaires et d'autre part, une certaine automaticité de leurs applications dans les opérations. Toutefois, leur intégration dans la conduite opérationnelle prend en compte les avis des États contributeurs des troupes. Ainsi, les négociations politiques entre l'Organisation et les États contributeurs participent à la détermination des règles d'engagement qui seront applicables à toutes les forces de maintien de la paix. Elles n'ont pas de portée générale car la procédure d'adoption est particulière à chaque opération. Elles deviennent plus complexes en fonction des intérêts politiques et des limites des conceptions par les contributeurs s'agissant de l'usage de la force par la Mission. La pratique onusienne en matière d'adoption des règles d'engagement ne s'oppose pas à ce que les États contributeurs introduisent des caveats[44] c'est-à-dire des dispositions par lesquelles, les États déclarent ne pas être liés par une partie des règles opérationnelles d'engagement (ROE), en raison des contradictions avec leur droit interne d'où la nécessité d'appliquer le catalogue onusien des règles d'engagement en raison de la clarification et de la

---

[41] Opérations de maintien de la paix des Nations Unies. Principes et orientation, *op.cit.* pp.38-39.

[42] O. THIELEN, *Le recours à la force dans les opérations de maintien de la paix contemporaines, op.cit.*, p.57.

[43] C. GOSSIAUX, « Les règles d'engagement, norme juridique nouvelle ? », *op.cit.*, p. 165.

[44] Les caveats peuvent restreindre la possibilité du contingent de conduire des opérations dans certaines zones géographiques sur la base de considérations de sécurité ou pour des raisons logistiques. D'autres caveats sont liées au recours à la force, certaines règles applicables à la force internationales pouvant violer des dispositions du droit pénal national. Il est conseillé aux commandants de la force de catégoriser les caveats, en les divisant entre ceux qui peuvent réellement poser des problèmes, ceux qui pourraient poser un nombre de problèmes limités et ceux qui ne posent pas de problèmes dans la conduite des opérations.

standardisation qu'il opère dans le cadre du recours à la force et à la contrainte militaire. L'adoption des ROE est préalablement précédée d'une rédaction par le DOMP des Nations Unies, d'un projet de règles d'engagement en fonction de la résolution du Conseil de sécurité ou de l'Assemblée générale établissant la force de maintien de la paix. Cette trame est soumise aux États participants et au commandement de l'opération[45]. L'adoption de caveat par les États contributeurs des troupes (ECT) dans une opération de maintien de la paix comme la MONUC permet d'éviter les oppositions entre les règles d'engagement nationales et onusiennes et assurer une bonne interopérabilité des forces sur le terrain. L'adaptation des règles d'engagement onusiennes aux dispositions nationales participent à la standardisation, indispensable au fonctionnement cohérent et harmonieux de toute alliance militaire.

B. L'adaptation des règles d'engagement aux dispositions nationales des États contributeurs des troupes

La pratique des caveats dans les règles d'engagement onusiennes permet d'éviter les oppositions entre les règles d'engagement décidées par les Nations Unies et les dispositions nationales des pays contributeurs des troupes. Dans l'hypothèse où un État contributeur aurait adhéré à une convention de droit humanitaire par laquelle les Nations Unies ne s'estiment pas liées, l'État contributeur qui observe les règles d'engagement onusiennes, violerait ses obligations internationales et s'il respecterait ces dernières, il violerait le droit interne onusien[46]. L'introduction des caveats, loin de paralyser l'action onusienne, risque de constituer une barrière majeure à l'action des forces onusiennes sur le terrain opérationnel. Ils visent à restreindre l'emploi de la force dans certaines circonstances ou de prohiber la participation de leur contingent à certains types d'opérations d'où la nécessité de les adapter aux règles onusiennes en raison de leur caractère universel[47]. Dans le cadre de la MONUC, l'Uruguay et le Maroc avaient par exemple signé avec les Nations Unies un Memorandum of Under standing (MOU) empêchant leurs troupes de participer aux aspects les plus robustes du mandat de la MONUC, et à toutes les provisions liées au chapitre VII et à l'usage de la force. Cette pratique de caveat, tout en rendant

---

[45] Selon B. HENNEAUX, le commandant de la force établit les règles d'engagement dans le système onusien en fonction de la résolution, du mandat de la force et des plannings guidelines émises par l'ONU. Ce projet de règles d'engagement serait alors soumis au Secrétaire général.

[46] A. CRUCIANI, « Applicable Law in Peace Support Operations », dans S. Manacorda, A. Nieto, Criminal Law between War and Peace. Justice and Cooperation ..., *op. cit.* p. 185. L'auteur donne l'exemple d'un État ayant ratifié le protocole additionnel I, qui aurait l'obligation d'accorder aux membres d'un mouvement de libération nationale le statut de prisonniers de guerre (article 44 du protocole I), disposition à laquelle les règles d'engagement onusiennes pourraient ne pas renvoyer. Il en est de même pour l'application de la Convention sur l'interdiction des armes chimiques pour laquelle tous les fabricants de ces engins ne se trouvent pas liés.

[47] O. THIELEN, *Le recours à la force dans les opérations de maintien de la paix contemporaine*, *op.cit*, p.59.

compatible les règles d'engagement, renvoie aux limites à la fois de l'intégration opérationnelle, organique et disciplinaire du commandement des forces de maintien de la paix que de l'interopérabilité de leurs contingents[48]. Elle traduit la faculté des États contributeurs d'interférer dans la conduite des opérations militaires et de pouvoir restreindre l'emploi de la force par leurs contingents. L'objectif final étant que ces dernières soient « adaptables et réversibles » comme l'affirme J.E. Perrin[49]. Du fait que les règles d'engagement soient au croisement entre le juridique, le politique et le militaire, elles sont représentées comme des objets juridiques non identifiés c'est-à-dire qu'elles sont considérées comme des objets « *introuvables* », voire « *rejetés* »[50]. Un document interne de la MONUC souligne : *« La force d'un mandat ou la robustesse des règles d'engagement dépendent d'une part de la volonté de les appliquer et d'autre part des ressources disponibles en hommes et en matériel »*[51].

La plupart d'organisations régionales ou internationales à dimension militaire dispose chacune de son propre catalogue des règles d'engagement. Ainsi, dans la conduite opérationnelle se trouve coexister plusieurs documents qui ont un même objet mais pas nécessairement le même contenu. Cette diversité des documents résulte d'une divergence d'appréhension sur l'usage de la force armée ou non dans les objectifs stratégiques, politiques, militaires et opérationnels. Ces divergences peuvent être d'ordre terminologique et définitionnel et poser de réels problèmes liés à leur interopérabilité[52].Une autre difficulté liée à l'application des règles d'engagement pourra résulter de leur compatibilité avec les dispositions constitutionnelles et législatives de certains États qui prohibent toute action militaire autre que celles strictement défensives[53]. Les États conservent ainsi le droit de garantir que les règles

---

[48] *Ibid*

[49] J-E. PERRIN, « Les règles d'engagement opérationnelles », *op. cit.*, p.43. Dans ce but, afin de permettre la réversibilité des ROE, une ROE peut être formulée par le commandant de la force sur le terrain. Cette demande remonte à l'autorité militaire. Un dialogue permanent s'établit ainsi entre le commandement de l'opération, l'autorité militaire et l'autorité politique, permettant d'adapter et donc de légitimer l'action.

[50] A. BROUARD, G. TISSERON, « Les règles d'engagement, un objet juridique ? », *Revue de la défense nationale*, n° 5, 2010 p.35.

[51]Problèmes et opportunités identifiés dans le cadre des opérations de paix menées par l'Organisation des Nations Unies, Inter office Memorandum, MONUC/FCOS, 11 novembre 2006.

[52] O. THIELEN, *Le recours à la force dans les opérations de maintien de la paix contemporaines*, *op.cit*, pp.58-59

[53]Les Constitutions de certains États sont trop rigoureuses quant aux règles de participation de ces derniers dans les opérations de maintien de la paix. Pour plus de détails, voir D.E. KHAN et M. ZOCKLER, « Germans to the front ? Or le malade imaginaire », *EJIL*, 1992, pp. 163-177, T. LOHMANN, « German Participation in International Peacekeeping : Now Free of Constitutional Contraints ? », *International Peacekeeping*, juin-août 1994, pp. 78-80 ; C. TOMUSCHAT, « les opérations des troupes allemandes à l'extérieur du territoire allemand », *AFDI*, 1993, pp. 451-467. Pour les problématiques constitutionnelles liées à la participation du Japon aux opérations de maintien de la paix, voir B. ELBEN, « Legal Problems Regarding Participation of Japanese Forces *in* Peacekeeping missions », *International Peacekeeping*, février-mai 1996, pp. 63-65 ; Y. OTANI,

d'engagement communes soient conformes à leur législation nationale, à leur loi fondamentale, à leurs obligations internationales spécifiques[54].

Cette conformité peut s'opérer aussi dans le cadre de la politique extérieure de l'État relative à son engagement et à sa participation aux opérations de maintien de la paix[55]. Il ressort de l'analyse que l'efficacité de la conduite d'une opération de maintien de la paix dans laquelle les Casques bleus font usage de la force pour exécuter leur mandat dépend des règles d'engagement. Celles-ci servent à limiter les dommages découlant des opérations militaires et assurer une bonne conduite des opérations tout en les souscrivant dans le cadre du respect du DIH et des principes fondamentaux qui leurs sont applicables. L'autorisation d'user de la force et de la contrainte armée en tant que moyen d'exécution du mandat reste fluctuante dans sa mise en œuvre. Elle est dépendante des interprétations des mandats par les instances onusiennes, les États contributeurs ainsi que les contingents déployés sur le terrain. Ces interprétations divergentes ont des répercutions dans l'exécution du mandat par le commandement des opérations sur le terrain. Une interprétation unifiée du mandat et applicable à tous les contingents en dehors des législations nationales apparaît nécessaire dans le cadre idéal d'une action visant à exécuter la mission décidée par le Conseil de sécurité. Tout ceci traduit les multiples contraintes juridiques et institutionnelles internes aux Nations Unies, lesquelles peuvent affecter le mandat des opérations quel que soit leur nature robuste ou non.

« Les problèmes juridiques posés par la participation du Japon à des opérations conduites par les Nations Unies, notamment de maintien de la paix », *AFDI*, 1993, pp. 468-479.

[54] L'exemple le plus marquant dans cette hypothèse demeure une convention prohibant l'usage d'un certain type d'armement alors que les règles d'engagement autorisent ou n'interdisent pas.

[55] La Chine s'avère très restrictive quant aux règles d'engagement onusiennes et n'autorise ses Casques bleus à user de la force qu'en cas de légitime défense, cette perception de la Chine est liée à sa vision des interventions onusiennes et sa réticence à l'égard de l'immixtion des Nations Unies dans le règlement des conflits et des crises qu'elle considère comme relevant des affaires souveraines des États.

Conclusion du chapitre VI

La pratique du Conseil de sécurité, tendant à autoriser la mise en œuvre de « *tous les moyens ou mesures nécessaires* » pour exécuter le mandat, a connu une évolution importante avec l'avènement de la Brigade d'intervention de la MONUSCO au mandat offensif. Cette pratique renvoie bien que de manière non automatique à l'autorisation de l'usage de la force et de la contrainte militaires de manière offensive et proactive lorsque les circonstances l'exigent. La rés.2098 (2013) du Conseil de sécurité, autorisant les Casques bleus à faire usage de la force offensive pour neutraliser les groupes armés a consacré explicitement une sorte de normalisation du recours à la force dans les OMP. Ce développement résulte de différentes pressions des ONG, des acteurs sur le terrain et du RSSGNU qui s'opposent à la présence dissuasive des Casques bleus devant l'évolution dramatique du conflit. La question de la sécurité des civils et des Casques bleus est devenue un nouveau paramètre pris en compte par le Conseil de sécurité. À ce sujet, l'application du DIH par les Casques bleus s'est enrichie d'une nouvelle obligation : la responsabilité pour le commandement militaire de protéger ses hommes au combat. Cette posture combattante leur permet également de prévenir, voire de mettre fin aux violations massives des droits de l'homme et du droit international humanitaire en cours. L'analyse du mandat et des règles d'engagement permettent de considérer que dorénavant, le recours à la force armée constitue un moyen de contrainte militaire dans l'exécution du mandat dont les Casques bleus peuvent se prévaloir indépendamment d'une attaque ou d'une menace physique imminente. Cette évolution traduit le nouveau repositionnement des Nations Unies dans la gestion des crises et des conflits ainsi que l'adaptation des principes de maintien de la paix au contexte de leur déploiement. Cependant, l'examen des modalités de l'autorisation d'user de la force armée révèle que les instances onusiennes conservent toujours l'approche empirique du système des OMP. Elles n'ont pas encore réussi à pallier les contraintes institutionnelles et juridiques internes à l'Organisation, les limites de l'intégration, l'autorité du commandement onusien et la nature fondamentalement décentralisée d'interprétation des résolutions. Toutes ces contraintes influent négativement sur l'efficacité de ces opérations robustes.

Elles impactent l'action onusienne, relativisent son efficacité et portent atteinte à la crédibilité même des Nations Unies lorsque la paix continue toujours à être recherchée en RDC. La résurgence des groupes armés et l'insécurité permanente même dans les zones sous contrôle de la MONUSCO marquent la radiographie de son impuissance et traduisent une robustesse fictive, voire aléatoire au point que les dirigeants congolais exigent le retrait accéléré de la Mission.

Conclusion du titre III

Les opérations de maintien de la paix contemporaines présentent désormais une dimension coercitive, rendant plus probable une participation, même ponctuelle des Casques bleus aux hostilités. L'application effective du droit international humanitaire aux Opérations de Maintien de la Paix, d'abord conditionnée à la nature impartiale et objective du mandat délivré par l'ONU, devient explicite avec la participation des soldats de la paix dans les opérations militaires à l'appui des forces armées nationales de l'État hôte de la Mission (FARDC). Loin de constituer une partie au conflit *stricto sensu*, la participation aux hostilités vise à contraindre les belligérants au respect de leurs engagements en vue d'une solution politique. Bien que liés par les règles et les principes du droit international humanitaire, les Casques bleus peuvent attenter à ces mêmes règles qu'ils sont censés protéger et promouvoir, d'où la nécessité d'encadrer plus efficacement leur conduite opérationnelle par un organe déterminé, complétant le pouvoir de contrôle du Conseil de sécurité en la matière. L'usage offensif de la force armée par la Brigade d'intervention de la MONUSCO constitue une immixtion dans le conflit congolais et une circonstance dans laquelle les Casques bleus se comporteraient en combattants. Les textes encadrant les OMP ne tranchent pas toujours l'épineuse question du statut des Casques bleus lors qu'ils participent activement aux hostilités. En réalité, les Nations Unies ne souhaitent pas voir leurs agents répondre devant les juridictions des violations de droit des conflits armés commises dans la conduite opérationnelle. L'appui militaire de l'ONU aux forces nationales de sécurité constitue un soutien pour protéger les civils à un moment donné du conflit et devient un nouveau partenariat développé pour appuyer le mandat robuste en RDC. Ce soutien onusien soulève des défis supplémentaires d'ordre juridique et politique pour les soldats de la paix et les acteurs humanitaires nécessitant des mesures d'encadrement à l'instar des opportunités qu'offrent la politique de diligence voulue en matière de droits de l'homme, la politique de conditionnalité du soutien de la MONUSCO et la mise en place d'une procédure de contrôle et de la régularité de la conduite militaire opérationnelle assurée par des instances indépendantes des Nations Unies.

L'insuffisance des réflexions en la matière est exacerbée par des objectifs et résultats inaboutis. Sur le terrain opérationnel, le pouvoir d'interprétation extensive et différenciée des résolutions du Conseil de sécurité, des conditions de déploiement de la force, des moyens disponibles et l'opportunité de sa mise en œuvre témoignent une stratégie de paix inappropriée et insatisfaite. Tout ceci implique la nécessité pour les Nations Unies d'adopter un corps des règles unifié ayant pour objet de déterminer et réglementer les circonstances de l'usage de la force pour la paix et par le droit.

TITRE IV :

Le cadre normatif de l'action des casques bleus dans les opérations militaires offensives

Le recours à la force pour la paix décidée par le Conseil de sécurité des Nations Unies n'emporte pas l'exclusivité de son action sans le respect aux droits. Du soldat de la paix au soldat du droit, la position des Nations Unies relative à l'applicabilité du droit international humanitaire aux forces de maintien de la paix reste fondamentalement liée à une double question : celle du statut des Casques bleus et celle, liée aux conséquences résultant de la pratique robuste des Casques bleus des Nations Unies dans le domaine du maintien de la paix(rés.2147). Dorénavant, les Nations Unies reconnaissent explicitement l'applicabilité du DIH aux Casques bleus mais ne les qualifient pas à des combattants[1]. La détermination de leur statut n'est toujours pas réglée dans la pratique actuelle des opérations robustes, ce qui fait persister une certaine ambiguïté lorsqu'ils participent directement aux hostilités, à l'instar de la Brigade d'intervention de la MONUSCO[2]. Certains textes qui encadrent ces opérations militaires des Casques bleus ne règlent que partiellement des questions relatives à la nature du comportement des agents de maintien de paix lorsqu'ils apportent un soutien militaire actif aux forces armées de l'État hôte contre les groupes armés, réfractaires au DDR ou menaçant la sécurité des civils ou des Casques bleus.

---

[1] Circulaire du Secrétaire général, Respect du droit international humanitaire par les forces des Nations Unies, doc. ONU ST/SGB/1999/13, 6 août 1999. ; O. THIELEN, *Le recours à la force dans les opérations de maintien de la paix contemporaines*, *op.cit.*, p.108.

[2] J.M. THOUVENIN, « Le statut juridique des forces de maintien de la paix des Nations Unies », *op.cit.,* p.110. ; M. FINAUD, « L'abus de la notion « combattant illégal » : une atteinte au droit international humanitaire », *R.G.D.I.P*, 2006, pp.861-889.

CHAPITRE VII :

La brigade d'intervention de la MONUSCO : partie au conflit ?

Désormais, l'emploi de la force armée par les Casques bleus dans les OMP dépasse le seul cas de la légitime défense. Il inclut la défense du mandat[1]. Cette évolution soulève une double question : celle relative à l'applicabilité du DIH aux Casques bleus sous commandement onusien et de la possibilité de qualifier les Casques bleus à des combattants[2]. Depuis son déploiement, le mandat de la MONUSCO s'est continuellement élargi, au point de créer une certaine confusion lorsque le Conseil de sécurité autorise les Casques bleus à neutraliser les groupes armés(rés.2047). En outre, certaines opérations robustes de la MONUSCO sont déployées sans que le consentement de toutes les parties au conflit soit entièrement acquis, mettant en danger le personnel onusien, les humanitaires et les civils[3]. Dans les préambules de ses résolutions, le Conseil de sécurité des Nations Unies réitère le respect du DIH par les parties en conflit. Ce respect est devenu un paramètre permettant de préserver la vie et la dignité de la personne humaine[4]. L'observance de ce droit transforme sans réserve les forces de maintien de la paix à des soldats du droit. La résolution 2098 (2013), autorise la Brigade d'intervention de la MONUSCO à « *neutraliser* » les groupes armés, ce qui implique une participation active aux hostilités, pouvant transformer du coup la force de la MONUSCO, en partie belligérante[5]. Cette configuration

---

[1] M. VOELCKEL, « Quelques aspects de la conduite des opérations de la paix », *AFDI*, 1993, p.69.

[2] M. BETTATI, « L'usage de la force par l'ONU », *Pouvoirs*, 2004/2, n° 109, pp. 111-123. ; C. EMANUELLI, *Les casques bleus : policiers ou combattants* ? Collection Bleue, Montréal, Wilson& Lafleur Itée, 1997, Préface.

[3] Rapport du Conseil des droits de l'homme des Nations Unies à Genève, 17 septembre 2017.

[4]La protection juridique internationale des droits de l'homme dans les conflits armés, Nations Unies, Droits de l'homme, New York et Genève, 2011.

[5] J-M.THOUVENIN, « Le statut juridique des forces de maintien de la paix des Nations Unies », *op.cit.*, p.111. ; « Conférence de presse sur la situation en République Démocratique du Congo », Centre d'actualité des Nations Unies, dépêche du 10 juillet 2009, voir aussi, « Nord-Kivu : la MONUC utilise la force contre les rebelles du CNDP », Centre d'actualité des Nations Unies,

permet de déterminer si les Nations Unies peuvent être titulaires des droits et des obligations et que ses forces peuvent participer activement à des situations comparables juridiquement à une opposition armée[6].

SECTION 1.
La soumission des Casques bleus au droit international humanitaire

Le DIH et le DIDH sont des vecteurs normatifs de protection des droits fondamentaux dont les Nations Unies s'engagent à assurer la promotion dans le cadre des opérations de maintien de paix. Ils offrent une série de protection à toutes les personnes[7]. Dans la conduite des opérations militaires, les Casques bleus sont chargés de protéger les droits fondamentaux des civils mais il arrive qu'ils deviennent aussi, auteurs des violations des droits qu'ils sont censés garantir[8]. En temps de paix, les droits de l'homme déterminent la licéité des actes du gouvernement à l'égard de ses citoyens alors qu'en temps de guerre, c'est le droit international humanitaire qui peut déterminer ce qui constitue une privation illicite à la vie[9]. La question de l'applicabilité des normes du DIH dans la conduite des opérations militaires s'est posée avec les forces de la MONUSCO, autorisées par la résolution 2098 (2013) à neutraliser les groupes armés opposés au DDR/DDRRR[10]. Cette participation aux opérations militaires implique l'applicabilité des règles du DIH vis-à-vis des tiers mais aussi à leur égard. Les Nations Unies considèrent que l'objet du DIH est d'encadrer la conduite des hostilités entre les belligérants. Cependant, reconnaître l'application de droits des conflits armés aux forces de maintien de la paix revient à admettre que celles-

Dépêche du 19 septembre 2008 ; « La MONUC envoie des patrouilles blindées pour faire cesser des combats au Nord-Kivu », Centre d'actualités des Nations Unies, Dépêche du 29 août 2008.,

[6] O. THIELEN, *Le recours à la force dans les opérations de maintien de la paix contemporaines*, *op.cit.*, p.102. ; CIJ, *La réparation des dommages subis au service des Nations Unies*, Avis consultatif, 11 avril 1949, Recueil 1949, pp.179-180.

[7] A. GUELLALI, « Lex specialis, Droit international humanitaire et droits de l'homme : leur interaction dans les nouveaux conflits armés », *R.G.D.I.P.,* 2007, pp.539-574

[8] Trois niveaux de commandement sont à distinguer dans le cadre d'une opération de paix : 1. La direction politique d'ensemble, qui est le fait du Conseil de sécurité ; 2. La direction exécutive et la supervision, relevant du Secrétaire général et le 3. Le commandement sur le terrain, qui est du ressort du chef de mission, du Représentant spécial du Secrétaire général des Nations Unies ou le commandant de la force. A/49/681, commandement et conduite des opérations de maintien de la paix des Nations Unies, 21 novembre 1994 ; Un document interne onusien inclus dans le manuel d'administration du personnel les principes qui leur sont applicables, ST/AI/1999/7, Instruction administrative. Consultants et vacataires, 25 août 2000.

[9] A. GUELLALI, « Lex specialis, Droit international humanitaire et droits de l'homme : leur interaction dans les nouveaux conflits armés », *op.cit.*, p.549., Charte des Nations Unies§3 du Préambule, article 1§ 3, article 55 et 56, article 76 c), article. 62 §§ 2-3 et 5 et article 68

[10] A. RYNIKER, « Respect du droit international humanitaire par les forces des Nations Unies – Quelques commentaires à propos de la Circulaire du Secrétaire général des Nations Unies du 6 août 1999 », *Revue internationale de la Croix Rouge,* 1999, p.795.

ci sont devenues des forces belligérantes et qu'elles peuvent être qualifiées des forces combattantes[11].

§1.L'incapacité des nations unies d'adhérer aux conventions du DIH confrontée à la pratique robuste du maintien de la paix

D'une manière générale, les Nations Unies n'ont jamais considéré les actions entreprises par les Casques bleus pour maintenir la paix comme constitutives d'actions militaires. Cette position a longtemps occulté toute réflexion visant à la clarification des mécanismes de conduite des opérations militaires par les Casques bleus et de leur statut au regard du DIH[12]. Cette réticence onusienne n'a pas favorisé la détermination des règles et principes encadrant la mise en œuvre de la légitime défense, ni les mécanismes de mise en œuvre possible des responsabilités des Nations Unies ou des États contributeurs des troupes liés aux opérations militaires[13]. Le Secrétaire général des Nations Unies a soulevé cette incompatibilité avec la personnalité juridique limitée de l'organisation[14]. Cette argumentation paraît discutable dans la mesure où le DIH s'applique en raison des circonstances de fait et non du sujet. Il s'agit d'une application *ratione materiae* plutôt que *ratione personae*[15]. La pratique évolutive du maintien de la paix par laquelle, les forces des Nations Unies participent aux opérations militaires (rés.2098) a fini par consacrer l'applicabilité du droit international humanitaire (DIH) aux opérations de maintien de la paix robustes.

---

[11] Pour refuser l'applicabilité du DIH aux Casques bleus, les Nations Unies ont évoqué deux arguments juridique et politique. D'ordre juridique, l'application du DIH est contraire à la Charte de l'ONU en ce sens qu'elle suppose que les Nations Unies participent aux hostilités militaires contre un ennemi identifié, qui peut être un État ou une entité non étatique, alors même que les opérations décidées en vertu du Chapitre VII sont considérées de police internationale. Elles visent à rétablir et à maintenir la paix et ne poursuivent pas un objectif national. Dans ce cas, admettre officiellement le statut de belligérant même de manière ponctuelle implique l'application de l'ensemble des règles et principes du droit des conflits armés et en premier lieu, celui de l'égalité des belligérants. Il est difficile d'admettre que les opérations qui visent à maintenir la paix soient assimilées à des conflits armés opposant des Etats et dont l'objectif reste de tuer l'ennemi, renverser ou déstabiliser le régime. Les Nations Unies déclarent qu'elles ne sont pas parties aux Conventions car elles ne sont un Etat et que bon nombre des dispositions de la Convention exige pour leur mise en œuvre un territoire et une législation propre, ce qu'elles n'ont pas ; Lire aussi C. EMANUELLI, « Les actions militaires de l'Organisation des Nations Unies et le droit international humanitaire », *op. cit.*, pp.51-62 ; R. KOLB, *Droit humanitaire et opérations de paix internationales*, *op. cit.*,pp. 65-94.

[12] J-M. THOUVENIN, « Le statut juridique des forces de maintien de la paix des Nations Unies », *op.cit.*, p.110.

[13] J-M. SOREL, « La responsabilité des Nations Unies dans les opérations de maintien de la paix », *op.cit.*, pp.133-134.

[14] Avis du Secrétaire général des Nations Unies, *Question de la possible adhésion des organisations intergouvernementales aux Conventions de Genève pour la protection des victimes de guerre*, 15 juin 1972, United Nations Juridical Yearbook, pp.153-154, §3.

[15] R. KOLB & S. VITE, *Le droit de l'occupation militaire*, *op.cit.*, p.100.

A. Le recours au formalisme, entrave à l'applicabilité du droit international humanitaire dans les opérations de maintien de la paix robustes

La réticence des Nations Unies à l'applicabilité du DIH aux opérations de maintien de la paix repose sur une double question : celle du statut des Casques bleus et des conséquences qui pourront découler de la reconnaissance du DIH. Les opposants à l'application du DIH aux forces de maintien de la paix estiment qu'elles ne peuvent pas être considérées comme parties au conflit au sens de la Convention de Genève de 1949. Il était allégué qu'étant donné la nature impartiale et objective du mandat donné par la communauté internationale pour la restauration de la paix et la sécurité internationale, les forces de maintien de la paix ne pouvaient être considérées comme belligérantes au titre du DIH[16]. Le droit des conflits armés a pour objet d'encadrer la conduite des hostilités entre belligérants et l'action des Nations Unies vise à maintenir la paix. Ainsi, reconnaitre cette applicabilité aux forces de maintien de la paix revient à admettre qu'elles sont des forces belligérantes dans un conflit au même titre que les parties traditionnelles en opposition armée, parfois depuis longtemps[17]. Cette position des Nations Unies est renforcée par la limitation de ses compétences. En outre, aucune disposition de la Charte des Nations Unies ne prévoit l'application du droit international humanitaire aux forces des Nations Unies mais uniquement aux seuls États[18]. Pour l'organisation, ces règles ne peuvent pas lui être directement opposables dans la mesure où elle n'est pas partie aux Conventions de Genève et qu'elle ne saurait être qualifiée de partie à un conflit au sens desdites Conventions. Certaines dispositions des conventions sont inapplicables et inadaptées à la nature de l'Organisation, notamment les dispositions portant sur l'existence d'un territoire et d'une législation propre. La position initiale des instances onusiennes à ce sujet consiste à présenter toujours les forces de maintien de la paix comme des forces neutres et impartiales vouées à une mission de paix. Cette impossibilité de qualifier la force de maintien de la paix de partie au conflit résulte également de l'article 43 du protocole I[19]. Cette disposition soulève deux problèmes relatifs à l'application des Conventions de Genève aux forces de maintien de la paix. Elle exige une conduite responsable des subordonnés, ce qui implique un régime de discipline interne qui consiste à assurer le respect des règles du DIH. Le régime disciplinaire du personnel militaire des forces de paix relève du commandement national donc de la seule

[16] J-M. THOUVENIN, « Le statut juridique des forces de maintien de la paix des Nations Unies », *op.cit.*, pp.108-112.

[17] O. THIELEN, *Le recours à la force dans les opérations de maintien de la paix contemporaines, op.cit.* p.108.

[18] P. BENVENUTI, « Le respect du droit international humanitaire par les forces des Nations Unies : La circulaire du secrétaire général », *R.G.D.I.P*, 2001, p.356.

[19] Expression employée à l'article 4 de la troisième Convention de Genève et à l'article 43 du Protocole I.

compétence de l'État d'envoi et non des Nations Unies. Le droit de participer directement aux hostilités est lié à la mission de l'État d'assurer la protection de sa souveraineté territoriale par l'action de ses agents. Or, les Nations Unies exercent une mission de maintien de la paix et non celle de protection de la souveraineté des parties en conflit[20]. Si les instances onusiennes ont hésité à reconnaître l'applicabilité du DIH aux forces déployées dans les opérations de paix évoquant les impossibilités d'ordre juridique, politique et pratique[21], certains contextes dans lesquels la force de maintien de la paix se trouve engagée ainsi que son degré de participation aux hostilités ont fait évoluer cette approche passant de sa relative occultation à sa reconnaissance explicite. Le Comité international de la Croix–Rouge a marqué cette opposabilité à l'endroit des Nations Unies en s'appuyant sur les actions de type militaire ainsi que le contrôle que l'Organisation tend à exercer à cette occasion[22]. L'argument tendant à restreindre l'application du DIH pour des questions formelles trouve ses limites dans les objectifs matériels que ces normes protègent.

En vertu de la résolution 2147 (2014), le Conseil de sécurité autorise la Brigade d'intervention de la MONUSCO à lancer des offensives armées seules ou en appui aux FARDC pour protéger les civils et neutraliser les groupes armés. Cette intervention de la BI implique la participation active aux hostilités des

[20] H. MEYROWITZ, *Le principe de l'égalité des belligérants devant le droit de la guerre*, Paris, Pedone, 1970, p. 184. ; Le Secrétaire général : « *Si (...) les troupes des Nations Unies étaient engagées dans une action défensive, après avoir été attaquées alors qu'elles soutenaient des positions occupées afin d'éviter le risque de guerre civile, cela ne voudrait pas dire, à mon avis, qu'elles deviendraient partie au conflit ; par contre, elles pourraient devenir parties à un tel conflit si les troupes prenaient l'initiative de se livrer à une attaque armée contre un groupe armé organisé au Congo* ». S/4752, Rapport du Secrétaire général concernant certaines mesures prises au sujet de la mise en œuvre de la résolution adoptée par le Secrétaire général le 21 février 1961, 24 février 1961.

[21] Les raisons ayant prévalu à l'inapplicabilité du DIH par les forces des Nations Unies sont : premièrement, les Conventions de Genève et leurs protocoles additionnels ne prévoient pas leur ratification par les Organisations internationales autrement dit ils ne sont destinés qu'aux États, Deuxièmement l'ONU refuse d'être qualifiée d'une partie au conflit ou à une puissance au sens de la Convention de Genève car son but demeure le maintien de la paix et non le changement de pouvoir ou d'un régime quelconque au profit d'une partie au conflit et troisièmement, la mise en œuvre par les Nations Unies de certaines dispositions présuppose une structure étatique, ce qu'elle n'est pas. ; A. RYNIKER, « Respect du droit international humanitaire par les forces des Nations Unies, quelques commentaires à propos de la Circulaire du Secrétaire général des Nations Unies le 6 août 1999 », *Revue internationale de la Croix -Rouge*, n° 836, 1999, p.795. ; Le droit international humanitaire ou droit des conflits armés ou *jus in bello* désigne un corpus juridique unique déterminant les droits et devoirs des belligérants et réglementant la conduite des hostilités. Ce DIH réglemente les effets de combats en visant à protéger l'ensemble des victimes de la guerre et leurs biens, qu'elles soient non-combattantes ou qu'elles aient été mises hors de combats. Le droit des conflits armés tend à limiter la violence qui caractérise les conflits armés ; K. OBRADOVIC, « Les règles du droit international humanitaire relatives à la conduite des hostilités en période de conflits armés non internationaux », *Yearbook of International Institute of humanatarium Law*, 1989-1990, p. 101.

[22] Position du Comité international de la Croix-Rouge lors de la 47e session de l'Assemblée générale des Nations Unies, le 13 novembre 1992.

forces de maintien de la paix dans le strict respect du DIH. Ce qui entraîne *ipso facto* la capacité subjective des Nations Unies à être destinataires des normes du droit international humanitaire[23]. C'est dans le cadre de la participation des forces des Nations Unies aux hostilités que l'obligation de respecter le DIH se trouve opposable à l'organisation internationale. Cette obligation existe vis-à-vis de l'ONU et son applicabilité s'étend aussi aux organisations régionales qui peuvent relayer l'action onusienne[24]. Ainsi, la Brigade d'intervention de la MONUSCO qui est constituée exclusivement des soldats de l'organisation sous régionale (la SADC) dans le cadre de la conférence internationale sur la région des Grands Lacs (CIRGL) se trouve soumise aux mêmes normes du DIH que l'Organisation des Nations Unies[25]. Cette participation aux hostilités devient un paramètre pouvant laisser évoluer le statut des Casques bleus vers celui des combattants soumis au DIH[26]. Les actions robustes menées par les Casques bleus de la MONUSCO dans certains territoires de la RDC, l'existence de leurs moyens d'actions coercitifs et leur degré de participation aux hostilités plaident en faveur de leur soumission au droit international humanitaire.

B. Applicabilité conditionnelle du droit international humanitaire aux forces de maintien de la paix des Nations Unies : l'exemple de la Brigade d'intervention de la MONUSCO

La réticence des Nations Unies à adhérer aux Conventions de Genève de 1949 a pu constituer une entrave au respect des normes du DIH par les agents de maintien de la paix[27]. En revanche, c'est sous condition et de manière progressive que la problématique de l'applicabilité du droit international humanitaire aux forces de maintien de la paix des Nations Unies s'est résolue. Dès lors que les Casques bleus de la MONUSCO appuient militairement les FARDC opposées aux divers groupes armés, et que cette participation aux hostilités atteint un certain degré d'intensité, la force mise en place par les Casques bleus les place *de facto* en situation de conflit armé donc, de combattant soumis aux normes du DIH[28]. En vertu de la résolution 2047 (2014), le Conseil de sécurité autorise la MONUSCO à neutraliser les groupes armés opposés au processus de paix. Par cette autorisation, le Conseil de sécurité crée un ennemi identifié et établi de ce

---

[23] S/RES/2147(2014), 28 mars 2014, §4. (b)

[24] M. BEULAY, « *Applicabilité des droits de l'homme aux organisations internationales* », *op.cit.* p.367.

[25] N. MACLET, *La normalisation d'un tabou : La Brigade d'intervention de la MONUSCO et l'usage de la force offensive pour maintenir la paix (1990-2013), op.cit.*, pp.79-80.

[26] J-M. THOUVENIN, « Le statut juridique des forces de maintien de la paix des Nations Unies », *op.cit.*, pp.110.

[27] La Commission a en effet argué que l'action des Nations Unies étant tournée vers l'éradication de la guerre, réglementer et/ou codifier sa conduite aurait naturellement été perçu comme une reconnaissance par les Nations Unies elles-mêmes de l'échec de leur mission première : À/CN.4/RS.6, 20 avril 1949, §§. 45-67.

[28] S/RES/1906 (2009), RES/2098 (2013).

fait, une situation de belligérance entre la Brigade d'intervention de la MONUSCO et les groupes armés ainsi, identifiés et ciblés. En conduisant de telles opérations offensives contre ces groupes armés en vue de les neutraliser, la mission de paix au Congo devient partie au conflit au titre des principes structurant le droit international humanitaire notamment celui de l'égalité des belligérants. Dans ce cadre, la ligne du glissement du maintien de la paix à l'imposition de la paix devient étroite et l'impact de cette partialité s'est très vite remarqué par des attaques des groupes armés contre les bases des soldats de la MONUSCO. De l'aveu du responsable du personnel de la Mission au Congo, la nouvelle résolution 2098 (2013) a radicalement changé le statut et la posture de l'opération et de ses membres car l'engagement robuste de la Brigade d'Intervention transforme incontestablement la Mission à une partie au conflit[29]. Les civils de la Mission peuvent également devenir partie au conflit dès lors qu'ils soutiennent et collaborent à ces opérations et uniquement pendant ce soutien. En devenant partie au conflit, les civils de la MONUSCO qui participent indirectement au conflit par des rapports, des renseignements aux Casques bleus pour déterminer les zones à sécuriser seraient soumis au droit international humanitaire au même titre que les Casques bleus au mandat robuste. Par ce soutien, les civils de la MONUSCO pourraient devenir des cibles légitimes des groupes armés et peuvent perdre même la protection garantie par la Convention sur le personnel onusien et associé de 1994.

Sur le plan légal, les attaques des groupes armés contre les forces de la paix au titre des représailles peuvent être considérées comme autorisées et ne sauraient être assimilées à de violation du DIH. Étant donné que les sections civile et militaire de la MONUSCO sont intimement liées et collaborent dans le cadre des échanges des rapports et informations, devenir des cibles des groupes armés semble légitime au regard du DIH. Ainsi, tout signalement lié au mouvement des groupes armés, au comportement des FARDC et de leurs abus contre les civils par le personnel civil de la MONUSCO pourrait être assimilé à de la participation aux hostilités[30]. D'ailleurs, les OMP sont par principe non coercitives et la question de l'applicabilité du DIH ne pouvait pas susciter d'intérêt pour entraîner une quelconque réflexion au sein des instances

[29] Entretien avec un responsable de la MONUSCO à Kinshasa, 12 juillet 2015.

[30] C'est dès la première opération de maintien de la paix, la FUNU en 1956, que le CICR avait demandé au Secrétaire général de s'assurer du respect des Conventions de Genève par les forces d'urgence mises à la disposition des Nations Unies. Lors de la vingtième conférence internationale de la Croix-Rouge à Vienne en 1965, le CICR adopta la XXVème résolution dite" application des conventions de Genève par les forces d'urgence des Nations Unies" recommandant que soient conclus des accords afin d'assurer que les forces armées mises à disposition des Nations Unies observent les règles des Conventions de Genève. Depuis lors le CICR réitère sa position constamment ; A. RYNIKER, « Respect du droit international humanitaire par les forces des Nations Unies, quelques commentaires à propos de la Circulaire du Secrétaire général des Nations Unies du 6 août 1999 », *op.cit.*, pp.795-805.

onusiennes[31]. Cependant, la confrontation entre l'incapacité des Nations Unies d'être liées aux Conventions de 1949 et ses protocoles additionnels de 1977 et la pratique robuste des opérations contemporaines du maintien de la paix ont rendu possible son adaptation aux nécessités d'application progressive du droit international humanitaire. Ainsi, les Nations Unies en tant qu'Organisation internationale et sujet du droit international peuvent se voir opposer ou en accepter explicitement l'applicabilité du DIH. Désormais, les accords conclus entre les Nations Unies, les organisations internationales et l'État hôte de la mission y compris les États fournissant des contingents intègrent la référence aux Conventions de Genève et leurs protocoles additionnels. C'est ainsi que le DIH a progressivement trouvé sa place dans les opérations de maintien de la paix sous commandement onusien et à ce titre, il est devenu un vecteur normatif de protection et de garantie de la dignité humaine dans les conflits armés. D'ailleurs, l'analyse du contexte de son application tend à une possible reconnaissance de belligérance aux forces de maintien de la paix.

§2. Vers la fin de l'impossible adhésion des Nations Unies aux conventions de Genève

Désormais, les opérations de maintien de la paix des Nations Unies doivent observer et respecter les principes et l'esprit des Conventions internationales générales applicables à la conduite du personnel militaire[32]. Cette approche minimaliste a été combattue par le CICR, pour qui, ce sont les règles du droit positif pertinent qui s'appliquent aux Nations Unies et pas seulement les principes et l'esprit[33]. Dans son avis consultatif sur la licéité de la menace et de l'emploi de l'arme nucléaire de 1996, la Cour internationale de justice a estimé : « *Qu'un grand nombre de règles de droit humanitaire applicable dans les conflits armés sont (si) fondamentaux pour le respect de la personne humaine... (elles) s'imposent d'ailleurs à tous les États, qu'ils aient ou non ratifié les instruments conventionnels qui les expriment, parce qu'elles constituent des principes intransgressifs du droit international coutumier* »[34]. Ces pressions

---

[31] R. ZACKLIN, « Le droit applicable aux forces d'intervention sous les auspices de l'ONU », *in Le Chapitre VII de la Charte des Nations Unies, S.F.D.I,* Colloque de Rennes, Paris, Pedone, 1995, pp.191-199

[32] O. THIELEN, *Le recours à la force dans les opérations de maintien de la paix contemporaines, op.cit.*, p.105; A titre d'exemple, le règlement de l'UNEF : ST/SGB/UNEF/1, 20 février 1957, art. 44 ; le Règlement de l'ONUC : ST/SGB/ONUC/1, 15 juillet 1963, art, 43 ; le Règlement de l'UNFICYP : ST/SGB/UNFICYP/1, 25 avril 1964, art. 40.

[33] Résolutions sur « les conditions d'application des règles humanitaires relatives aux conflits armés, aux hostilités dans lesquelles les Forces des Nations Unies peuvent être engagées », Session de Zagreb, 3 septembre 1971, reproduite dans l'Annuaire IDI 1992, §86, art.2, al.1. ; U. PALWANKAR, « Applicabilité du droit international humanitaire aux forces des Nations Unies pour le maintien de la paix », *RICR*, n°801, 1993, p.248.

[34] J-M. THOUVENIN, « Le statut juridique des forces de maintien de la paix des Nations Unies », *op.cit.*, pp.111-112.

diverses ont finalement affaibli nettement la position traditionnelle des Nations Unies au sujet de l'application du DIH dans la conduite des opérations militaires des Casques bleus.

A. Vers la reconnaissance de la belligérance

En affirmant par une déclaration *ad hoc* être liée par les principes et l'esprit du DIH, l'ONU a mis fin à son impossible adhésion aux Conventions de Genève et intègre désormais, cette clause dans les opérations de maintien de la paix sous son commandement. Cette obligation de respect des règles du DIH vaut non seulement pour l'ONU mais aussi à toutes les organisations régionales conformément à l'article 53, §1 du Chapitre VIII de la Charte de l'ONU. Cependant, la question qui demeure d'actualité reste liée aux conséquences de cette applicabilité aux Casques bleus qui participent aux hostilités actives. Dès lors que les Casques bleus de la MONUC/MONUSCO participent aux opérations militaires contre les groupe armés (rés.2098), ils sont tenus au respect des Conventions générales applicables en situation de conflit armé : On peut déduire les quatre Conventions de Genève de 1949, leurs deux protocoles additionnels du 8 juin 1977, ainsi que la Convention de l'Unesco du 14 mai 1954 sur la protection des biens culturels en cas de conflit armé[35]. Tout en continuant à fonder les opérations de maintien de la paix contemporaines sur le Chapitre VI de la Charte, les Nations Unies ont glissé le concept classique de légitime défense pour intégrer dans sa pratique opérationnelle la légitime défense élargie[36]. Celle-ci a été supplantée par l'usage systématique du Chapitre VII en tant que fondement possible des mandats des opérations[37]. Cet élargissement du concept pourrait potentiellement associer la légitime défense élargie au DIH dans la mesure où les Casques bleus participent aux hostilités actives à l'instar de la Brigade d'intervention de la MONUSCO. En vertu de la résolution 1906 (2009), fondée sur le chapitre VII, le Conseil de sécurité réitère que le soutien de la MONUC aux opérations menées par les forces armées de la RDC contre les groupes armés étrangers et congolais doit être strictement conditionné par le

[35] M. KAMTO, « Le cadre juridique des opérations de maintien de la paix des Nations Unies », *op.cit.*, pp. 100-101. O. THIELEN, *Le recours à la force dans les opérations de maintien de la paix contemporaines*, *op.cit.*, p.105.
[36] S. ZASOVA, *Le cadre juridique de l'action des Casques bleus*, Publication de la Sorbonne 2014, pp.96-99.
Rapport du Secrétaire général sur l'application de la résolution 340 (1973) du Conseil de sécurité, 27 octobre 1973, §4. Dès 1973, la légitime défense élargie a été définie par le Secrétaire général de l'ONU comme « la légitime défense qui comprendrait la résistance à toute tentative d'empêcher par la force la mission de s'acquitter de ses fonctions conformément au mandat du Conseil de sécurité », S/11 052/ Rev. 1, Le Secrétaire général modérait ses propos en affirmant que la force partira de l'hypothèse que les parties au conflit prendront toutes les mesures nécessaires pour assurer l'observation des décisions du Conseil de sécurité.
[37] *Ibid*

respect de la part des forces du droit international humanitaire[38]. Autrement dit, le Conseil de sécurité admet implicitement que ses forces qui participent aux opérations militaires au soutien des forces armées congolaises (FARDC) sont obligées d'observer les règles des conflits armés au même titre que les FARDC donc, sont devenues partie au conflit. Dès lors que les États membres des Nations Unies sont liés au DIH, on peut déduire que les Nations Unies même sans pouvoir adhérer formellement aux Conventions de Genève de 1949 peuvent être liées aux règles du DIH par l'intermédiaire des obligations contractées par les États fournissant les contingents. Les contingents de ces États sont déployés sur le terrain opérationnel et agissent sous son commandement. Autrement dit, chaque contingent national serait lié aux obligations contractées par son État, lequel est membre des Nations Unies qui se trouvent également liées par les obligations des États qui les composent[39].

Les forces de maintien de la paix peuvent prendre part aux hostilités dans le cadre d'un conflit armé(rés.1906), dès lors que leur comportement et la force armée mise en œuvre par les Casques bleus les placent en situation des combattants en dehors de toute considération d'opération de police internationale menée par les Nations Unies, ou d'une guerre au sens classique du terme[40]. L'adoption de la résolution 45/59 du 17 février 1995 par l'Assemblée générale de la Convention sur la sécurité du personnel des Nations Unies et du personnel associé du 9 décembre 1994 et de la Circulaire relative au respect du droit international humanitaire par les forces des Nations Unies, édictée par le Secrétaire général de l'ONU le 6 août 1999 ont déterminé définitivement le corpus juridique applicable à la conduite des opérations de maintien de la paix de l'ONU[41]. Dans cet ordre, l'ancienne Conseillère juridique principale du

---

[38] S/RES/1906 (2009) du 23 décembre 2009, § 22.

[39] Dans le mémorandum intitulé « application et diffusion des conventions » du 10 novembre 1961, le CICR avait proposé aux Nations Unies un mécanisme de soumission indirecte au droit international humanitaire par l'intermédiaire de celle des États membres fournisseurs des contingents à l'absence de signature des textes pertinents. Ce mécanisme a été jugé contestable sur plusieurs points, d'abord la détermination des règles et normes applicables varie selon la nationalité des contingents avec des conséquences quant à la conduite des opérations induisant une difficulté des principes d'intégration des forces onusiennes et de surcroît s'agissant de la détermination de l'entité responsable en cas de violation. Il apparaît que l'obligation de respect des règles pesait exclusivement sur les États contributeurs et non sur l'Organisation des Nations Unies.

[40] L. CONDORELLI, « Le statut des forces des Nations Unies et le droit international humanitaire », *in Les Casques bleus : policiers ou combattants* ?, *op.cit.*, p.110 ; F. JORAM, *Les opérations de paix et l'obligation de respecter le droit international humanitaire,* Thèse de doctorat, Université Paris II, Panthéon -Assas, 2007, pp. 82-84 et 90-94. ; P. WECKEL, « Le droit des conflits armés et les organisations internationales », *in Les organisations internationales et les conflits armés*, Paris, L'Harmattan, 2001, p. 97 ; M. BOTHE , *Le droit de la guerre et les Nations Unies*, *op.cit.*166-177 ; TSHIBANGU KALALA, *Les résolutions de l'ONU et les destinataires non étatiques*, *op.cit.*, p.170.

[41] O. THIELEN, *Le recours à la force dans les opérations de maintien de la paix contemporaines, op.cit.*, pp.106-107. ; P. De VISSECHER, « Les conditions d'application des lois de la guerre aux opérations militaires des Nations Unies *», AIDI,* 54/1, 1971, p. 34.

Bureau des affaires juridiques de l'ONU affirme que la circulaire « *a conclu le débat sur le principe d'applicabilité du DIH aux opérations de maintien de la paix de l'ONU* »[42].

B. De la cobelligérance non belligérante

Les OMP sont désormais liées au DIH et la participation active des Casques bleus de la MONUC/MONUSCO (rés. 1906) dans les opérations militaires conjointes avec les FARDC et offensives contre les groupes armés pourrait conduire à une possible reconnaissance de la belligérance. Toutefois, les Nations Unies, tout en intervenant militairement aux opérations militaires en appui du gouvernement hôte continuent à considérer que l'appui militaire des Casques bleus aux FARDC ne fait pas d'eux des cobelligérants mais permet seulement aux forces armées congolaises de se défendre contre les groupes armés. Dans la résolution 2047, le soutien militaire des Nations Unies vise à neutraliser un ennemi identifié et ciblé, ce qui revient à considérer son appui comme une participation aux hostilités dont la finalité passe par la neutralisation des groupes armés. À ce titre, les Casques bleus sont cobelligérants mais niés volontairement par les Nations Unies pour des raisons politiques et juridiques. Ne disposant pas des troupes propres, une telle affirmation reviendrait aux désengagement des troupes onusiennes des théâtres d'opération car les États contributeurs des troupes ne l'acceptent pas. La crainte de voir les troupes engagées dans les opérations de maintien de la paix répondent de leurs activités devant les tribunaux nationaux et internationaux est une éventualité que les Nations Unies ne sont pas prêtes à assumer. L'affirmation de cette possibilité priverait les Nations Unies de son bras armé même si elles n'ignorent pas que certaines participations des Casques bleus dans les opérations militaires tendent à cette modification de leur statut. Dans la conduite de certaines opérations militaires actives, les Casques bleus pourraient devenir cobelligérants mais non belligérants lorsqu'ils se limitent à apporter un soutien logistique sans participation physique aux opérations. Avant la résolution 2098 (2013), les Casques bleus de la MONUC n'avaient pas de mandat de cibler qui que ce soit et l'usage de tous les moyens nécessaires n'était justifié que pour assurer la protection des civils de façon proactive. À cet égard, les agents de maintien de la paix sont qualifiés de civils. Cependant, certaines situations peuvent les contraindre à prendre part aux combats lorsque les civils sont menacés de violence physique imminente ou lorsque celle-ci est en cours et dans ce cas, ils pourraient être qualifiés des combattants(rés.2098). La participation des Casques bleus aux actions coercitives les exposent aussi aux représailles des groupes armés et aux possibles dérapages comme l'atteste l'inculpation de neuf militaires

---

[42] D. SHRAGA, « The Secretary General's Bulletin on the Observance by United Nations Forces of International Humanitarian Law: a decade later *in Israel Yearbook on human Rights*, vol.39, 2009, p.357.

du contingent canadien en Somalie pour des faits commis à l'égard des populations locales[43].

En 2005, une offensive militaire conjointe MONUC/FARDC impliquant 500 soldats et incluant l'usage d'artillerie a eu lieu en Ituri[44]. Dans cette configuration, la participation de la MONUC pourrait été qualifiée de partie au conflit par le CICR[45]. En 2012, les hélicoptères de la MONUSCO ont même ciblé et attaqué les positions des rebelles du M23 en soutien aux forces armées congolaises[46]. Si dans la majorité des cas, les agents de maintien de la paix sont qualifiés de civils et ne sont pas par nature destinés à prendre part aux combats, il n'en demeure pas moins que certaines situations dans lesquelles les forces onusiennes interviennent dans le conflit congolais pourraient modifier leur statut et les qualifier de combattants[47]. Ainsi, la participation des Casques bleus aux hostilités constitue un paramètre pouvant commander l'application du DIH et donc, revêtir les Casques bleus du statut de forces belligérantes. Le statut des forces de maintien de la paix pouvait être modifié dès lors que l'opération accorde son soutien à l'une des parties au conflit ou lorsque, tout en respectant sa neutralité, la force s'engage dans les opérations de combat et que son degré d'implication atteigne une certaine intensité[48]. En vertu de la résolution 2047 (2014), le Conseil de sécurité autorise la MONUSCO à travers sa Brigade spéciale d'intervention à neutraliser les groupes armés en faisant preuve d'une grande mobilité et adaptabilité dans le strict respect du droit international, y compris le droit international humanitaire[49]. La résolution précise que la Brigade peut engager seule ou en appui aux FARDC des offensives ciblées et robustes. Ainsi, en conduisant de telles opérations militaires contre les groupes armés identifiés et ciblés, et en demandant aux Casques bleus de respecter strictement le droit international humanitaire pendant les opérations militaires, le Conseil de sécurité sans clairement le préciser qualifie la Brigade de la MONUSCO de partie belligérante.

Cette évolution constitue un réel bouleversement dans la pratique onusienne du maintien de la paix. La composante militaire de la MONUSCO participant

---

43 R. MURPHY, "International Review of the Red Cross, n° 840, pp.953-968, qui cite en exemple l'affaire R V. Brocklebank, Court Martial Appeal Court of Canada, (1996), 134 DLR (46 th) 377.

44 « Les soldats de l'Organisation des Nations Unies affrontent les miliciens en Ituri », *Le Monde*, 4 mars 2005.

45 S/RES/1592 (2005), 30 mars 2005, §7.

46 Reuters, « UN helicopters strike rebel posts in Congo », *in New York Times*, 18 novembre 2012, p.8.

47 S/RES/1906 (2009) du 23 décembre 2009, § 21.

48 Exemple des forces onusiennes en Côte d'Ivoire dans le cadre de l'ONUCI, de la MONUSCO en République Démocratique du Congo par le biais de la brigade spéciale d'intervention créée par la résolution 2098 (2013) et de l'AMISOM en Somalie. ; T. FERRARO, « L'application du droit international humanitaire aux opérations militaires de l'Union européenne », *in Le droit international humanitaire et l'Union européenne*, Colloque organisé par l'Institut du droit de la paix et de la sécurité, Université de Nice- Sophia Antipolis, 18 juin 2009.

49 S/RES/2098 (2013), 28 mai 2013, §9.

aux hostilités devient partie au conflit alors que sa composante civile l'est uniquement si elle apporte appui aux opérations militaires, notamment, en fournissant des informations, des rapports concernant les groupes armés afin d'accorder un avantage militaire aux Casques bleus[50]. En réalité, cette mission est déjà perçue comme partiale et combattante et il devient difficile d'isoler dans le temps l'appui des civils de la MONUSCO aux militaires car les deux sections sont intimement liées et collaborent notamment dans la détermination des besoins de protection des populations civiles qui se trouvent dans les zones à risque de violence élevée[51]. Le mandat de la Brigade d'intervention de la MONUSCO prévoit l'usage de la force offensive contre les groupes armés (rés.2098) en vue de les neutraliser. Ce qui caractérise une participation active aux hostilités et donc, une évolution possible de la Mission en partie belligérante. Quoiqu'il subsiste encore des désaccords quant au seuil déclenchant l'applicabilité du DIH, il est admis que les soldats de la paix sont liés au DIH lorsqu'ils participent aux hostilités. La pratique récente des opérations de maintien de la paix montre que les mandats de maintien de la paix présentent une dimension coercitive, rendant plus probable une participation, même ponctuelle des Casques bleus aux hostilités actives.

SECTION 2.
De l'évolution postérieure à la consécration du droit international humanitaire aux opérations de maintien de la paix

Les Casques bleus sont soumis à l'observance des normes et des principes du droit international humanitaire dans la conduite opérationnelle[52]. Dans les préambules des résolutions du Conseil de sécurité concernant la RDC, les violations de DIH et de DIDH constituent sa profonde préoccupation. C'est dans ce cadre que le Conseil de sécurité et le Secrétaire général recourent à des enquêtes internes aux OMP pour répondre à des allégations de violations de ces droits et envisagent des sanctions. Désormais, toutes les OMP intègrent une composante droite de l'homme dans leur mandat[53]. En RDC, c'est la section

[50] Statut de Rome de la Cour Pénale Internationale, A/CONF. 183/9, 17 juillet 1998, article 8.b). Constitue un crime de guerre « le fait de diriger intentionnellement des attaques contre le personnel, les installations, le matériel, les unités ou les véhicules employés dans le cadre d'une mission d'aide humanitaire ou de maintien de la paix conformément à la Charte des Nations Unies, pour autant qu'ils aient droit à la protection que le droit international des conflits armés garantit aux civils et aux biens de caractère civil ».

[51] S/RES/2098 (2013) du 28 mars 2013, §§ 9-12 b).

[52] Charte des Nations Unies, article 1 alinéa 3.

[53] Dans les opérations de maintien de la paix contemporaine, la composante droit de l'homme est incorporée systématiquement et fait partie intégrante de la mission avec une mission spécifique. À titre d'exemple, la Mission des Nations Unies au Soudan (MINUS) est chargée de se doter, en matière de droits de l'homme, des moyens, des capacités et des compétences suffisantes pour mener les activités de promotion, de défense des civils et de la surveillance (S/RES/1590 (2005), §4.

conjointe des droits de l'homme de la MONUSCO qui est chargée de recenser les violations des droits de l'homme et de rendre compte au Haut conseil des droits de l'homme (HCDH). Ces violations sont qualifiées de menace contre la paix et la sécurité internationales[54]. Le respect du DIH et du DIDH sont devenus des obligations pour les forces du maintien de la paix. Cependant, elles peuvent porter aussi atteinte à ces mêmes droits dont elles sont censées protéger et promouvoir.

§1. Le respect des normes du droit international humanitaire aux forces de maintien de la paix

Depuis quelques années, l'application des règles du droit international humanitaire et du droit international des droits de l'homme dans les conflits armés a suscité des interrogations quant à la protection spécifique assurée par les unes et les autres[55]. Leur application simultanée dans le conflit congolais reste souvent génératrice d'une certaine confusion[56]. Si le droit international humanitaire (DIH) et le droit international des droits de l'homme (DIDH) ont des origines et sources doctrinales différentes[57], ils partagent un objectif commun qui est celui de protéger tous les individus sans distinction. Tous les deux fondent leurs principes sur le respect de la vie, du bien-être et de la dignité de la personne humaine[58]. L'applicabilité du droit international humanitaire (DIH) dans les

---

[54] S/RES/1894 (2009), 16 novembre 2009, §3.

[55] C.I.J., *Conséquences juridiques de l'édification d'un mur dans le territoire palestinien occupé*, Avis consultatif du 9 juillet 2004, Rec.2004, p.178, §106 : « Dans les rapports entre DIH et DIDH, trois situations peuvent se présenter : certains droits peuvent relever exclusivement du DIH, d'autres du DIDH et d'autres peuvent relever à la fois de ces deux branches du droit international. Pour répondre à la question qui lui est posée, la Cour doit prendre en considération les deux branches du droit international. ; *C.I.J.*, *Activités armées sur le territoire du Congo (République Démocratique du Congo c. Ouganda), op.cit.*, p.78, §216.

[56] STELIOS PERRAKIS, « Le Droit international humanitaire et ses relations avec les droits de l'homme. Quelques considérations » *in* Paul TAVERNIER et Jean-Marie HENCKAERTS (Dir*), Droit international humanitaire coutumier : enjeux et défis contemporain*s, Bruyant Bruxelles 2008, p.137.

[57] La protection juridique internationale des droits de l'homme dans les conflits armés, Nations Unies, Droits de l'homme, Haut-commissariat, New York et Genève, 2011, p. 9.

[58]Par définition, le droit international des droits de l'homme est un système de normes internationales destinées à défendre et promouvoir les droits de l'homme de chacun. Ces droits sont inhérents à la personne humaine sans distinction de nationalité, de lieu de résidence, de sexe, d'origine nationale ou ethnique, de couleur, de religion, de la langue ou de tout autre aspect de sa condition. Ils sont liés entre eux, interdépendants et indivisibles. Ces droits sont garantis par des instruments juridiques tels que des traités, droit international coutumier, principes généraux des droits. Il énonce des obligations qu'ont les États d'agir de certaines manières ou de s'abstenir de certains actes afin de promouvoir et protéger les droits de l'homme et libertés fondamentales des personnes ou de groupes. Le droit international humanitaire par contre est un ensemble des règles qui visent à limiter les effets des conflits armés pour des raisons humanitaires. Il protège les personnes qui ne participent pas ou plus, aux hostilités et restreint les moyens et méthodes de combat. Sa portée est donc limitée *ratione materiae* aux situations de conflit armé. Il fait partie du

opérations de maintien de la paix (OMP) classiques où l'usage de la force n'est prévu qu'en cas de légitime défense de l'individu ne peut se poser sauf à franchir le seuil du conflit armé[59]. Cependant, l'élargissement du concept de légitime défense au mandat de la mission de paix comme la MONUSCO peut l'associer au DIH[60].

A. La Convention sur la protection du personnel des Nations Unies et du personnel associé de 1994

L'adoption de cette convention par l'Assemblée générale ne consiste pas à déterminer les règles juridiques auxquelles, les Casques bleus seraient soumis dans la conduite opérationnelle[61]. Elle a pour vocation de renforcer la protection du personnel onusien et associé, de proscrire et incriminer, voire imposer un certain nombre d'actes et de comportements aux Casques bleus[62]. Il semble incontestable que les forces de paix des Nations Unies sont liées par l'interdiction de la torture et toute punition ou traitement cruel, inhumain ou dégradant. La prohibition de l'esclavage ou de la servitude, l'obligation de respecter le droit à la vie et à l'intégrité physique des individus ainsi que celle de garantir des procédures judiciaires en termes de droit à un recours effectif, de procédures équitables ou encore de contrôle juridictionnel de la légalité des détentions[63]. Les OMP doivent respecter la liberté de pensée, d'expression, de presse, de réunion et d'association. Dans leurs activités, les forces de paix doivent garantir le principe de la légalité des délits et des peines ainsi que la présomption

jus in bello (le droit relatif aux modes d'utilisation de la force), qu'il convient de bien distinguer et séparer du *jus ad bellum* (le droit relatif à la légitimité de l'emploi de la force). Le DIH s'applique à toutes les parties à un conflit armé, que leur cause soit juste ou non. ; Protection juridique internationale des droits de l'homme dans les conflits armés, Nations Unies, Droits de l'homme, Haut-Commissariat, New York et Genève, 2011, p. 5.

[59]L'article 122-5 du Code pénal français dispose : « *n'est pas pénalement responsable la personne qui, devant une atteinte injustifiée envers elle-même ou autrui, accomplit, dans le même temps, un acte commandé par la nécessité de la légitime défense d'elle-même ou d'autrui, sauf s'il y a disproportion entre les moyens de défense employés et la gravité de l'atteinte* ».,

[60] S/RES/1565 (2004), du 1er octobre 2004 §6.

[61] A. BOUVIER, « Convention sur la sécurité du personnel des Nations Unies et du personnel associé : présentation et analyse », *RICR*, n° 816, 1995, pp. 695-725 ; C. EMANUELLI, « La Convention sur la sécurité du personnel des Nations Unies et du personnel associé : des rayons et des ombres », *R.G.D.I.P.*, 1995, pp.849-878 ; F. HAMPSON, « La protection des Casques bleus en droit international », *RDMDG*, 1997, pp.211-219 ; P. KIRSCH, « La Convention sur la sécurité du personnel des Nations Unies et du personnel associé », *in Les Casques bleus : policiers ou combattants* ? *op.cit.*, pp. 49-57., C. MURZEAU, « La Convention sur la sécurité du personnel des Nations Unies et du personnel associé »,*in Les Casques bleus : policiers ou combattants* ? *op. cit.*, 66-67.

[62] M. BEULAY, *L'applicabilité des droits de l'homme aux organisations internationales*, *op.cit.*, pp.365-368.

[63] M. FINAUD, « L'abus de la notion de « combattant illégal » : une atteinte au droit international humanitaire, *R.G.D.I.P.*, 2006, p.861. ; C. LAUCCI, « La France adhère au protocole 1 relatif à la protection des victimes des conflits armés internationaux », *R.G.D.I.P,* 2001, pp.696-697.

d'innocence. La Convention de 1994 énumère deux clauses, l'une de sauvegarde et l'autre d'exclusion que nous examinerons ultérieurement dans la section relative au Statut des Casques bleus au regard de la pratique contemporaine du maintien de la paix[64]. La clause de sauvegarde précise qu'« *Aucune disposition de la présente Convention n'affecte l'applicabilité du droit international humanitaire et des normes universellement reconnues en matière de droits de l'homme consacrés dans des instruments internationaux en ce qui concerne la protection des opérations des Nations Unies ainsi que du personnel des Nations Unies et du personnel associé, ou le devoir de ces personnels de respecter ledit droit et lesdites normes »*[65].

Dépassant le cadre de la déclaration selon laquelle les instances onusiennes sont liées aux principes et à l'esprit du droit international humanitaire, la Convention consacre par cette disposition la soumission des Casques bleus aux règles du droit international humanitaire et des droits de l'homme dans la conduite des opérations. Cette clause de sauvegarde rappelle que les opérations de maintien de la paix ne sont pas des interventions dans un conflit armé et même si les attaques contre les Casques bleus sont interdites, l'usage des moyens à leur disposition doit s'opérer dans le respect des principes fondamentaux du droit international humanitaire et principalement du principe de la proportionnalité et de la nécessité[66]. Cette obligation s'applique même dans les hypothèses où l'interdiction fondamentale d'attaquer le personnel onusien ou son matériel est violée, en application du principe selon lequel la commission d'une agression

---

[64] La clause d'exclusion détermine le droit applicable dans les situations dans lesquelles elle trouve elle-même à s'appliquer, elle précise que la Convention ne s'applique pas à une « opération des Nations Unies autorisée par le Conseil de sécurité en tant qu'action coercitive en vertu du Chapitre VII de la Charte des Nations Unies, dans le cadre de laquelle du personnel est engagé comme combattant contre les forces armées organisées et à laquelle s'applique le droit des conflits armés internationaux ». On peut déduire que la Convention ne s'applique que dans les conflits armés non internationaux. ; L-A. SICILIANOS, « Entre multilatéralisme et unilatéralisme : l'autorisation par le Conseil de sécurité de recourir à la force », *RCADI*, vol.339, 2008, p.315, voir aussi J-M. THOUVENIN, « Le statut juridique des forces de maintien de la paix des Nations Unies », *op.cit.*, p.112.

[65] Notons que l'article 20 de cette Convention consacre un certain rapprochement entre le droit international humanitaire et le droit international des droits de l'homme, en tant que corps intégrés des principes fondamentaux, intangibles et indérogeables. Pour cette unification progressive, lire E. DECAUX, « Les organisations internationales et les conflits armés : l'application de la protection internationale des droits de l'homme *», in Les organisations internationales et les conflits armés, op.cit.*, pp.131-144. ; A. GUELLALI, « Lex specialis, droit international humanitaire et les droits de l'homme : leur interaction dans les nouveaux conflits armés *», op.cit.,* pp.539-574.

[66] P. BENVENUTI, « Le respect du droit international humanitaire par les forces des Nations Unies : Circulaire du Secrétaire général *», R.G.D.I.P*, 2001, pp.355-362. ; C. EMANUELLI, *Les actions militaires de l'Organisation des Nations Unies et le droit international humanitaire*, *op. cit.*, pp.83-85 ; même auteur, « Les forces des Nations Unies et le droit international humanitaire », *in Les Nations Unies et le droit international humanitaire op.cit.*, pp.356 ; ; P. WECKEL, « Le droit des conflits armés et les organisations internationales », *in Les organisations internationales et les conflits armés, op. cit.*, p.98., O. THIELEN, *Le recours à la force dans les opérations de maintien de la paix contemporaines, op.cit.*, p.110

prohibée par le *Jus ad bellum* n'exclut pas le respect du *Jus in bello* dans la réalisation des actes résultant de cette agression y compris dans le cadre où le recours à la force est employé en légitime défense[67]. Les Casques bleus en sont tenus même dans le cas de la légitime défense individuelle que fonctionnelle. Dans la résolution 2147 (2014) concernant la RDC, le Conseil de sécurité demande : « *de réduire les risques avant, pendant, et après toute opération militaire menée par la Brigade d'intervention* »[68].

L'adoption de cette Convention de 1994 a constitué une étape importante dans la cristallisation des attaques contre le personnel onusien. Cependant, la clause de sauvegarde ne détermine pas ni les règles juridiques applicables aux Casques bleus, ni les moyens concrets d'applicabilité, ni les sanctions que courent les Casques bleus en cas de violation du DIH et DIDH sauf à considérer l'ensemble des dispositions des droits des conflits armés et pas uniquement les principes et l'esprit auxquels, sont liés les OMP[69]. Si la Convention sur la protection du personnel des Nations Unies et personnel associé a constitué une avancée dans la protection du personnel onusien et associé, elle est plus orientée vers la pénalisation des infractions commises contre les forces onusiennes que pour l'élaboration des règles que doivent respecter les Casques bleus dans la conduite de leurs opérations. Elle laisse pendante la question du statut des Casques bleus qui participent activement dans les opérations militaires décidées par le Conseil de sécurité.

B. L'applicabilité de la circulaire du Secrétaire général des Nations Unies du 6 août 1999 par les forces des Nations Unies

La circulaire édictée par le Secrétaire général des Nations Unies intitulée « Respect du droit international humanitaire par les forces des Nations Unies », loin de régler définitivement toutes les questions relatives à l'application du DIH par les forces onusiennes consacre l'applicabilité du DIH aux opérations de paix et détermine le droit des conflits armés comme un corps des règles juridiques applicables. Cette Circulaire produit des règles clarifiant et planifiant les dispositions applicables aux forces de paix dans la conduite des opérations militaires qu'elles soient coercitives ou de maintien de paix surtout lorsqu'elles participent aux hostilités dans une situation de conflit armé. Du fait de son caractère coutumier, la plupart de ses dispositions s'imposent à la fois aux États

---

67 *Ibid*

68 S/RES/2141. (2014), 28 mars 2014, § 4 (b).

69 L'applicabilité des règles du DIH pour la détermination de la protection des forces des Nations Unies interpelle son caractère conditionnel car elle l'est dans le droit international coutumier alors même qu'elle semble ne pas l'être en vertu des dispositions de la Convention. Une ambiguïté soulignée lors des débats préparatoires à la Convention : Rapport du Comité ad hoc chargé d'élaborer une Convention internationale sur la sécurité du personnel des Nations Unies et du personnel associé, A/AC.242/2, 13 avril 1994, §§ 80-85 ; O. THIELEN, *Le recours à la force dans les opérations de maintien de la paix contemporaines*, *op. cit.*,p. 110.

et à l'organisation des Nations Unies. La Circulaire dans ses dispositions présente un catalogue des principes, des règles imposables aux Casques bleus dans la conduite opérationnelle et aux États dans le recours à la force armée. Toutefois, ce recours à la force n'est pas illimité et demeure bien encadré. L'article 4 de la Circulaire prévoit même des sanctions éventuelles : « *En cas de violation du droit international humanitaire, les membres du personnel militaire d'une force des Nations Unies encourent des poursuites devant les juridictions de leur pays* ».

Cette disposition ne tend pas confier aux juridictions nationales la faculté d'engager des poursuites criminelles pour violation de la Circulaire alors qu'il serait logique que les tribunaux nationaux exercent la répression de ces violations commises sur le territoire national. L'incompétence des tribunaux nationaux à juger le personnel militaire onusien reposerait sur le fait que le personnel militaire agit en tant que force des Nations Unies mais reste aussi personnel militaire de son État d'appartenance sous commandement duquel, il opère en restant soumis aux règles disciplinaires de son État d'origine. Bien que critiquée par les militants des droits de l'homme parce qu'il donnerait le droit de tuer le militaire ennemi, les dispositions de la Circulaire opèrent une nette distinction entre les objectifs militaires et civils qui jouissent d'une protection contre les hostilités. Celles-ci sont garanties par l'application des règles qui interdisent aux armées de diriger des attaques contre les personnes civiles. Le principe de précaution dans l'usage de la force et de prise des mesures adéquates pour éviter que les pertes civiles et la destruction des biens civils ne soient excessives et disproportionnées. À ce sujet, le Conseil de sécurité saisi par le renouvellement imprimé par la Circulaire n'hésite pas dans ses résolutions relatives à la conduite opérationnelle de maintien de paix qu'elle doit être conforme aux règles et aux principes du droit international, en particulier du droit international humanitaire, des droits de l'homme et du droit des réfugiés.

Dans les opérations militaires de la MONUSCO au soutien aux FARDC contre les groupes armés, le Conseil de sécurité rappelle : « le soutien militaire aux forces régulières devait être conditionné au strict respect du droit international humanitaire, du droit international de droits de l'homme et du droit international des réfugiés, ainsi qu'à la participation effective du commandement onusien à la planification de chaque opération ». La finalité de la Circulaire réside dans la recherche de simplification et de clarification mais elle fait subsister une certaine ambiguïté relative au statut juridique des Casques bleus participant aux hostilités. Le risque de conflit d'interprétation sur le droit applicable dans la conduite des opérations militaires reste prégnant. En lien avec la Convention de 1994, la Circulaire soulève des difficultés en termes d'application concrète renforçant la réticence des Nations Unies à reconnaitre l'applicabilité du droit des conflits armés comme droit commun aux Casques bleus résultant de leur mandat et à se comporter comme des combattants. L'avantage de la Circulaire repose dans la mise en place des mécanismes et les règles selon lesquelles la responsabilité des Casques bleus pouvait être engagée devant les juridictions de leur pays d'origine en cas de violation du DIH.

§2. Les violations du DIH par les forces de maintien de la paix

Les violations des droits de l'homme sont au cœur des conflits armés et en constituent les conséquences. Alors que toutes les entités des Nations Unies sont tenues d'assurer la protection et la promotion à travers leurs activités, certaines violations de droits sont l'œuvre de sa propre force déployée sur le terrain.[70]. Le respect du DIDH et du DIH constituent un paramètre important permettant d'évaluer l'efficacité de ce cadre normatif général dans la mise en œuvre du mandat de la mission de paix. En RDC, les violations des droits ne sont pas que l'apanage des groupes armés et des FARDC. Certains rapports des Nations Unies épinglent également les forces des Nations Unies dans ces violations[71]. Alors qu'ils représentent les derniers espoirs des populations dans certaines régions de la RDC, les Casques bleus sont aussi ceux par lesquels les scandales en matière des violations des droits arrivent souvent.

A. Le non-respect des droits de l'homme dans la conduite du personnel du maintien de la paix de l'ONU en RDC

Le Conseil de sécurité considère que les violations des droits de l'homme peuvent constituer une menace contre la paix et la sécurité internationale. Elles peuvent justifier l'intervention de la communauté internationale conformément aux buts et principes de la Charte des Nations Unies[72]. En République Démocratique du Congo, le Conseil de sécurité avait déjà établi un lien implicite entre les violations des droits et la menace contre la paix[73]. Dans l'est de la RDC

---

[70] Rapport du Bureau conjoint des Nations Unies aux droits de l'homme sur les droits de l'homme et les libertés fondamentales en période pré-électorale en République Démocratique du Congo, publié le 9 novembre 2011, et le Rapport du Bureau conjoint des Nations Unies aux droits de l'homme sur les violations des droits de l'homme et des libertés fondamentales commises pendant la période électorale en République Démocratique du Congo, ainsi que sur les mesures prises par les autorités congolaises en réponse à ces violations, publié en décembre 2013.

[71] Human Rights Watch, « The War within the War. Sexual Violence Against Women and Girls in Eastern Congo », 2002; V-K. VODJIK, « Sexual abuse and exploitation of women and Girls by UN Peacekeeping Troops », Michigan State, *Journal of International Law*, vol. 15, n° 1, pp. 157-168 M. SAIGET, L" ONU face aux violences sexuelles de son personnel : crise de crédibilité et changement en organization international, Paris, éd. L'Harmattan, pp 4-10.

[72] S/RES/1894 (2009) du 16 novembre 2009, § 3, Ici le Conseil affirme qu'il est prêt à prendre les mesures qui s'imposent pour faire face aux dites violations. D'autres résolutions l'affirment en termes identiques/ RES/1296 du 19 avril 2000, p.2, §§5 et 8 ; RES/1314 du 11 août 2000, p. 2§ 9 ; S/RES/1674 du 28 avril 2006, p.5 §26 ; S/RES/ 1738 du décembre 2006, p.3, §9.

[73] S/RES/ 2078 du 28 novembre 2012, p. 2 §§ 9, 13, 15. Lire aussi, V. KOUTROULIS, « les tensions entre Jus ad *bellum* et Jus in *bello* dans le cadre des mandats du Conseil de sécurité », *in* Karine BANNELIER et Cyrille PISON (dir), *Le recours à la Force autorisé par le Conseil de sécurité,* Paris, Pedone 2014, pp. 31-35.

encore, les violences sexuelles faites aux femmes sont devenues une arme de guerre. Les groupes armés, y compris certains éléments des forces armées congolaises et Casques bleus se livrent à cette pratique[74]. Le respect des droits de l'homme passe par la formation des forces de sécurité congolaises(rés.1856)[75]. C'est dans ce cadre que la division des droits de l'homme de la MONUSCO recense tous les cas des violations des droits de l'homme et publie régulièrement des rapports, semestriels, annuels, voire spéciaux sur la situation. Ces rapports permettent d'interpeller les instances onusiennes, le gouvernement congolais et les groupes armés sur les éléments qui se seraient rendus coupables de telles violations. Ils permettent de stimuler la justice congolaise et les États contributeurs des troupes à arrêter, à poursuivre et à juger les auteurs de ces violations. En 2004, le personnel civil et militaire de la MONUC à Bunia a fait l'objet de graves allégations de violences sexuelles comme l'exploitation et les sévices sexuels (prostitution essentiellement, mais aussi viols de mineures et de femmes dans le camp des déplacés)[76]. Cette exploitation sexuelle a pris plusieurs formes : « *viol, agression sexuelle, prostitution de survie, distribution de matériel pornographique, faveurs sexuelles contre promesse d'emploi jusqu'aux allégations de paternité* »[77]. Les membres de la MONUC eux-mêmes se sont plusieurs fois rendus coupables de violations des droits humains et de non-respect de leur code de conduite en matière sexuelle, de corruption ou d'activités illégales comme l'échange de minerais contre des armes[78]. D'autres accusations ont été portées contre les Casques bleus notamment le trafic d'armes contre des matières premières (or, diamants) ou d'intelligence avec des mouvements rebelles[79]. En 2014, six

---

[74] La résolution 1820 du 19 juin 2008, p.1§1 souligne que « utilisée ou commanditée comme arme de guerre prenant délibérément pour cibles des civils, ou dans le cadre d'une attaque généralisée ou systématique dirigée contre des populations civiles, la violence sexuelle peut exacerber considérablement tout conflit armé et faire obstacle au rétablissement de la paix et de la sécurité internationales ». Le Conseil affirme à cet égard que « des mesures efficaces tendant à prévenir et réprimer ces actes de violence sexuelle peuvent contribuer grandement au maintien de la paix et de la sécurité internationales, et se déclare prêt lorsqu'il examinera les situations dont il est saisi, à prendre, le cas échéant, les dispositions voulues pour faire face à la violence sexuelle généralisée ou systématique ». ; Conseil de sécurité, rapport du Secrétaire Général sur la MONUC, 30 mars 2010, p. 13.

[75] S/RES/1856 (2008), 22 décembre 2008, § 13

[76] Troisième rapport spécial du Secrétaire général sur la Mission de l'Organisation des Nations Unies en République Démocratique du Congo, S/2004/650 du 16 août 2004, § 32. ; Circulaire du Secrétaire général, Dispositions spéciales visant à prévenir l'exploitation et les abus sexuels, ST/SGB/2003/13, 22 mars 2005, section 3-5.

[77] Dix-huitième rapport du Secrétaire général sur la Mission de l'Organisation des Nations Unies en République Démocratique du Congo, S/2005/506, 2 août 2005, §70.

[78] R. HATTO, *Le maintien de la paix, L'ONU en action*, *op.cit.*, p.160

[79] Human Right Watch, « ONU : les Casques bleus impliqués dans la contrebande au Congo (RDC) doivent être tenus responsables », juillet 2007 ; X. ZEEBROECK, « protection des populations et opérations robustes en République Démocratique du Congo, mais qui fait la MONUC ? *GRIP*, 4 avril 2007.9p.

Casques bleus ukrainiens ont été arrêtés à l'aéroport de Goma en possession de tenues militaires de la garde républicaine, ce qui renforce le soupçon de collusion des intérêts partisans de certains Casques bleus avec les groupes rebelles[80]. Bien qu'exercées en dehors de leur mission de paix, les allégations des violences sexuelles et des actes illicites commis par les Casques bleus ternissent gravement l'image et le prestige de l'ONU[81].

S'agissant d'abus sexuels imputés aux Casques bleus en RDC, le bureau des services de contrôle interne de l'ONU (BSCI-OIOS) a recensé pas moins de 296 dossiers d'abus sexuel sur mineurs dans la période 2004-2006 dont 140 cas avérés essentiellement parmi les Casques bleus[82]. Quelques 169 personnes ont été licenciées ou renvoyées dans leur pays d'origine ; certaines auraient été poursuivies par leurs autorités nationales. Ce scandale a conduit le responsable de la MONUC à décréter la politique de tolérance zéro et le renforcement du code de conduite des soldats de l'ONU[83]. Pour pallier cette situation, la MONUC a ouvert le 1er mars 2005 un bureau chargé de s'occuper spécifiquement de la question de l'exploitation et des sévices sexuels en RDC[84]. Certaines mesures radicales consistant à sanctionner tout comportement déviant des Casques bleus ont été prises. Cette pratique répressive repose sur la politique de tolérance zéro à l'égard de tout comportement des Casques bleus contraire au code de conduite opérationnelle. Cependant, il est encore difficile d'évaluer l'efficacité réelle de cette politique sur le comportement individuel des contingents car les résultats ne sont pas encore publiés.

B. L'application de la politique de tolérance zéro pour les Casques bleus de l'ONU

La question de l'exploitation sexuelle devient une préoccupation du Conseil de sécurité qui ne cesse de la rappeler dans ses résolutions. Dans la

---

[80] Le Monde.fr avec AFP, « Centrafrique : nouvelles allégations d'abus sexuels sur les mineurs par des soldats étrangers », le 29 janvier 2016 ; « Centrafrique : l'ONU exclut le contingent de la RDC de la MINUSCA », Le Monde.fr, le 08 janvier 2016 ; *Le Monde*, 26 novembre 2014.

[81] S. LE COURTOIS, « Exploitation et abus sexuel par le personnel des Nations Unies, le cas de la MONUC *», Bulletin du maintien de la paix n° 93, mars 2009, pp.1-4.* ; Human Rights Watch, « The War within the War. Sexual violence Aganist Women and Girls *in* Easten Congo », 2002, V.K. VODJIK, « Sexual abuse and exploitation of women and Girls by UN Peacekeeping Troops », Michigan 2005, *State Journal of International Law,* vol. 15, n° 1, pp. 157-168.

[82] X. ZEEBROEK, M. MEMIER, P. SEBAHARA, La Mission des Nations Unies en RDC, Décennie du maintien de la paix, bilan et perspective, *op.cit.*, p. 24 ; S. Le Courtois, « Exploitation et abus sexuel par le personnel des Nations Unies, le cas de la MONUC », *op.cit.*, p.4 ; « Problem of sexual abuse by peacekeepers now openly recognized », DPI, Conseil de sécurité SC/8649, 23 février 2006

[83] M-F. CROS, « Les Casques bleus aidaient les FDLR », La libre Belgique, 18 juillet 2007, Nations Unies, Rapport de la haut-commissaire des Nations Unies sur la situation des droits de l'homme et les activités du haut-Commissariat en RDC. À/HCR/13/64 ; 28 janvier 2010, p. 9.

[84] Dix-huitième rapport du Secrétaire général sur la Mission de l'Organisation des Nations Unies en République Démocratique du Congo, S/2005/506, 2 août 2005, §69.

résolution 1592 (2005) fondée sur le chapitre VII concernant la République Démocratique du Congo, le Conseil de sécurité engage les pays contributeurs des contingents à prendre des mesures appropriées pour empêcher la commission d'actes d'exploitation et d'abus sexuels par leurs personnels servant dans la MONUC[85]. La stratégie de la MONUC consiste aussi à mettre à la disposition de chaque membre du personnel civil ou militaire un exemplaire du code de conduite opérationnelle. Ainsi, tout membre du personnel civil ou militaire ayant commis une inconduite fera l'objet de mesures disciplinaires rigoureuses de la part de l'Organisation[86].

Le Conseil de sécurité prie tous les pays fournisseurs de contingents d'enquêter rapidement sur les allégations d'exploitation et d'atteintes sexuelles commises par leur personnel et de les traduire en justice tout en signalant exhaustivement et promptement à l'Organisation des Nations Unies les mesures prises(rés.2272)[87]. Pour le Conseil de sécurité, les États contributeurs des troupes doivent assumer leurs responsabilités pour écarter de leurs contingents des éléments dangereux. En les jugeant pour les faits illicites, ils contribuent à redorer l'image de la Mission mais aussi à combattre l'impunité et à rendre justice aux victimes des Casques bleus. Certains ONG pensent que les privilèges et immunité dont bénéficient les Casques bleus contribuent à ce sentiment d'impunité. À ce sujet, ils demandent que les poursuites soient engagées à leur égard sur le lieu de commission des infractions plutôt que de les renvoyer dans leur pays d'origine[88]. Dans ce cadre, des lignes directrices sont mises en place et des réflexions sont ouvertes pour encadrer le comportement individuel des contingents et autres agents des Nations Unies. Ce qui permet de contrôler directement ou indirectement toute opération en cours.

À la suite des exactions commises par les Casques bleus de la MONUC à l'encontre des populations civiles notamment les femmes, une circulaire a été adoptée par le Secrétaire général. Son contenu fut intégré aux différents accords et circulaires liant les Nations Unies aux États fournisseurs des contingents ainsi qu'aux personnels civils[89]. Malgré cette recommandation, les abus sexuels n'ont pas diminué et on s'interroge sur l'efficacité réelle d'une telle disposition. Aucun bilan n'est disponible pour évaluer le nombre de soldats poursuivis par leur

---

[85] *Ibid* §§ 11-12.

[86] Seizième rapport du Secrétaire général sur la Mission de l'Organisation des Nations Unies en République Démocratique du Congo, S/2004/1034, du 31 décembre 2004, § .67.

[87] S/RES/2272 (2016) du 11 mars 2016, § 11

[88] P. BODEAU-LIVINEC, « Responsabilité pour faits illicites commis au cours d'opérations autorisées par le Conseil de sécurité, remarques sur quelques problèmes d'attribution », *in* Karine BANNELIER et Cyrille PISON (Dir), *Le recours à la Force autorisé par le Conseil de sécurité*, Ed. A. PEDONE, 2014, pp. 205-210. ; Seizième rapport du Secrétaire général sur la Mission de l'Organisation des Nations Unies en République Démocratique du Congo, S/2004/1034, du 31 décembre 2004, §§. 65-67.

[89] Circulaire du Secrétaire général, Dispositions spéciales visant à prévenir l'exploitation et les abus sexuels, 22 mars 2005, ST/SGB/2003/13. ; Rapport du Secrétaire général, Application des recommandations du Comité spécial des Opérations de maintien de la paix, A/60/692, §5.

juridiction nationale, pas plus que pour les sanctions qu'ils encourent une fois jugés. Si l'ONU publie la liste des militaires congolais ou de leur bataillon suspecté des violations des droits dans la conduite opérationnelle et demande nommément des poursuites contre les commandants, aucun rapport n'est fourni s'agissant des Casques bleus mis en cause, ni des sanctions qu'ils encourent ou ont encouru dans leur pays pour permettre tant soit peu aux victimes de se reconstruire. Cette pratique onusienne a conduit dans une certaine mesure le gouvernement congolais à se méfier des rapports subjectifs de l'ONU consistant à dénoncer régulièrement les conduites répréhensibles des FARDC tout en masquant le comportement de ses propres forces qui excellent dans les mêmes pratiques qu'elles dénoncent. Ce décalage trouve son fondement dans la volonté des Nations Unies de toujours minimiser les violations commises par ses troupes ou de les minorer au fait de ne pas heurter les États contributeurs des troupes. Au niveau interne, la MONUC a pris un certain nombre de mesures à l'égard des Casques bleus[90]. Pour décourager de tels écarts dans la conduite du personnel onusien dans les autres zones de la Mission, la MONUC a élaboré un plan de réaction rapide à quatre volets : « *enquêtes, mesures dissuasives, création d'une équipe spéciale d'urgence, organisation d'une vaste campagne d'information et de relations publiques* »[91].

Pour raison de transparence, l'ONU pourrait mettre en place un répertoire retraçant toutes les décisions rendues par les États dont les contingents furent mis à disposition par les Nations Unies pour être jugés. Pour redorer l'image des Nations Unies, ternie par ces actes répréhensibles, les États sont tenus de collaborer en adressant aux Nations Unies les décisions rendues par leurs juridictions réprimant les Casques bleus indélicats. Il ne s'agit pas de condamner les États contributeurs de troupes (ECT), bien au contraire, de les responsabiliser et de mettre fin à la possible culture d'impunité que gangrène les Nations Unies lorsqu'il s'agit de réprimer les abus commis par son personnel déployé dans les OMP.

---

[90] RDC : campagne choc de l'ONU pour sensibiliser les Casques bleus aux violences sexuelles, *AFP* 17 août 2015, consulté le 19 décembre 2015. Dix-huitième rapport du Secrétaire général sur la Mission de l'Organisation des Nations Unies en République Démocratique du Congo, S/2005/506, 2 août 2005, §§ 71-72 ;

[91] Troisième rapport spécial du Secrétaire général sur la Mission de l'Organisation des Nations Unies en République Démocratique du Congo, S/2004/650 du 16 août 2004, §32-33

Conclusion du chapitre VII

Les opérations de maintien de la paix contemporaines présentent désormais une dimension coercitive, rendant plus probable une participation, même ponctuelle des Casques bleus aux hostilités. L'application effective du droit international humanitaire aux Opérations de Maintien de Paix, d'abord conditionnée à la nature impartiale et objective du mandat délivré par l'ONU, devient explicite avec la participation des soldats de la paix aux hostilités actives(rés.2147). Loin de constituer une partie au conflit *stricto sensu*, la participation aux hostilités vise à contraindre les belligérants au respect de leurs engagements en vue d'une solution politique. Bien que liés par les règles et les principes du droit international humanitaire, les Casques bleus peuvent attenter à ces mêmes règles qu'ils sont censés protéger et promouvoir d'où la nécessité d'encadrer plus efficacement leur conduite opérationnelle par un organe déterminé, complétant le pouvoir du Conseil de sécurité en la matière.

Alors que l'usage offensif de la force armée par la Brigade d'intervention de la MONUSCO constitue une immixtion dans le conflit congolais et une circonstance dans laquelle les Casques bleus se comporteraient en combattants(rés.2098), les textes encadrant les OMP ne se prononcent pas clairement sur l'épineuse question du statut des Casques bleus lors qu'ils participent activement aux hostilités. Les Nations Unies continuent à considérer les Casques bleus des forces non combattantes en appui des forces gouvernementales pour rétablir la paix. La volonté des Nations Unies de ne pas voir ses agents trainés devant les juridictions pour violation des droits des conflits armés et se mettre en marge des États contributeurs des troupes maintiennent sa position initiale mais qui devient intenable dans le conflit congolais marqué par un engagement militaire très affirmé. L'appui militaire de l'ONU aux forces nationales de sécurité forge un nouveau partenariat par lequel les Casques bleus soutiennent les forces nationales (MONUSCO/FARDC) et les forces régionales appuient la Monuc (Artémis/MONUC). Ce partenariat soulève des défis supplémentaires en termes de responsabilité pour les soldats de la paix, les forces étrangères d'intervention et les acteurs humanitaires participant aux opérations conjointes. Les Nations Unies doivent lever cette ambiguïté lorsqu'elles autorisent le recours à la force aux Casques bleus pour maintenir la paix. Cette position devient inconfortable dans le contexte congolais où les Casques bleus participent aux opérations militaires offensives mais conservent le statut formel de non combattants. La crainte de ne pas se priver des troupes pour la paix et d'engager la responsabilité des États et des Casques bleus en cas de dommages résultant des opérations militaires sous commandement onusien risquent de porter atteinte à la crédibilité de l'organisation devant desabus imputables aux Casques bleus comme en RDC.

CHAPITRE VIII :

Le statut des casques bleus au regard de la posture robuste du maintien de la paix

Les forces de maintien de la paix n'ont pas vocation à faire la guerre, ni à imposer la paix aux belligérants. Elles appuient une solution politique en offrant des missions de bons offices. À ce titre, les Casques bleus ne sont pas des forces combattantes visant la reddition d'un ennemi identifié dans le cadre d'un conflit armé. Ils ne sont pas non plus supposés faire usage de la force armée à la poursuite d'un objectif militaire stratégique ou tactique. Cependant, l'évolution du conflit congolais pourrait mettre à mal ce socle de non-violence, fondement de l'ONU et de la culture des forces armées qu'elle emploie. Bien que réticentes à l'idée que leurs forces acquièrent le statut juridique de combattants, les Nations Unies intègrent désormais la dimension coercitive dans leur mandat, rendant possible la participation même ponctuelle des Casques bleus aux hostilités[1]. Cette approche pose le problème de champs d'application de la Convention de 1994 relative à la protection du personnel des Nations Unies et associés et à celui de la Circulaire du Secrétaire général de 1999 relative à l'application du droit international humanitaire par les Casques bleus. L'analyse des dispositions de la Convention de 1994 et la Circulaire du Secrétaire général de 1999 permettra de saisir le contenu réel de ces deux textes et de relever les ambiguïtés, voire les contradictions qui minent la position initiale de l'ONU sur le statut de ses forces[2]. La multiplication des missions politiques et humanitaires déployées par l'Organisation, et les expériences de maintien de la paix des années 1990 ont fait évoluer le Secrétaire général vers une vision pragmatique. Il s'est prononcé

[1] A. RAINAUD, « Réflexion sur l'usage de la force, le droit et les opérations de maintien de la paix », *dans l'usage de la force et le droit : théorie et pratique*, Nice, Institut du Droit de la paix et du développement, 10 décembre 2003. ; O. THIELEN, *Le recours à la force dans les opérations de maintien de la paix contemporaines*, *op.cit.*, p.123.

[2] L. CONDORELLI, « Le statut des forces des Nations Unies et le droit international humanitaire », *in* C. EMANUELLI (dir), *Les casques bleus : policiers ou combattants*, *op.cit.* pp.90-113. ; B. DURIEUX, « Le soldat et le policier », Inflexions, civils, militaires : *pouvoir dire*, 2006, n° 4, pp.36-45.

finalement pour une évaluation au cas par cas de l'application de la Convention de 1994 ou du droit international humanitaire, tout en indiquant que les agents de maintien de la paix pourraient être assimilés à des combattants[3].

SECTION 1.
Le renouvellement du statut des Casques bleus à la lumière des textes encadrant la conduite des opérations militaires

La difficulté de la qualification des Casques bleus en combattants réside dans la détermination du point de rupture ou de glissement caractérisant le passage d'une situation à laquelle s'applique la Convention de 1994 et celle régie par la Circulaire de 1999 du Secrétaire général des Nations Unies[4].

En RDC, la force de la MONUC/MONUSCO s'est engagée de manière croissante dans des opérations robustes dont certaines par « procuration »[5]. Les soldats de la paix en partenariat avec les forces de sécurité non-onusiennes, nationales ou régionales, participent conjointement aux opérations militaires offensives contre les groupes armés. Ces partenariats sont deux sortes : d'une part, les forces non-onusiennes qui soutiennent les forces de l'ONU (ARTEMIS-MONUC)[6], et d'autre part les soldats de la paix de l'ONU qui fournissent un appui militaire à des forces armées non-onusiennes pour désarmer les groupes armés (MONUSCO-FARDC).

§1. Les casques bleus et la convention du 9 décembre 1994

Adoptée pour protéger le personnel onusien et associé contre des attaques les visant dans la conduite de leurs OMP, la Convention précise leur statut de non

[3] A/55/637, portée de la protection juridique offerte par la Convention sur la sécurité du personnel des Nations Unies et du personnel associé, 21 novembre 2001, p. 10 : « *En dernière analyse, ce n'est pas la nature du conflit qui devait déterminer l'applicabilité du droit international humanitaire ou de la Convention mais plutôt la question de savoir si, quel que soit le type de conflit, les personnels des opérations de maintien de la paix des Nations Unies y sont activement engagés en tant que combattants ou ont au contraire droit à la protection accordée aux civils en vertu du droit international des conflits armés* ».
Le Statut de la CPI dispose que les attaques contre les Casques bleus, leurs locaux et leur matériel ne constituent un crime de guerre que pour autant qu'ils aient droit à la protection due par le droit des conflits armés aux personnes et aux biens civils : art. 8, al. 2, b) iii) du Statut de Rome pour les conflits internationaux et art.8, al.2 e) iii) pour les conflits non internationaux

[4] O. THIELEN, *Le recours à la force dans les opérations de maintien de la paix contemporaines*, *op.cit.*, p.123.

[5] L. LABBE et A. BOUTELLIS, « Les opérations de maintien de la paix par procuration : conséquences des partenariats de maintien de la paix de l'ONU avec les forces de sécurité non-onusiennes sur l'action humanitaire », *Revue Internationale de la Croix-Rouge,* volume 95, Sélection française 2013/3 et 4, pp.47-70.

[6] ARTEMIS est la force déployée par l'union européenne sous commandement français pour appuyer la MONUC dans la province de l'Ituri en République démocratique du Congo.

combattant et criminalise toute attaque à leur égard. Ce statut est justifié par la finalité des opérations qu'ils mènent sur le terrain. Le préambule de la Convention affirme que les Casques bleus doivent être particulièrement protégés parce qu'ils mènent des opérations licites et légitimes qui visent à maintenir la paix et la sécurité internationales. Ils ne visent pas la réalisation d'un intérêt particulier[7]. La Convention crée une obligation pour les Etats de considérer toute attaque contre ces personnels (membres des éléments militaires, de police ou civil d'une opération des Nations Unies) comme une infraction pénale au regard de leur droit interne[8]. Pour les rédacteurs de la Convention, les membres de force de l'ONU jouissent d'une protection spéciale du fait qu'ils agissent au nom de la communauté internationale, qu'elles ne font pas la guerre et que l'application du DIH à ces forces les rendraient automatiquement des cibles légitimes d'attaque[9].

A. Du champ d'application de la Convention de 1994

Les opérations militaires entreprises par l'ONU ou à son nom sont des actions de police rendant inapplicable le droit international humanitaire. Ainsi, le recours à la force offensive contre des partis en conflit armé par les Casques bleus pour maintenir la paix semble antinomique à sa vocation initiale[10]. Cette configuration de la Mission de paix place les Casques bleus en posture attaquante, ce qui provoquerait le retrait des contingents de l'opération. Le conflit des Grands Lacs africains sur lequel se superposent des intérêts et des agendas multiples, est un des meilleurs exemples de cette hésitation sur le rôle des Nations Unies à recourir à la force pour maintenir la paix et la sécurité dans la région. Cependant, la récente doctrine Capstone illustre bien une évolution importante, en rendant possible, acceptable et souhaitable l'utilisation de la force armée au niveau tactique des opérations, dans ce qui est appelé le « *maintien de la paix robuste* ».

Contrairement au niveau stratégique de l'opération qui fait abstraction du consentement des parties principales en conflit, et rend la mission coercitive, l'utilisation tactique de la force s'inscrit dans la logique de consentement pour l'exécution du mandat décidé par le Conseil de sécurité. À ce sujet, les pays contributeurs de troupes rappellent sans cesse la nécessité d'un maintien de la paix impartial et neutre. La rédaction de la Convention de 1994 traduit leur volonté de protéger leur personnel déployé dans des environnements hostiles[11]. Tout en criminalisant toute attaque contre le personnel des Nations Unies, les

---

[7] F-J. HAMPSON, « La protection des Casques bleus en droit international », *op.cit.*, pp.213-216.

[8] C. EMANUELLI, « La convention sur la sécurité du personnel des Nations Unies et du personnel associé : des rayons et des ombres », *op.cit.*, p.865.

[9] C. EMANUELLI, « La convention sur la sécurité du personnel des Nations Unies et du personnel associé : des rayons et des ombres », *op.cit.*, p.871.

[10] S/RES/2098(2013), 28 mai 2013, §9.

[11] S/1994/653, Commission d'enquête créée par la résolution 885 (1993) du Conseil de sécurité pour enquêter sur les attaques armées contre le personnel de l'ONUSOM II qui a occasionné des victimes dans ses rangs, §151-166, pp.24-26

dispositions de la Convention de 1994 déterminent le statut et la protection dont le personnel onusien bénéficie[12]. Concernant la RDC, le Conseil de sécurité demande à toutes les parties de coopérer pleinement avec la MONUSCO, réaffirme sa condamnation de toutes les attaques contre les soldats de la paix et souligne que les auteurs de ces attaques doivent répondre de leurs actes (rés.2098). Il rappelle en outre d'étendre les sanctions visées au paragraphe 3 de la résolution 2078(2012) aux personnes et entités qui planifient, facilitent et participent aux attaques contre les soldats de la paix de la MONUSCO[13]. La particularité de cette protection réside dans la finalité des opérations militaires menées sur le terrain. À ce titre, le rôle militaire des Casques bleus est conçu comme une simple présence attentive d'observateurs surveillant l'application du cessez-le-feu, et éventuellement de protection et d'appui à la Mission par des unités militaires mobiles à capacités limitées. Par principe, il est établi que toute attaque contre les forces de la paix, matériels et installations des Nations Unies est illicite et engendre la responsabilité pénale des planificateurs et des exécutants. Cependant, si le personnel militaire ainsi que les matériels et installations des forces de maintien de la paix servent des bases pour lancer des attaques contre les groupes armés, ces derniers peuvent devenir des objectifs militaires légitimes pour les groupes armés[14]. Ainsi, les Casques bleus ne peuvent se prévaloir des garanties de la protection qu'à la condition de non-participation aux hostilités. L'engagement actif des Casques bleus dans les hostilités constitue une cause d'exclusion de la protection de la Convention de 1994 y compris pour les civils de l'opération. Ainsi, le non-respect de cette condition par le personnel onusien, et notamment les Casques bleus, prive ces derniers des garanties offertes par la Convention de 1994. Les Casques bleus restent des non-combattants et ne visent qu'à maintenir la paix et la sécurité internationale dans la région[15].Toutefois, les textes encadrant les OMP divergent sur l'interprétation qu'il convient de donner à la notion même « *d'opération des Nations Unies* »[16]. Cette divergence pourrait engendrer des conséquences au statut des Casques bleus.

---

[12] Rapport du Secrétaire général, A/55/637, portée de la protection juridique offerte par la Convention sur la sécurité du personnel des Nations Unies et du personnel associé, 21 novembre 2000, §3.

[13] S/RES/2098 (2013), 28 mars 2013, préambule.

[14] P. BENVENUTI, « Le respect du droit international humanitaire par les forces des Nations Unies : la Circulaire du Secrétaire général », *op. cit.* p.364. O. ENGDAHL, « Protection of personnel in peace opérations », *op. cit.* p.60.

[15] Il constitue l'argument juridique des Nations Unies s'agissant de sa réticence à l'applicabilité du droit international humanitaire aux forces onusiennes, lire F-J. HAMPSON, « La protection des Casques bleus en droit international » *op.cit.*, pp.213 -217.

[16] C. EMANUELLI, « La convention sur la sécurité du personnel des Nations Unies et du personnel associé : des rayons et des ombres », *op.cit.*, pp.866-867.

B. Notion d'opération des Nations Unies au croisement des textes encadrant la conduite opérationnelle des Casques bleus

L'article 2 de la Convention de 1994 détermine son champ d'application en référence aux définitions contenues dans l'article premier, qui définit la notion d'opération des Nations Unies comme une « *opération établie par l'organe compétent de l'Organisation des Nations Unies conformément à la Charte des Nations Unies et menée sous le contrôle et l'autorité des Nations Unies* »[17]. La Circulaire du Secrétaire général du 6 août 1999 définit par contre l'opération des Nations Unies comme « *les opérations menées sous le commandement et le contrôle des Nations Unies* ». Cette distinction terminologique emporte des incidences en termes d'interprétation et d'attribution de responsabilité dans le cadre des OMP[18]. S'agissant de l'attribution de responsabilité, celle-ci peut relever de la contribution directe à la survenance du dommage résultant du commandement stratégique de l'Organisation. Dans ce cas, les actes commis sont réputés être les actes de l'Organisation. Et celle résultant de la contribution indirecte au dommage relevant de l'assistance par les Nations Unies aux forces de l'État qui commettent des violations des droits à travers le soutien logistique et stratégique à la conduite de l'opération militaire par les forces armées régulières de l'État hôte[19]. C'est l'application du principe du « commandement et de contrôle » de l'opération ou de l'action qui détermine qui de l'ONU, des États fournisseurs des troupes ou des organisations régionales peut être attribué le fait illicite[20]. Elle peut induire que la Convention s'applique à des opérations conduites sous le commandement d'une entité autre que les Nations Unies. La notion d'autorité est moins stricte que le commandement et, en ce sens n'exclut pas une habilitation[21]. La clause d'exclusion de la Convention de 1994 vise les « *opérations des Nations Unies autorisées par le Conseil de sécurité en tant qu'action coercitive en vertu du chapitre VII de la Charte des Nations Unies dans le cadre de laquelle du personnel est engagé comme combattant contre des forces armées organisées et auxquels s'applique le droit des conflits armés internationaux* ».

Cette distinction apparente entre opération des Nations Unies et opération autorisée par le Conseil de sécurité laisse présager des interprétations créatives. De cette clause, deux interprétations paraissent possibles selon que l'on analyse la clause de manière restrictive ou élargie. De manière restrictive, cette clause

---

[17] E. LAGRANGE, *Les opérations de maintien de la paix et le chapitre VII des Nations Unies, perspectives internationales*, éd. Montchrestien, 1999, pp.79-81.

[18] P. BODEAU-LIVINEC, « Responsabilité pour faits illicites au cours d'opérations autorisées par le Conseil de sécurité : remarques sur quelques problèmes d'attribution », *op.cit.,* p.208. ; P. LAGRANGE, « Responsabilité des États pour actes accomplis en application du chapitre VII de la Charte des Nations Unies », *op.cit.*, pp.88-93.

[19] *Ibid*

[20] *Ibidem*

[21] O. THIELEN, *le recours à la force dans les opérations de maintien de la paix contemporaines*, *op. cit.*, p. 123.

fait primer les conditions personnelles à l'application de la Convention qui ne s'applique qu'aux seules opérations autorisées par le Conseil de sécurité. Autrement dit, elle concerne les actions entreprises par les États membres de l'Onu agissant à son nom mais pas celles entreprises par l'organisation elle-même. Ainsi, la Brigade d'intervention de la MONUSCO, bien que commandée par un général tanzanien a été autorisée par le Conseil de sécurité et demeure sous commandement opérationnel de la MONUSCO. Autrement dit, la Convention ne s'applique qu'aux opérations décentralisées, autorisées par le Conseil de sécurité certes, mais menées par et sous le commandement opérationnel d'une coalition *ad hoc*, d'une organisation régionale ou d'un État[22]. À la lumière de ce texte, les opérations des Nations Unies sont celles menées sous commandement strictement onusien. L'article premier al. a) et b) de la Convention de 1994 rend inapplicable ses dispositions aux forces armées d'une coalition *ad hoc* ou d'un État restant sous commandement opérationnel national. Dans l'hypothèse où la notion d'opération des Nations Unies englobe les opérations menées sous commandement onusien et certaines menées sous commandement *ad hoc*, comme la MONUSCO, la clause d'exclusion devient antinomique car l'article premier alinéa c) de la même Convention laisse supposer qu'elle ne s'applique qu'aux seules opérations menées sous commandement onusien dans la mesure où elle fait référence à une conduite « *sous l'autorité et le contrôle* » des Nations Unies et non sous leur commandement spécifiquement[23]. Elle considère que les Casques bleus conservent les garanties de la Convention de 1994 et ne seront donc jamais considérés comme combattants quel que soient la situation, leur mandat ou leur comportement, alors même qu'ils peuvent prendre part aux hostilités, même de manière ponctuelle[24]. Ainsi, toutes les opérations coercitives entreprises en vertu de l'article 42 de la Charte de l'ONU seraient couvertes par la Convention. Cependant, les opérations autorisées par le Conseil de sécurité et caractérisées par la participation aux hostilités, même ponctuelle sont exclues du champ de compétence de la Convention. Ainsi, les Casques bleus de la MONUC qui participent aux opérations conjointes ou dans les opérations offensives de la Brigade d'intervention de la MONUSCO ne sont pas protégés par la Convention parce qu'autorisées par le Conseil de sécurité. Cette interprétation de la Convention peut modifier la nature du statut des Casques bleus parce que l'opération n'était pas établie par l'ONU au sens traditionnel de la Convention. Cette interprétation semble contraire à l'esprit de droits des conflits armés.

---

[22] Parmi les opérations décentralisées, il faut citer : MINUAD (Mission conjointe des Nations Unies et de l'Union africaine au Darfour), AMISOM (Mission africaine en Somalie).

[23] C. EMANUELLI, « La convention sur la sécurité du personnel des Nations Unies et du personnel associé : des rayons et des ombres », *op.cit.*, p.867.

[24] O. THIELEN, *le recours à la force dans les opérations de maintien de la paix contemporaines*, *op. cit.*, p. 125.

De manière élargie, si la première interprétation de la Convention de 1994 repose sur les conditions personnelles pour son application, la seconde possible interprétation fait primer les conditions matérielles sur les conditions personnelles. Dans cette situation, la question fondamentale n'est pas de savoir si l'opération est menée directement ou non par les Nations Unies, ni même le fondement ou les termes de son mandat mais de déterminer si la force en question est engagée comme « *combattante contre des forces armées organisées* ». Cette interprétation s'apparente à la position affirmée par un responsable de la CICR pendant la guerre de Serbie au cours de laquelle, certains Casques bleus impliqués dans les hostilités furent faits prisonniers[25].

La Brigade d'intervention de la MONUSCO (rés.2098), détermine la nature de l'intervention en ciblant les groupes armés. La résolution autorise la Brigade à « neutraliser » les groupes armés, ce qui implique une participation active au combat, une confrontation militaire et donc un comportement de combattants. Au nom du principe d'égalité des belligérants, cette configuration pourrait expliquer de façon ponctuelle même les attaques et ciblages des installations de la MONUSCO en Béni par les rebelles des ADF. Une autre ambiguïté émane du double mandat de la MONUSCO : un mandat du maintien de la paix sous la protection de la Convention de 1994 et celui de l'imposition de la paix, incarné par la Brigade d'intervention de la MONUSCO régi par la Circulaire du 6 août 1999. Ainsi, la posture combattante de la Brigade d'intervention de la MONUSCO et sa participation active dans les opérations militaires contre les rebelles de M23 en 2014 pourrait faire évoluer le statut des Casques bleus vers celui de combattants. Cependant, comme l'affirme Ophélie Thièlen : l'analyse de la clause d'exclusion de la Convention de 1994 ne permet pas de déterminer définitivement quelle interprétation est susceptible de prévaloir.

L'ambiguïté de la rédaction de cette clause d'exclusion a été volontaire car résultant d'un compromis politique entre États partisans de son application la plus large possible (y compris aux opérations nationales ou multinationales *ad hoc* intervenant en soutien à une opération de maintien de la paix) et les États partisans d'une stricte application aux opérations dites traditionnelles et non autorisées à faire usage de la force et de la contrainte militaires[26]. La Convention elle-même ne définit pas clairement son champ d'application ou la nature exacte de l'opération à laquelle elle pourrait s'appliquer ou cesser de s'appliquer. La présence de cette clause fait subsister une grande incertitude quant à la question de savoir si les Casques bleus peuvent se prévaloir en tout état de cause ou non des dispositions de la Convention sur la protection qu'elle renforce[27].

[25] Affirmation du représentant du CICR en tant que position officielle de son organisation citée *in* PUGH (M), « l'action humanitaire des Casques bleus », *Stratégie*, n° 69, 1998, p. 143

[26] Rapport du Comité ad hoc, chargé d'élaborer une Convention internationale sur la sécurité du personnel des Nations Unies et du personnel associé A/49/22, Annexe 2 art. 2 ; O. THIELEN, *le recours à la force dans les opérations de maintien de la paix contemporaines*, *op. cit.*, p. 127.

[27] C. EMANUELLI, « La Convention sur la sécurité du personnel des Nations Unies et du personnel associé : des rayons et des ombres », *op.cit.*, p. 867 ; « The Protection Afforded to Humanitarian

L'évolution de la pratique contemporaine du maintien de la paix robuste rend cette incertitude contestable dans la mesure où les Casques bleus sont de plus en plus autorisés à recourir à la force armée pour exécuter leur mandat. La participation de la Brigade d'intervention de la MONUSCO dans les opérations militaires offensives contre le M23 illustre bien ce développement susceptible de modifier le statut des Casques bleus(rés.2098).

C. La participation active des Casques bleus au conflit et la Convention de 1994

Les risques auxquels sont exposés les membres des forces onusiennes dans l'accomplissement de leur mandat de protection des civils, ont conduit les Nations Unies à admettre l'usage de la force en dehors de cas de légitime défense, ce qui implique l'usage du chapitre VII de la Charte. Pour autant, l'application de ce chapitre dans les opérations onusiennes n'engendre pas automatiquement la reconnaissance de l'existence d'un conflit armé et donc l'application du droit international humanitaire. La multiplication des opérations de maintien de la paix, fondées sur le chapitre VII de la Charte[28], autorisant l'utilisation de tous les moyens nécessaires, n'a pas permis la résolution des problèmes d'applicabilité du DIH aux forces de maintien de la paix, même dans le cas où le seuil de conflit armé est atteint et que les agents de maintien de la paix pourraient être qualifiés de combattants[29]. L'action des Nations Unies en République Démocratique du Congo (MONUC/MONUSCO) montre une fois de plus la perpétuation de cette réticence onusienne à la qualification des Casques bleus en combattants.

Dans la résolution 1565 (2004), les forces onusiennes ont appuyé militairement la partie gouvernementale contre les groupes armés dont le cadre aurait dû être le DIH[30]. Cet appui a été soutenu par la Commission régionale composée des représentants du Burundi, de la RDC, du Rwanda et de l'Ouganda, selon laquelle, «*faute de mandat robuste, la MONUC n'est pas perçue comme une menace crédible par les groupes armés*»[31]. L'appui militaire aux FARDC

Assistance Personnel under the Convention on the safety of United Nations and Associated Personnel », in *Les Casques bleus : policiers ou combattants ? op. cit.*, p. 75.

[28] H. HAMANT, « L'évolution profonde du fondement juridique des opérations de maintien de la paix des Nations Unies », dans *les menaces contre la paix et la sécurité internationales, Nouveaux défis et nouveaux enjeux*, Publication de l'IREDIES n° 1, Université Paris 1, Panthéon-Sorbonne, pp.11-18.

[29] L'article 2 commun aux quatre Conventions de Genève « *En dehors des dispositions qui doivent entrer en vigueur dès le temps de paix, la présente Convention s'appliquera en cas de guerre déclarée ou de tout autre conflit armé surgissant entre deux ou plusieurs des hautes parties contractantes, même si l'état de guerre n'est pas reconnu par l'une d'elles* ».

[30] S/RES/1565 (2004) du 1er octobre 2004, § 5 (c)

[31] S/2005/667, Lettre adressée au président du Conseil de sécurité par le représentant permanent de l'Ouganda auprès de l'opération des Nations Unies, 25 octobre 2005 ; voir également S/PRST/2005/46, Déclaration du Président du Conseil de sécurité, 4 octobre 2005 ; Troisième rapport du Secrétaire sur la mission de l'Organisation des Nations Unies en République Démocratique du Congo, S/2004/650, 16 août 2004, p. 22. ;

vise à protéger des civils menacés, à l'amélioration des conditions de sécurité du personnel onusien en vue de la stabilisation[32]. L'objectif final de cet appui reste le désarmement forcé des groupes armés et leur intégration au processus DDR/DDRRR[33]. Cette pratique des Casques bleus, de participer aux combats et de façon répétée à côté des FARDC ou d'engager unilatéralement des forces offensives contre une partie au conflit pour la neutraliser ou la désarmer militairement, nous renseigne sur une possible évolution de son statut au regard du droit international humanitaire[34]. En vertu de la résolution 2389 (2017), le Conseil de sécurité réitère à la MONUSCO, à travers sa Brigade spéciale d'intervention, la responsabilité de neutraliser et désarmer les groupes armés[35]. Cette autorisation impliquant la participation active aux hostilités a relancé le débat sur l'évolution possible du statut de combattants aux forces de maintien de la paix de la MONUSCO, ou du moins à sa brigade d'intervention.[36].

Dans ce contexte, la participation active aux hostilités des Casques bleus de la MONUC/MONUSCO paraît un paramètre évident susceptible de modifier le statut des forces de paix en celui de combattants. D'ailleurs, la prise de la ville de Goma en 2013 par le M23 a constitué à la fois un échec sanglant pour la force de maintien de la paix mais un élément déclenchant le renforcement et la modernisation des forces de la paix par le Conseil de sécurité. Le nouveau mandat de la MONUSCO autorise la Brigade à lancer des opérations offensives ciblées contre les groupes armés et à utiliser des drones dans ses activités de surveillance. Le chef de la Mission estime que : « *La posture militaire de la Force de la MONUSCO devra s'adapter aux nouvelles réalités. Toute la Force sera déployée et fonctionnera sur un mode proactif pour dissuader la violence et assurer la sécurité des civils (...). Nous tenons à augmenter la flexibilité de la Force pour l'aider à mieux dissuader la violence en intervenant en amont plutôt qu'en agissant après les événements* »[37].

Si cette posture militaire offensive conduirait à transformer le statut des Casques bleus en celui de combattants, les instances onusiennes, tout en affirmant la soumission des Casques bleus à l'esprit et aux principes du DIH, ne se prononcent pas clairement sur la nature exacte de leur statut. Elles continuent

[32] Selon le CICR, la décision d'assister l'armée nationale congolaise aurait fait suite au meurtre de onze membres de la MONUC dans la province de l'Ituri, qui aurait provoqué de fortes pressions de la part de la communauté internationale. CICR, Rapport annuel, 2005, p. 69.

[33] S/RES/ 1804 du 13 mars 2008. Lire aussi A/HCR/8/6/Add.3, Promotion de tous les droits de l'homme, civils, politiques, économiques, sociaux et culturels, y compris le droit au développement. Rapport soumis par le représentant du Secrétaire général pour les droits de l'homme des personnes déplacées dans leur propre pays, Walter Kälin, 16 mai 2008, p. 12.

[34] La MONUSCO a été instituée en 2010 pour participer aux opérations militaires dans le cadre du maintien de la paix en cours dans les provinces de Kivu et de l'Ituri et rétablir la stabilité dans les zones sensibles. La brigade a été créée par la résolution 2098 (2013) du Conseil de sécurité au moment du renouvellement du mandat général de la mission. Voir S/RES/2098 du 28 mars 2013.

[35] S/RES/2389 (2017), 8 décembre 2017, préambule.

[36] S/2098/2013 du 28 mars 2013, §12b.

[37] M. KOBLER, Les Echos de la MONUSCO, n° 27, octobre 2013

à soutenir que les actions des Casques bleus menées dans le cadre du maintien de la paix ne sont pas assimilables à des actions combattantes. Il semble que les considérations politiques priment sur l'application du DIH et donc de la qualification des Casques bleus. Les États contributeurs des troupes (ECT) sont aussi opposés à l'application automatique du DIH dans le domaine de la paix. Ils laissent supposer remettre en cause leur engagement en cas de déclaration tranchée de l'ONU, même dans les rares cas où un engagement actif dans le combat par les Casques bleus semble nécessaire notamment en cas de menaces physiques imminentes des civils et des Casques bleus ou lorsque le dépassement du seuil du conflit armé semble atteint. Si la Convention de 1994 vise à protéger les Casques bleus et à criminaliser les actes hostiles à leur égard, la Circulaire du 6 août 1999, loin de régler définitivement la question du statut juridique des Casques bleus, consacre clairement l'application du DIH aux forces de maintien de la paix dès lorsqu'elles participent activement aux hostilités.

§2. Les casques bleus et la circulaire du secrétaire général de l'ONU du 6 août 1999

Contrairement à la Convention de 1994, les dispositions générales de la Circulaire sont clairement orientées vers l'application du droit international humanitaire aux forces des Nations Unies et partant de l'assimilation des Casques bleus aux combattants classiques. À ce sujet, la résolution 2098(2013) marque un véritable changement du mandat de la MONUSCO. Elle oriente et lie une partie de son personnel au conflit armé[38]. L'analyse combinée du champ d'application des dispositions de la Circulaire de 1999 et de la clause de sauvegarde de la Convention de 1994 révèle encore une fois une certaine ambiguïté. L'article premier, alinéa 1 de la Circulaire dispose : « *Les principes et règles fondamentaux de droit international humanitaire énoncés dans cette Circulaire sont applicables aux forces des Nations Unies déployées en situation de conflit armé sous réserve qu'elles participent activement aux combats, dans les limites et pendant la durée de leur participation. Ils s'appliquent donc dans les interventions de contrainte et dans les opérations de maintien de la paix quand l'emploi de la force est autorisé dans l'exercice de la légitime défense* »[39].

---

[38] MONUSCO, Interoffice Memorandum, « Integrated Mission Planning and Civil-Military Coordination for the Force Intervention Brigade », 2013.

[39] J. SAURA, « Lawful Peacekeeping: Applicability of International Humanitarian Law to United Nations Peacekeeping Operations », *op.cit.* pp.502-504. L'auteur considère que le droit international humanitaire doit être pleinement applicable aux Casques bleus dès lors qu'ils sont dotés d'un mandat impliquant l'usage de la force au-delà de la stricte légitime défense personnelle et qu'ils sont déployés dans une situation de conflit armé en cours et non seulement durant le temps de leur participation aux hostilités.

Cet article précise les situations caractérisant une participation active au combat et induit qu'il s'applique à toutes les opérations de contrainte décidées par le Conseil de sécurité[40].

A. La Circulaire du Secrétaire général et son insertion dans le statut des Casques bleus au mandat robuste

En effet, l'usage de la force dans une OMP ne conditionne pas l'application automatique de la Circulaire mais elle s'applique plutôt lorsque le mandat prévoit le droit de légitime défense, ce qui est le cas de toutes les opérations de maintien de la paix indépendamment de la situation sur le théâtre des opérations. Cette disposition rappelle le principe selon lequel tout usage de la force et de la contrainte armée doit se faire dans le respect des règles du droit des conflits armés internationaux notamment les principes de discrimination, de nécessité, de précaution et de proportionnalité[41]. L'analyse combinée de ces deux phrases de l'article premier, alinéa 1 implique que le simple fait que l'opération prévoit l'usage de la force en légitime défense caractérise la participation active aux combats[42]. Ainsi, l'attaque des Casques bleus tanzaniens de la MONUSCO sur le pont Semliki à Bunia en 2017 par le groupe armé ADF et la riposte en légitime défense pour assurer leur sécurité et celle du personnel présent sur leur base, pourrait traduire une participation active aux combats. Autrement dit, c'est parce que les Casques bleus, ripostent en légitime défense contre l'attaque dont ils sont victimes, qu'ils deviennent combattants. Cette interprétation fait de partie belligérante, toute force de maintien de la paix.

L'alinéa 2 de l'article premier semble définir une sorte de clause de sauvegarde dans laquelle, la Circulaire ne s'oppose pas à l'application de la Convention de 1994 sur la sécurité du personnel onusien : « *La publication de la présente circulaire ne porte pas atteinte au statut protégé des membres des opérations de maintien de la paix en vertu de la Convention sur la sécurité du personnel des Nations Unies et du personnel associé, ni à leur statut de non-combattant* ». Toutefois, l'article deux de la même Circulaire écarte l'applicabilité de l'ensemble des principes et règles du droit international humanitaire (DIH) y compris des combattants aux Casques bleus. Cet alinéa 2 contient une disposition limitative en précisant que les forces des Nations Unies continuent à bénéficier des garanties de la Convention de 1994 et du statut de non-combattant « *Tant que les intéressés ont droit à la protection garantie aux civils par le droit international des conflits armés* ». Autrement dit, à la non-participation conditionnelle aux hostilités. Cette précision est renforcée par

---

[40] La Circulaire du Secrétaire général du 6 août 1999, article premier. ; R. KOLB, *Droit humanitaire et opérations de paix internationales*, *op.cit.*, p. 62.
[41] A. GUELLALI, « Lex specialis, Droit international humanitaire et droits de l'homme : leur interaction dans les nouveaux conflits armés », *op.cit.*, p.561.
[42] O. THIELEN, *Le recours à la force dans les opérations de maintien de la paix contemporaines, op.cit.*, p.128.

l'article 5 relatif à la protection de la population civile, lequel dispose en son alinéa 4 que : « *Les installations et le matériel militaire des opérations de maintien de la paix, en tant que tel, ne sont pas considérés comme des objectifs militaires* ».

La précision « *en tant que tel* » traduit une prohibition de toute attaque contre les installations et matériels onusiens. En revanche, cette prohibition tombe lors qu'ils sont utilisés pour la conduite des opérations militaires coercitives caractérisant une participation active aux hostilités. La lecture de l'alinéa 1 du premier article de la Circulaire de 1999 permet de conclure que les Casques bleus peuvent perdre les bénéfices de la Convention de 1994 dès lors qu'ils sont déployés dans une situation de conflit armé et que leur mandat n'autorise l'usage de la force qu'en cas de légitime défense. Celle-ci est entendue comme participation active au combat. Cette interprétation tend à exclure les Casques bleus du champ d'application de la Convention alors même que la Circulaire ne détermine pas les circonstances dans lesquelles, les Casques bleus peuvent perdre les garanties offertes par la Convention[43]. Cette influence a conduit le rapport Brahimi à reprendre les règles de légitime défense élargies[44]. Ce rapport préconise que : « *Les règles d'engagement devraient non seulement permettre aux contingents de riposter au coup par coup, mais les autoriser à lancer des contre-attaques assez vigoureuses pour faire taire les tirs meurtriers dirigés contre les soldats des Nations Unies ou les personnes qu'ils sont chargés de protéger et dans les situations particulièrement dangereuses, à ne pas laisser l'initiative à leurs attaquants* »[45].

Cette lecture littérale du champ d'application de la Circulaire paraît compromettante dans la mesure où elle rendrait sans objet la Convention de 1994[46]. Aussi, les dispositions de la Circulaire ne déterminent pas les circonstances dans lesquelles, les Casques bleus pourront perdre la protection que leur garantit la Convention. Aux termes de cette analyse, il est établi que les deux textes analysés dans la conduite des opérations militaires ne règlent pas définitivement la question du statut des Casques bleus. Les dispositions de la Convention de 1994 et celles de la Circulaire de 1999 prévoient implicitement le principe d'une possible application pleine et entière du droit des conflits armés à l'égard des Casques bleus sans pouvoir déterminer les conditions ou situations dans lesquelles cette possibilité peut se réaliser[47]. Cette occultation traduit la

---

[43] O. THIELEN, *Le recours à la force dans les opérations de maintien de la paix contemporaines*, *op.cit*., p.129.
[44] Rapport Brahimi, *op.cit.*, point n° 49, p.10.
[45] *Ibid.*
[46] Il est précisé dans son article 21 que l'usage de la force armée par les Casques bleus en légitime défense ne porte atteinte au statut protégé dont ils bénéficient en vertu de la Convention. La Convention ne peut être interprétée comme restreignant le droit de la légitime défense. Lire aussi O. THIELEN, *recours à la force dans les opérations de maintien de la paix contemporaines*, *op. cit.*, pp. 128-129.
[47] R. KOLB, *Droit international humanitaire et opérations de paix internationales*, *op.cit.*, p.36.

position traditionnelle des Nations Unies à l'égard des conséquences que peuvent découler de l'applicabilité du droit international humanitaire sur le statut des Casques bleus[48]. Dans ce contexte, les Nations Unies devront analyser les implications juridiques de ce nouveau mandat, autorisant les Casques bleus de la MONUSCO à faire usage de la force armée offensive dans la conduite des opérations militaires et de tirer surtout les conséquences juridiques en termes de statut de Casques bleus.

Le maintien de cette ambiguïté risque de compromettre la sécurité juridique des Casques bleus et à terme la légitimité même de l'opération de maintien de la paix. Ce qui implique de rechercher le point de rupture entre les opérations de maintien de la paix couvertes par la Convention de 1994 et sa clause d'exclusion et celles régies par la Circulaire de 1999 avec sa clause de sauvegarde y compris les exceptions qu'elles contiennent[49]. Le Secrétaire général des Nations Unies rapporte, s'agissant de la portée juridique de la Convention de 1994, ce qui suit : « *En définitive, il appartiendra à la pratique des États ou des juridictions nationales ou internationales compétentes d'établir clairement la distinction entre le régime du droit international humanitaire et le régime de protection prévu par la Convention, qui s'excluent mutuellement. En dernière analyse, ce n'est pas la nature du conflit qui devrait déterminer l'applicabilité du droit international humanitaire ou de la Convention mais plutôt la question de savoir si, quel que soit le type de conflit, les personnels des opérations de maintien de la paix des Nations Unies y sont activement engagés en tant que combattants ou ont au contraire droit à la protection accordée aux civils en vertu du droit international des conflits armés* »[50].

S'il est désormais établi que les deux textes analysés sont applicables dans tous les conflits armés, la détermination des règles applicables aux Casques bleus dans la conduite des opérations militaires est renvoyée aux États et juridictions nationales et internationales qui pourront déterminer au cas par cas le statut de Casques bleus[51]. Cette approche semble aussi contestable, car la qualification du statut de Casques bleus peut souffrir de la divergence d'interprétation des faits en fonction des juridictions saisies. Les Nations Unies occultent une fois de plus

---

[48] Il convient de noter qu'une réflexion a été amorcée récemment au sein du CICR sur cette question du statut des Casques bleus à l'égard des conflits armés dans certaines opérations dans lesquelles l'usage de la force est autorisé à l'occurrence la MONUC. À ce jour, aucune position, ni conclusion n'ayant encore été rendue.

[49] O. THIELEN, *Le recours à la force dans les opérations de maintien de la paix contemporaines, op.cit.*, p.230.

[50] Rapport du Secrétaire général, A/55/637, 21 novembre 2000, Portée de la protection juridique offerte par la Convention sur la sécurité du personnel des Nations Unies et du personnel associé.

[51] CICR, Applicacability on International Humanitarian Law and International Human Rights Law to United Nations Mandated Forces, *op.cit.*, p.10; J-M. THOUVENIN, « Le statut juridique des forces de maintien de la paix », *op.cit.*, p.113.

la nécessité de déterminer clairement les critères de distinction liés à la question du statut des Casques bleus dans la conduite des opérations militaires[52].

B. L 'analyse du Jus ad Bellum et de Jus in Bello au soutien du statut des forces de maintien de la paix

Pour savoir si les forces de maintien de la paix peuvent conserver leur statut et continuer à bénéficier la protection résultant de la Convention de 1994 quel que soit leur situation et leur comportement dans la conduite opérationnelle, deux approches peuvent être proposées. Elles sont fondées à la fois sur l'analyse du *jus ad bellum* et du *jus in bello* et lesquelles pourraient être retenues par les instances onusiennes[53]. La première approche porte sur le système onusien de maintien de la paix et du *jus ad bellum*. Elle implique la modification substantielle du droit des conflits armés tendant à prévoir explicitement le caractère absolu, permanent et inconditionnel du statut de non combattant et de la protection spécifique des Casques bleus indépendamment des circonstances et de leur comportement en assimilant analogiquement les forces de maintien de la paix aux forces de police étatique[54]. Une telle analyse a le mérite de mettre fin aux deux statuts des Casques bleus, combattant et policier. La seconde approche est fondée sur le *jus in bello*. Celle-ci varie selon la situation et la nature de l'adversaire. Elle implique de redéfinir la notion de partie au conflit ou de participation aux hostilités. Son application reviendrait à considérer que l'usage de la force contre l'un ou l'autre des belligérants n'a pas d'incidence sur le statut des Casques bleus et ne caractérise pas une participation active et directe aux hostilités car cet usage par les Casques bleus relèverait plutôt d'une immixtion militaire dans le conflit non pas en tant que partie au conflit mais plutôt en qualité de garant du respect des obligations et des engagements des belligérants[55]. Le développement de cette approche suscite un intérêt pour les Nations Unies mais pourrait être juridiquement contestable dans la mesure où elle légitimerait une potentielle inégalité entre les belligérants[56].

---

[52] B. GAUDIN, « Pour un droit opérationnel incontestable », *Défense nationale et sécurité collective*, n° 6, 2008, pp. 167-174.

[53] O. THIELEN, *L'usage de la force dans les opérations de maintien de la paix contemporaines*, *op.cit.*, pp.132-133.

[54] R. PINTO, « Les règles du droit international concernant la guerre civile », *R.C.A.D.I.*, vol.114, 1965-1, pp.522-523.

[55] A. LEJBOWITCZ, « Usage de la force et culture de la paix », Inflexions, civils et militaires : *pouvoir dire*, n° 2, 2006, p.78. ; O. THIELEN, *L'usage de la force dans les opérations de maintien de la paix contemporaines*, *op.cit.*, p.133.

[56] Les États contributeurs ou non, seraient certainement tentés de soutenir une telle position car elle ouvrirait la voie à la reconnaissance de la protection due aux non combattants au profit des membres des forces armées intervenant dans un conflit armé sur autorisation et habilitation du Conseil de sécurité, en ce que l'exclusion générale, absolue et inconditionnée du statut de combattants des Casques bleus serait fondée sur la finalité spécifique des opérations de maintien de la paix, finalité analogiquement proche de celles des opérations coercitives autorisées par le Conseil de sécurité.

Cette approche qui repose sur l'analyse du *jus in bello* nécessite la détermination claire du seuil au-delà duquel le droit des conflits armés sera d'application pleine et entière aux Casques bleus à l'exclusion de la Convention de 1994[57]. Certains auteurs considèrent que la conformité au *jus in bello* impose que, dès lors que la force de maintien de la paix est impliquée dans le combat quelle que soit la situation et que les Casques bleus font usage de la force même en cas de légitime défense, ils doivent être soumis aux règles de droit des conflits armés[58]. Cette analyse semble aller dans le sens de la flexibilité mais s'est révélée en définitive trop extensive pour être retenue dans la mesure où elle fait référence au seuil d'applicabilité du droit des conflits armés internationaux. Elle implique que tout usage de la force armée par les Casques bleus soit considéré comme caractérisant une participation active aux hostilités suffisante pour leur octroyer le statut des forces belligérantes[59]. Cette hypothèse revient à affirmer que c'est parce que les Casques bleus de la MONUSCO ripostent en légitime défense aux attaques dont ils sont victimes qu'ils deviennent combattants et perdent la protection conférée par la Convention de 1994[60]. Une telle analyse rendrait inapplicable la Convention de 1994 à toutes les opérations de maintien de la paix alors même qu'elle rappelle dans son article 21 : « *Qu'aucune de ses dispositions ne peut être interprétée comme restreignant le droit de légitime défense* ». Il convient de souligner que même les critères d'applicabilité du droit des conflits armés non internationaux permettant de distinguer ces situations des troubles intérieurs, caractérisés par une intensité des hostilités et une organisation des forces insurgées soient suffisants pour justifier l'application pleine et entière du droit international humanitaire[61].

Ainsi, l'exercice de la légitime défense par les Casques bleus de la MONUC/MONUSCO ne présage pas la modification de leur statut non plus. Et comme on peut l'imaginer, les deux approches ainsi analysées ne permettent pas de lever cette ambigüité, ni trancher définitivement la question liée au statut des

---

[57] R. KOLB, *Droit international humanitaire et opérations de paix internationales*, *op. cit.*, pp. 33-39 ; S. VITE, « Typologie des conflits armés en droit international humanitaire : concepts juridiques et réalités », *op. cit.*, pp. 80-89.

[58] P. WECKEL, « Le droit des conflits armés et les organisations internationales », in *Les organisations internationales et les conflits armés, op. cit.*, pp. 97-98. ; P. BENVENUTI, « Le respect du droit international humanitaire par les forces des Nations Unies : la Circulaire du Secrétaire général », *op. cit.*, p. 364 ; F. JORAM, « Les opérations de paix et l'obligation de respecter le droit international humanitaire », *op. cit.* p.359 ; O. THIELEN, *Le recours à la force dans les opérations de maintien de la paix contemporaines*, *op. cit.*, p.134.

[59] E-T. BLOOM, « Protecting peacekeepers: The Convention on the safety of United Nations and associated personnel », *op.cit.* p. 625.

[60] O. THIELEN, *Le recours à la force dans les opérations de maintien de la paix contemporaines*, *op. cit.*, p.134.

[61] Une certaine doctrine a pu ne pas tenir compte du degré d'hostilité en tant que critère déterminant sous réserve d'un usage des armes allant au -delà de la légitime défense sporadique mais surtout tenir compte du degré d'organisation des forces auxquelles les Casques bleus devaient affronter : M. BOTHE, « Peacekeeping and International Humananitarian Law : Friends or Foes ? » *International Peacekeeping*, juin-décembre 1996, p. 95

Casques bleus ainsi que ses implications juridiques dans la conduite opérationnelle. La finalité de l'usage de la force semble être le critère supplémentaire pour l'applicabilité du droit des conflits armés. La spécificité des forces de maintien de la paix implique la recherche d'un critère nouveau permettant l'identification des situations et circonstances dans lesquelles les Casques bleus perdent leur statut original au profit de celui de combattant[62]. Ainsi, l'usage offensif de la force armée par les Casques bleus de la MONUSCO (rés.2098), pourrait juridiquement les placer momentanément dans une situation de combattant et le temps que dureront les opérations en cause. Cette hypothèse apparaît dans la résolution 2047 dans laquelle, les Casques bleus prennent l'initiative de l'usage de la force armée dans la conduite des opérations militaires offensives ayant pour finalité le désarmement forcé et la neutralisation des milices et des groupes armés irréguliers[63].

En 2008, cette question de la qualification des agents du maintien de la paix, des civils ou des combattants s'était posée en raison des actions robustes de la MONUC décrites précédemment. De temps en temps, la MONUC a apporté son soutien aux forces congolaises, son implication se limitant à un soutien logistique. Mais depuis les résolutions 2098 (2013) et 2147 (2014), le soutien de la MONUSCO aux forces armées congolaises est de plus en plus affirmé dans la mesure où il a impliqué des opérations offensives constituées de phases de planification, d'attaques aériennes suivies d'opérations de ratissage, voire de recherches des caches d'armes des groupes armés. Compte tenu de ce soutien actif, les Casques bleus impliqués dans les dites opérations coercitives ne sont plus des civils mais pourraient être qualifiés de combattants[64]. Dans ce contexte de confrontation, les groupes armés peuvent aussi riposter contre les attaques des Casques bleus, et même les transformer en cibles militaires légitimes, arguant le principe d'égalité des belligérants dans la mesure où les forces de maintien de la paix les attaquent et participent activement aux opérations militaires visant à leur neutralisation[65]. Il ne s'agit pas de reconnaitre ici aux forces rebelles le droit d'attaquer les forces de maintien de la paix mais d'établir une certaine égalité entre les belligérants. À ce sujet, la riposte des groupes armés aux offensives menées par les forces de la paix est autorisée et ne peut constituer ni un crime de guerre, ni une infraction à la Convention de 1994.

Le statut de partie au conflit et partant de combattant au sens classique du terme, paraît plus justifié que le mandat des opérations de maintien de la paix en RDC précise systématiquement que les Casques bleus interviennent en soutien

[62]R. KOLB, G. PORRETTO et S. VITE, « L'application du droit international humanitaire et des droits de l'homme aux organisations internationales, Forces de paix et administrations transitoires », *op.cit.*, p. 180.

[63] S/RES/2098 (2013), 28 mars 2013, § 12(b)

[64] S. ZASOVA, *Le cadre juridique de l'action des Casques bleus, op. cit.* pp. 102-103.

[65] « Les soldats de l'Organisation des Nations Unies affrontent les milices en Ituri », *Le Monde*, 4 mars 2005.

aux FARDC[66], lesquelles sont en situation de conflit armé ouvert avec les groupes armés irréguliers qu'ils cherchent à neutraliser. Dans ce cadre, la Convention de 1994 va continuer à s'appliquer dès lors que les Casques bleus font usage de la force à titre défensif conformément à leur mandat et même en cas d'interposition pour la protection des populations civiles[67]. Mais, la combinaison du seuil d'hostilité, de l'organisation contre les forces irrégulières, de la finalité de l'usage de la force et de la contrainte armée contre les rebelles semblent pertinente pour que les Casques bleus cessent de se prévaloir de la protection offerte par la Convention de 1994. Cette approche constitue une interprétation logique et réaliste de la combinaison de la clause d'exclusion de la Convention de 1994 et de la clause de sauvegarde de la Circulaire de 1999. Elle représente de façon adéquate le point de rupture au-delà duquel les Casques bleus pourraient devenir combattants et donc exclus légitimement de la protection garantie par la Convention de 1994[68]. Dans ce contexte, la protection des Casques bleus est liée non pas à leur statut de personnel onusien en tant que tel, mais à leur comportement de non combattant. Cette approche présente l'avantage de respecter le principe d'égalité des belligérants et permet de résorber l'incertitude entretenue par les Nations Unies, voire de combler le vide juridique qui entoure la conduite des opérations robustes de maintien de la paix.

C. Le statut variable des Casques bleus et le caractère relatif de la légitime défense

S'il est établi que les Casques bleus peuvent changer leur statut en raison de leur comportement sur le terrain opérationnel et des moyens utilisés, l'approche retenue présenterait une certaine insécurité juridique dans la mesure où le statut des Casques bleus deviendrait variable selon le temps ainsi que la qualité des adversaires organisés ou non[69]. Depuis 2003, la MONUC/MONUSCO, mène des opérations militaires contre les groupes armés, tantôt seule ou en appui aux autorités congolaises dans les provinces du Kivu et Ituri, lesquelles opérations ont eu pour finalité la protection proactive et dans une certaine mesure préventive de la population civile menacée. Dans la résolution 1592 (2005), le Conseil de

---

[66] À titre d'exemple, les opérations ci-après ont apporté un soutien militaire aux États hôtes de la mission dans la recherche de la paix, la S/ RES/ 1528 (2004), 27 févier 2004, §6 d), ONUCI ; S/RES/1493 (2003), 28 juillet 2003, § 17, MONUC ; S/RES/1270 (1999), § 14, 22 octobre 1999, MINUSIL. Cependant les Casques bleus n'interviennent pas en soutien aux prétentions de l'État hôte mais aide à la sécurisation, le rétablissement et au maintien de l'ordre et plus généralement à la mise en œuvre des accords de paix. Cette distinction s'avère difficile à établir lorsque les Casques bleus soutiennent opérationnellement et militairement les actions de lutte contre les groupes armés irréguliers comme en RDC avec la Brigade d'intervention de la MONUSCO.

[67] F. CHAUVANCY, « Quel avenir pour les opérations de maintien de la paix ? », *Défense nationale*, 1997, n° 8-9, pp. 149-150

[68] O. THIELEN, *Le recours à la force dans les opérations de maintien de la paix contemporaines*, *op. cit.*, p.135.

[69] *Ibid*

sécurité autorise les Casques bleus de la MONUC à utiliser tous les moyens nécessaires, à utiliser les tactiques d'encerclement et de recherche pour prévenir des attaques contre les civils et perturber les capacités militaires des groupes armés illégaux qui continuent de faire usage de la violence notamment à l'Est de la RDC[70]. Les Casques bleus de la MONUSCO continuent à soutenir opérationnellement et militairement les forces armées congolaises dans la lutte contre les groupes armés irréguliers à l'Est[71]. Cet appui implique la planification conjointe d'opérations et un appui logistique au profit de la partie gouvernementale[72]. Les Casques bleus sont devenus dans cette circonstance partie au conflit soumis au DIH. Ainsi, dès lors qu'il y a confrontation militaire pour désarmer les rebelles organisés, le statut de non combattants dont les Casques bleus semblent se prévaloir en pareille situation devient contestable. Et si la Circulaire de 1999 a pu régler la question de la détermination des normes fondamentales des conflits armés applicables à la conduite des opérations militaires des forces de maintien de la paix, il convient bien d'admettre que c'est de façon partielle et incomplète que ce règlement a pu être opéré s'agissant des moyens et méthodes de combats prohibés. La Circulaire n'interdit pas explicitement certaines armes que des Conventions ont rendues illicites, notamment les armes chimiques, les armes empoisonnées ou les armes à laser aveuglantes. Cet état appelle quelques clarifications pour éviter qu'un contingent utilise ce type d'armement qui ne lui serait pas interdit par son État d'origine non signataire des traités en la matière.

Quant à la question de la légitime défense, ce droit de légitime défense étant inhérent à l'individu, il est possible qu'il appartienne indifféremment aux personnels militaires, aux civils des Nations Unies et aux groupes armés que la force de paix tente de neutraliser. Alors que l'usage de la force par les Casques bleus de la MONUC/MONUSCO dépasse désormais la simple légitime défense individuelle et s'étend à la défense du mandat, la question des titulaires de ce droit à la légitime défense pourrait se poser également dans la conduite des opérations militaires offensives. Les conditions de son application, son sujet, son objet, sa portée et son étendue sont pourtant nécessaires à la compréhension de la notion. Comme ce droit à la légitime défense est inhérent à tout individu, il est difficile de déduire qu'il s'envisage à la seule légitime défense personnelle ou s'il inclut la légitime défense fonctionnelle. Et rien n'indique non plus les conditions d'exercice de ce droit c'est-à-dire en substance s'il exige une attaque en cours de réalisation, un acte hostile imminent ou encore si une situation hostile suffit pour sa mise en œuvre. Il semble aussi difficile de déterminer si le droit de la légitime défense est le même en cas de protection des personnes et des biens

---

[70] S/RES/ 1592 (2005) du 30 mars 2005, § 7.

[71] Y. BRAEM, A. De HOOP SCHEFFER, C. OLSON et R. POUYE, « Le rôle des militaires dans la reconstruction d'États après les conflits », *Centre d'études en sciences sociales de la défense*, 2007, pp. 256-260.

[72] S/RES/1756 (2007) du 15 mai 2007 ; S/RES/1856 (2008) du 22 décembre 2008.

ainsi que du degré autorisé de force létale ou non. L'ambiguïté de cette notion de légitime défense en situation de conflit armé peut permettre aussi de l'interpréter comme impliquant que les forces ou groupes armés réguliers ou non, auxquels peuvent s'opposer les Casques bleus puissent user des armes en légitime défense, à leur encontre sans violer ni, les dispositions de la Convention, encore moins le DIH. L'ensemble de ces lacunes et incertitudes rendent en définitive, relatif ce droit de légitime défense et dont le seul intérêt dans les textes encadrant les opérations de paix sous commandement onusien consiste, semble-t-il, à la détermination et à l'uniformisation de ses conditions et de son contenu dans son acceptation onusienne et dans le but de mettre fin à l'applicabilité de fait des législations pénales nationales dans la conduite des opérations de maintien de la paix.

S'agissant de la question de l'usage excessif de la force dans la conduite des opérations militaires par les Casques bleus, les codes du DOMP établissent les principes directeurs applicables aux unités de police constituées et affectées aux opérations de maintien de la paix. Pour la police des Nations Unies affectée aux OMP, l'usage excessif de la force doit être considéré comme « *une inconduite grave* », passible de mesures disciplinaires prononcées par le DOMP et, le cas échéant, de poursuites pénales par l'État d'envoi[73]. En RDC, l'usage excessif de la force par les Casques bleus n'a pas encore été documenté par les instances onusiennes, ce qui n'écarte pas les soupçons lorsque, contre deux Casques bleus tués par le FNI en Ituri, 50 à 60 miliciens sont neutralisés par les Casques bleus de la MONUC[74]. En outre, aucune indication n'est fournie quant aux conditions et circonstances constituant son usage excessif. De même s'il est précisé que les forces de police sont tenues au respect des normes internationalement reconnues en matière de droits de la personne et des lois nationales, là encore aucune de ces dispositions ne déterminent les conditions et circonstances dans lesquelles les forces de la police onusienne peuvent licitement faire usage de la force et de la contrainte armée ou non.

SECTION 2. L'encadrement du soutien des Casques bleus au profit de l'État hôte de la mission de paix

Les États et les organisations internationales agissant sur base des autorisations du Conseil de sécurité sous chapitre VII peuvent être accusés de violer le *jus ad bellum* en outrepassant le mandat conféré ou de violer le *jus in bello*. Quel que soit l'accusation, il convient d'analyser les mécanismes

[73] Circulaire du Secrétaire général de l'ONU, Disposition pour prévenir l'exploitation et les abus sexuels, ST/SGB/2003/13, 22 mai 2005, section 3-5.

[74] Dix-septième rapport du Secrétaire général sur la mission des Nations Unies en République Démocratique du Congo, *op.cit.*, §19.

permettant d'engager la responsabilité des acteurs pour les actes illicites commis en relation avec les autorisations données par le Conseil de sécurité et de se demander comment ils répondent aux exigences de prévisibilité juridiques propres à réconforter la légitimité des actions conduites dans le cadre du chapitre VII. Outre les questions soulevées par les mécanismes d'attribution et répartition de responsabilité entre l'ONU, les États contributeurs des troupes, les organisations internationales autorisées à faire usage de la force armée et la responsabilité pénale des personnes physiques, voire des acteurs humanitaires qui sont également affectés par cette posture militaire des Casques bleus[75]. Cet encadrement permet aux forces de la paix d'assurer une permanence opérationnelle et juridique réelle dans l'exécution du mandat plutôt que formelle et limitée à dénoncer les abus et violations diverses des droits par les FARDC que certains Casques bleus.

§1. Problème d'attribution et de répartition de responsabilité entre les nations unies et les États autorisés

Le soutien logistique et militaire de la MONUSCO à certaines unités des FARDC qui commettent des violations du DIH ou des droits de l'homme pourraient entrer en contradiction avec l'objectif de protection des civils. Un soutien de cet ordre pourrait rendre sans doute l'ONU complice de ces violations et engager potentiellement sa responsabilité internationale[76]. Le Secrétaire général de l'ONU fait remarquer : « *L'association, conformément au mandat de la mission onusienne de la MONUC et des FARDC, qui sont pour une large part responsable des violations des droits de l'homme, notamment des femmes, pourrait devenir une source de difficulté (...)* »[77].

Le soutien que la force des Nations Unies (MONUC/MONUSCO) aux FARDC pourrait dans certains cas être assimilé comme une aide et assistance potentielles à la commission d'un fait illicite[78]. Depuis 2008, les ONG de défense des droits de l'homme et les rapports des Nations Unies[79]ont établi que les opérations militaires menées par les FARDC avec le soutien logistique, matériel, stratégique et opérationnel de la MONUC/MONUSCO dans le territoire du Kivu, Ituri et dans le Haut-Uélé ont conduit à des exactions contre les populations

---

[75] MONUSCO, République Démocratique du Congo : stratégie du système des Nations Unies pour la protection des civils, janvier 2010, §13.

[76] J-M. SOREL, « La responsabilité des Nations Unies dans les opérations de maintien de la paix », *op.cit.*, p.133.

[77] À/HCR/8/6/Add.3 *op. cit.*, p. 13. ; Rapport de la 57ème session de la Commission du droit international, Documents officiels de l'Assemblée générale, supplément n° 10, A/60/10, 2005, p.54.

[78]Voir commentaire de l'ONU sur le projet d'articles sur la responsabilité des organisations internationales, doc. ONU A/CN.4/637/Add.1, 17 février 2011, Commentaires sur le projet d'article 13, p.18.

[79] Trentième rapport du Secrétaire général sur la mission de l'Organisation des Nations Unies en République Démocratique du Congo, S/2009/623, 4 décembre 2009, §9.

civiles[80]. En 2011, les ONG Oxfam et Human Right Watch décrivaient les FARDC comme les premiers responsables d'abus à l'Est du Congo[81].

A. Le risque du copier-coller de la responsabilité des États à l'organisation internationale

Lorsque les attaques par hélicoptère de la MONUSCO ont ciblé les rebelles du M23 en 2012, en soutien aux FARDC[82], la MONUSCO avait bien identifié ce risque de non observance du droit international humanitaire (DIH) par les FARDC en alertant le gouvernement congolais sur le fait qu'elle « *pourrait avoir à moduler son appui aux FARDC en fonction de leur comportement et de leur respect du DIH et des droits de l'homme* »[83]. La question qui se pose concernant ces opérations militaires conjointes MONUSCO/FARDC est celle de la possible coresponsabilité juridique de l'ONU dans le cas où une violation spécifique du DIH est commise par les forces de sécurité congolaises à l'appui desquelles, elle accorde son soutien logistique et tactique[84]. L'analyse qui découle de la possible responsabilité des Nations Unies dans les abus commis par les FARDC en appui desquelles, la force de paix conduit au fait que le résultat final est une copie de la responsabilité des Etats alors qu'on est face à une organisation internationale. La MONUC qui est la création des Nations Unies ne pouvait pas ignorer que certaines unités des FARDC commettent des violations des droits dans les territoires sous leur contrôle alors même que toutes les résolutions du Conseil de sécurité les considèrent comme sa grande préoccupation[85]. Ainsi, en accordant une assistance de cette nature, la MONUC ne devait pas ignorer la destination et la finalité de son soutien. Toutefois, les mécanismes d'attribution combinée aux immunités juridictionnelles dont bénéficie l'ONU, ne devrait pas aboutir au sentiment selon lequel les actes illicites commis sous mandat onusien bénéficieraient d'un régime exceptionnel d'impunité. On peut se demander dans quelle mesure, la pertinence des dispositions de la CDI relatives aux mécanismes

---

[80] Rapport d'enquête consolidé du bureau conjoint des Nations Unies pour les droits de l'homme suite aux vastes pillages et sérieuses violations des droits de l'homme commis par les FARDC à Goma et Kanyabayonga en octobre et novembre 2008, MONUC-Bureau du Haut-commissariat aux droits de l'homme, Rapport spécial du 7 septembre 2009

[81] Human Right Watch, « Les soldats violent, les commandants ferment les yeux : violences sexuelles et réforme militaire en République Démocratique du Congo », juillet 2009 ; N. DI RAZZA, *La protection des civils par les opérations de maintien de la paix de l'ONU, op.cit.*, p.407.

[82] Reuters, « UN helicopters strike rebel posts in Congo », *in New York Times,* 18 novembre 2012, p.8.

[83] *Ibid.* §21.

[84] P. LAGRANGE, « Responsabilité des États pour les actes accomplis en application du Chapitre VII de la Charte des Nations Unies », *R.G.D.I.P*, 2008, pp.86-88.

[85] « Des violences de l'armée congolaise jettent un doute sur le rôle de l'Organisation des Nations Unies », *Le Monde*, 10 novembre 2009.

d'attribution constituent une réponse adéquate aux opérations de maintien de la paix[86].

Si l'État n'avait pas connaissance des faits pour lesquels son aide allait être utilisée ou s'il n'entendait pas contribuer à la réalisation du fait illicite, sa responsabilité ne pouvait être engagée au titre de l'assistance. Il est aussi établi que le fait illicite commis par l'État assisté constitue aussi une violation d'une obligation internationale liant l'État qui assiste[87]. À ce titre, L. Conderelli avait soutenu l'idée d'une double imputation selon laquelle dans une opération de maintien de la paix, la responsabilité des Nations Unies pour des actes commis par des Casques bleus n'exclut pas la responsabilité des États contributeurs[88]. Il convient d'établir un lien de causalité entre l'acte illicite et l'aide matérielle que les Nations Unies apportent à l'État hôte pour que cette responsabilité soit établie. Cependant, si les Nations Unies accordent un soutien militaire à ce niveau, il convient qu'elles exercent le contrôle et le suivi de la force et des moyens qu'elles ont mis à la disposition de leur partenaire y compris la destination. Ce qui n'implique pas que les Nations Unies assistent, permettent et favorisent volontairement ces violations. Même s'il est difficile d'établir cette responsabilité directement, on pourrait envisager une coresponsabilité au titre de la négligence. On peut supposer que cette aide a été décisive pour le DDR et qu'elle ait contribué ou facilité même indirectement à la perpétration des violations du DIH.

En 2009, l'ONG *Human Rights Watch* avait publié un rapport sur la régularité de l'ensemble des opérations militaires conjointes FARDC/MONUC et a conclu à des violations généralisées du DIH par les FARDC[89]. Il en est de même lorsque le commandement onusien conduit des opérations militaires coordonnées avec Bosco Ntangana, commandant en chef des forces régulières congolaises à l'encontre duquel un mandat d'arrêt de la CPI a été délivré pour les crimes de guerre commis entre 2002-2004 en Ituri[90] ou lorsque les Casques bleus continuent de participer aux opérations conjointes avec certaines unités des

[86] Rapport de la 53ème session de la Commission du droit international, Documents officiels de l'Assemblée générale, cinquante-sixième session, Supplément n° 10, A/56/10, 2001, Chapitre IV, « Responsabilité des États », projet d'article 16 et commentaire, §§ 3-5, pp.165-166. ; P. BODEAU-LIVINEC (P), « Responsabilité pour faits illicites commis au cours d'opérations autorisées par le Conseil de sécurité : remarques sur quelques problèmes d'attribution », *op.cit.*, pp.200-201.

[87] O. THIELEN, *Le recours à la force dans les opérations de maintien de la paix contemporaines*, *op.cit.* ; p.227.

[88] L. CONDERELLI, « Le statut des forces des Nations Unies et le droit international humanitaire », in C. Emmanuelli (ed), *Les Casques bleus : policiers ou combattants* ? Montréal. Wilson & Laffleur, 1997, pp.87-113.

[89] Human Rights Watch, « vous serez punis ». Attaques contre les civils dans l'est du Congo, Rapport du 13 décembre 2009, sections II, V, VI et VIII.

[90] O. THIELEN, *Le recours à la force dans les opérations de maintien de la paix contemporaine*, *op.cit.*, p.129.

FARDC qui sont suspectées de viols massifs commis à Minova en 2012[91]. Dans ce contexte, il apparait difficile de croire que les Nations Unies n'ont pas eu connaissance du risque de violation des droits de l'homme et du DIH par les forces régulières en soutien desquelles elles interviennent. La participation des Casques bleus des Nations Unies aux opérations conjointes dans lesquelles, les violations des droits humains sont commises rend possible la mise en cause de la responsabilité des Nations Unies[92]. À l'état actuel, les circonstances de la mise en cause d'une telle responsabilité onusienne demeurent difficiles dans la mesure où elle suppose la réunion de quelques conditions objectives et subjectives. Concernant les conditions objectives, il doit établir un lien de causalité entre l'aide matérielle significative et la violation internationale des droits qui lie les États en cause. Concernant les conditions subjectives, celles-ci portent à la connaissance du fait illicite et à la volonté d'y contribuer[93]. Les liens de causalité doivent être établis entre l'aide matérielle et la poursuite d'une politique violant globalement le droit international. Si les circonstances de cette responsabilité demeurent controversées, c'est aussi en raison de l'absence d'établissement d'un tableau général des mécanismes de responsabilité, de recours juridictionnel en la matière, de la nature et de la mission particulière de l'ONU qui est d'assurer la sécurité collective[94]. Toutes ces raisons constituent une sorte de « garde-fou » que les juridictions préservent contre les mises en cause intempestives de la responsabilité onusienne et de son autonomie juridique qui est limitée car fonctionnelle[95]. En réalité, la complexité de cette responsabilité relève des débats généraux entourant l'application et l'interprétation des articles 6 et 7 relatifs aux mécanismes de la responsabilité des organisations internationales ainsi que de l'article 17 concernant le contournement par des organisations internationales des obligations internationales par l'intermédiaire des décisions et autorisations adressées aux membres. L'une des questions essentielles qu'il faudra se poser est de savoir si la responsabilité internationale d'un acteur est exclusive de la

---

[91] Rapport du Secrétaire général sur la Mission de l'Organisation des Nations Unies pour la stabilisation en République Démocratique du Congo, S/2013/96 du 15 février 2013, § 51.

[92] « Les violences de l'armée congolaise jettent un doute sur le rôle de l'Organisation des Nations Unies », *Le Monde,* 10 novembre 2009.

[93] P. BODEAU-LIVINEC, « Responsabilité pour faits illicites commis au cours d'opérations autorisées par le Conseil de sécurité : remarques sur quelques problèmes d'attribution », *op.cit.*, pp.208-209.

[94] P. LAGRANGE, « Responsabilité des États pour actes accomplis en application du chapitre VII de la Charte des Nations Unies », *op.cit.,* p.104. ; S. ZASOVA, *Le cadre juridique de l'action des Casques bleus, op.cit.* p. 282.

[95] J-M. SOREL, « La responsabilité des Nations Unies dans les opérations de maintien de la paix », *op.cit.,* pp.131-132. ; P. BODEAU-LIVINEC, « Responsabilité pour faits illicites commis au cours d'opérations autorisées par le Conseil de sécurité : remarques sur quelques problèmes d'attribution », *op.cit.*, p.212. ; J. LABBE et A. BOUTELLIS, « Les opérations de maintien de la paix par procuration : conséquences des partenariats de maintien de la paix de l'ONU avec les forces de sécurité non-onusiennes sur l'action humanitaire », *op.cit.*, p.57.

responsabilité d'un autre acteur ou si on peut admettre l'hypothèse d'une responsabilité partagée.

B. L'ambiguïté de la responsabilité des Nations Unies envers les tiers

L'incidence juridique du soutien des forces des Nations Unies aux FARDC en termes d'attribution potentielle de dommages résultant des violations du DIH reste incertaine. Au niveau onusien et de la société civile internationale, la suspension du soutien aux unités impliquées dans les violations dénoncées reste envisagée sans que soit analysé la question de la responsabilité même indirecte des Nations Unies au terme de l'assistance[96]. Alors que les Nations Unies sont accusées d'inaction au sujet de massacre de Kiwanja de novembre 2008, le rapport publié par l'ONG *Human Rights Watch* n'aborde pas la question de la responsabilité des Nations Unies au titre de l'assistance. Il rappelle seulement que la MONUC doit : *« éviter de coopérer avec les unités de l'armée congolaise et ses commandants militaires qui ont été impliqués dans des graves violations du droit international humanitaire »*[97]. Le rapport établi par les instances onusiennes au sujet de ce massacre ne recommande que d'augmenter l'assistance technique dans les efforts de professionnalisation des FARDC et insister pour qu'aucun auteur de violations graves des droits de l'homme ne rejoigne ou reste au sein des FARDC et que la communauté internationale devrait soutenir l'établissement d'un mécanisme de vérification, qui exclut les auteurs présumés de violations graves des droits de l'homme des postes clés de l'armée[98].

La question de la responsabilité indirecte des Nations Unies a été abordée sur le second rapport interne aux Nations Unies relatif aux exactions commises à Goma. Ce rapport recommande que : *« Les futurs programmes de soutien au secteur de la sécurité en République Démocratique du Congo financés par la communauté internationale [soient] subordonnés à la volonté du gouvernement de conduire une réforme de son secteur de la sécurité. Si la communauté internationale échoue à prendre de telles mesures, tout en comprenant que sans une telle réforme des événements comme ceux décrits dans le présent rapport se reproduiront, et si les FARDC commettent des violations des droits de l'homme similaires dans le futur, les pays contributeurs pourront être accusés de complicité dans la commission de ces violations »*[99].

---

[96] O. THIELEN, *Le recours à la force dans les opérations de maintien de la paix contemporaines, op.cit.,* 230.

[97] Human Rights Watch, *Massacre à Kiwanja. L'incapacité de l'Organisation des Nations Unies à protéger les civils,* décembre 2008, p.31.

[98] Rapport consolidé sur les enquêtes par le bureau conjoint des Nations Unies des droits de l'homme sur les graves abus des droits de l'homme commis à Kiwanja, Nord-Kivu, novembre 2008, §81. O. THIELEN, *Le recours à la force dans les opérations de maintien de la paix contemporaines, op.cit.*, p.231.

[99] Rapport d'enquête consolidé du bureau conjoint des Nations Unies pour les droits de l'homme suite aux vastes pillages et sérieuses violations des droits de l'homme commis par les FARDC à Goma et Kanyabayonga en octobre et novembre 2008, §93

Bien que le rapport n'envisage pas la responsabilité des Nations Unies au titre de l'assistance, il annonce que cette responsabilité peut être envisagée pour les pays contributeurs au titre de complicité. L'avancé de ce rapport réside dans la volonté de responsabiliser les États et les Nations Unies dans le soutien qu'ils peuvent apporter aux forces régulières de l'État hôte de l'opération de maintien de la paix. Dès lors que l'assistance apportée par les Casques bleus pourrait conduire à la naissance d'une obligation de réparer les dommages causés aux victimes ou à leurs ayants- droits. Cette responsabilité subsidiaire à la responsabilité de l'État assisté peut être envisagée pour les actes illicites commis par ses forces armées. Pour mettre fin à cette ambiguïté, les Nations Unies devront clarifier leur position relative au soutien des forces régulières qui commettent des violations du DIH et DIDH[100]. Au-delà des conséquences liées au comportement immédiat de forces de sécurité non-onusiennes, cette pratique du soutien militaire aux forces de sécurité nationales pour assurer la stabilité et protéger les civils introduit un élément de partialité en contradiction avec le principe d'impartialité nécessaire pour les acteurs humanitaires, conformément aux standards professionnels pour les activités de protection conçues par le CICR[101]. À ce sujet, certains auteurs, ont fait remarquer que « *l'ONU a renoncé ouvertement à toute prétention de neutralité ou d'impartialité, quand bien même elle manquait des structures et des ressources requises pour jouer un rôle de stabilisation effectif ou clairement stratégique*[102] ».

L'article 16 du code de la responsabilité des États pose l'épineuse question de responsabilité d'un État pour aide ou assistance à la commission d'un fait illicite commis dans le cadre d'une opération multinationale. Selon cet article, un État agissant dans le cadre d'une opération multinationale pourrait être accusé de commettre un acte illicite au motif qu'en agissant conjointement avec un État qui n'est pas soumis aux mêmes obligations, il aurait aidé ou contribué à la commission d'un acte illicite. Cette hypothèse pourrait rendre délicate le déploiement d'opérations multinationales autorisées par le Conseil. C'est pourquoi, certains instruments du droit des conflits armés introduisent désormais des dispositions permettant d'éviter qu'un État contributeur des troupes puisse voir sa responsabilité engagée en raison de l'usage par un autre État de certaines armes à l'instar de la Convention d'Oslo de 2008 qui interdit à son article 1er l'usage des armes à sous-minutions mais qui prévoit à son article 21 que : « *Nonobstant les dispositions de l'article 1 de la présente Convention et en conformité avec le droit international, les États parties, leur personnel militaire*

[100] O. THIELEN, *Le recours à la force dans les opérations de maintien de la paix contemporaines, op.cit.*, p.233.

[101] Le standard n° 19 des standards professionnels pour les activités de protection du CICR déclare : « Les acteurs de la protection doivent être cohérents et impartiaux à l'égard des différentes parties à un conflit armé lorsqu'ils invoquent et /ou demandent le respect du droit applicable », CICR, *standards professionnels pour les activités de protection*, Octobre 2009, p.39.

[102] S. COLLINSON, S. ELHAWARY et R. MUGGAH, « States of Fragility: Stabilization and its implications for humanitarian action », *in Disasters,* vol.34, Supplement 3, octobre 2010, p.290

ou leurs ressortissants peuvent s'engager dans une coopération et des opérations militaires avec des États non parties à la présente Convention qui pourraient être engagés dans des activités interdites à un État partie »[103].

§2. Les mécanismes de contrôle du respect de l'usage de la force par les Casques bleus

La consécration du DIH par les Nations Unies implique la soumission des Casques bleus au DIH dans la conduite de leurs activités. Toute violation avérée de ce droit devra s'accompagner de sanctions et de réparations au profit des victimes. Elle implique un renforcement de la coopération judiciaire entre les instances onusiennes, les États Contributeurs des Troupes (ECT) et l'État hôte de la Mission. Les garanties offertes par la politique de conditionnalité du soutien aux États hôtes de la Mission et celles de la diligence voulue en matière des droits de l'homme constituent des perspectives encourageantes. Elles doivent être complétées par des tribunaux *ad hoc* créés par les Nations Unies pour juger les Casques bleus responsables de délits graves. La mise en place des mécanismes de contrôle de la régularité de la conduite opérationnelle militaire confiée aux instances indépendantes permettra de mettre fin au soupçon de partialité de l'ONU et à l'impunité supposée dont jouissent les Casques bleus en raison de leur mission de paix. Cependant, il n'existe pas à ce jour de mécanisme, ni d'organe spécialisé pour contrôler la régularité de la force et de la contrainte armées mises en œuvre par les Nations Unies. Ce vide institutionnel a pu être comblé par des mécanismes d'enquête *ad hoc* mais il en résulte des résultats mitigés et variables. Les rares enquêtes menées dans le cadre de la MONUC/MONUSCO n'ont pas eu pour objet ni pour effet de procéder à un contrôle global et systématique de la régularité des opérations militaires conduites par les Casques bleus.

A. La mise en place des mécanismes internes de contrôle de la régularité de la conduite opérationnelle

Le bureau des services de contrôle interne des Nations Unies ne procède qu'à des enquêtes ponctuelles et ciblées dès lorsqu'il est saisi d'allégations d'abus dans la conduite opérationnelle du personnel du maintien de la paix[104]. Le contenu de ces rapports n'est pas toujours divulgué. Les rapports produits par le Secrétariat des Nations Unies en la matière conduisent souvent à des conclusions selon lesquelles, ils reconnaissent les abus sexuels ou que les Casques bleus ont utilisé la force de manière excessive au cours des opérations. Cependant, aucune conclusion n'est jamais tirée en termes de responsabilité des Casques bleus, des

---

[103] Convention d'Oslo sur les armes à sous munition, 30 mai 2008

[104] O. THIELEN, *le recours à la force dans les opérations de maintien de la paix contemporaines*, *op.cit.*, pp.186-187.

États contributeurs ou éventuellement des Nations Unies au profit des victimes. Ce qui relativise leur portée. À ce sujet, le Secrétaire général recommande que :

« *Soit affecté à chaque opération de maintien de la paix un médiateur chargé d'examiner les plaintes des particuliers au sujet du comportement général des forces de maintien de la paix. Son indépendance serait garantie et renforcée. Il sera soumis au Représentant Spécial du Secrétaire général, lequel peut le relever de ses fonctions. Le Secrétaire suggère que soit créée une commission d'enquête ad hoc dès lors que sont reçues des plaintes ou déclarations relatives aux violations du DIH et DIDH par les Casques bleus* »[105].

Le Mémorandum of Understanding signé le 5 novembre 1999 et renouvelé en 2002 entre le Bureau du Haut-commissariat aux droits de l'homme et le DOMP prévoit le déploiement au sein de chaque opération de maintien de la paix d'une composante spécialisée dans les droits de l'homme[106]. Cette structure est actuellement associée à la planification et à la mise en œuvre des missions de consolidation de la paix, de même qu'à des missions d'évaluation technique de certaines opérations dont la MONUC-MONUSCO. En 2007, il a été relevé qu'il n'existait pas encore de mécanisme adéquat de contrôle systématique du respect des droits de l'homme par les Casques bleus et les forces de police onusiennes[107]. Toutefois, des consultations sont en cours concernant la mise en place des mécanismes de rapports réguliers avec des programmes de formations à la protection des droits de l'homme ainsi qu'une sorte de code de conduite sur le rôle de la responsabilité des Casques bleus en matière du respect des droits humains pendant les opérations militaires. Cette évolution, progressive mais tangible, traduit l'implication des Nations Unies dans la promotion des droits de l'homme tant dans les États que dans ses propres opérations de maintien de la paix. Tout ceci suppose le développement des mécanismes de contrôle, de sanction disciplinaire et leur respect qui demeurent à ce jour encore très insatisfaisants.

La mise en place d'une procédure de contrôle et de régularité de la conduite des opérations de maintien de la paix robuste s'avère nécessaire pour garantir le droit à réparation des victimes et la poursuite des sanctions disciplinaires et pénales des soldats coupables d'infractions résultant de leur conduite pendant les opérations[108]. Ce contrôle devra être confié à une autorité indépendante (médiateur), chargée de vérifier la conformité des dispositions générales et individuelles aux standards internationaux des droits de l'homme, du droit international humanitaire et de la Charte des Nations Unies. Il devra imposer le cas échéant, une annulation ou une reformulation en cas d'illicéité. Outre, la

---

[105] Rapport du Secrétaire général au Conseil de sécurité sur la protection des civils en période de conflits armés, S/1999/957, 8 septembre 1999, § 61, Recommandation n° 31.

[106] E. MCCLEAN, « The responsibility to protect: The role of international human right law », *JCSL*, 2008, pp. 146-147.

[107]. Report of the United Nations Commissioner for human rights, General Assembly, official records, supplement n°36, A/62/36, 2007, §29.

[108] S. ZASOVA, *Le cadre juridique de l'action des Casques bleus, op.cit.*pp.281-283.

généralisation et la systématisation de l'institution du médiateur et des commissions d'enquête *ad hoc*, il convient que soit créé, un groupe spécial de travail au sein par exemple des Comité des droits de l'homme et /ou du Conseil des droits de l'homme, capable de connaître, examiner et contrôler, de manière générale et systématique, la régularité de la conduite des opérations militaires et de l'ensemble des actions des forces de maintien de la paix au regard des règles et principes du code militaire unifié et à défaut du droit international humanitaire et du droit international des droits de l'homme. Ces institutions seraient chargées de mener des enquêtes directement sur le terrain. Ce qui pourra constituer une sorte de répertoire de l'ensemble des plaintes relatives au comportement des Casques bleus, recensant les violations alléguées, constatées ainsi qu'avérées après instruction. Il s'agit d'un mécanisme d'établissement des faits, indépendant des comités d'indemnisation et de réclamation. Une évolution à noter certainement, car la conduite des enquêtes n'étant plus dépendante de la seule diligence des États d'envoi ou du Conseil de sécurité, elle peut aussi être menée par des entités indépendantes[109]. La systématisation de contrôle et la régularité de la conduite des opérations militaires des forces de maintien de la paix ainsi que la médiatisation des irrégularités, ponctuelles ou systématiques y compris les carences persistantes dans la formation des Casques bleus concernant la question spécifique des droits de l'homme et du droit international humanitaire, pourront constituer un moyen efficace susceptible d'amener l'Organisation à se préoccuper de cette question plus qu'elle ne le fait actuellement[110]. Dans cet ordre d'idée, un processus interne inter-agence dirigé par le DOMP et le Haut-commissariat aux droits de l'homme et chargé de développer une nouvelle politique pourrait être envisagée.

B. La politique du soutien conditionnel des Casques bleus et de la diligence voulue en matière de droits de l'homme et du droit international

En 2012, dans certaines zones du Kivu, les civils confiaient se sentir menacés par les FARDC et préféraient leur absence que leur présence. Les responsables de la MONUC/MONUSCO reconnaissent les difficultés de protéger les civils des FARDC : d'abord, faire comprendre aux soldats qu'ils sont responsables des abus et qu'ils doivent participer à la résolution du problème et ensuite comment réprimer ces violations. Dans ce contexte, les Casques bleus sont dans une position difficile, celle de devoir protéger les civils sous menace physique tout en collaborant avec les forces de sécurité de l'État hôte accusées de ces mêmes violations sans conduire à de défaut de protection.

---

[109] O. THIELEN, *recours à la force dans les opérations de maintien de la paix contemporaines*, *op.cit.*, pp.188-189

[110] *Ibid*

Cette situation a mis la MONUC devant un grand dilemme de protection des civils très politisée car d'une part, maintenir cet appui aux FARDC alors qu'elles commettent des violations des droits l'associe à ces violations, d'autre part, suspendre ce soutien conduit à perdre un levier de contrôle important que constitue les FARDC dans la conduite des opérations. Continuer à apporter ce soutien a permis à la MONUSCO d'avoir un regard sur les troupes congolaises lors des opérations. Pour les fonctionnaires de l'ONU, la solution passe par la mise en œuvre de la politique conditionnelle d'appui aux FARDC. Le but ultime de cette politique n'est pas de retirer le soutien, ce qui serait plutôt considéré comme un échec mais d'influencer positivement le comportement des FARDC pour un meilleur respect du droit international. S'agissant de la nature du soutien de la MONUC/MONUSCO aux unités des FARDC affectées aux opérations militaires, celles-ci ont bénéficié un soutien logistique et matériel de la MONUC. Pendant ces opérations militaires conjointes, certains agents humanitaires furent tués et plusieurs agressions furent perpétrées à leur égard[111]**.** La MONUC n'a pas conduit ces opérations en soi mais les a simplement soutenues ; elle n'était pas en première ligne des combats mais en arrière. Dans la résolution 1856 (2008), le Conseil de sécurité donne mandat à la MONUC de coordonner les opérations avec les brigades intégrées des FARDC déployées à l'Est et de les soutenir. Celles-ci doivent être conjointement planifiées avec ces brigades[112]. Le Colonel Le Pichon, explique que : *« L'appui pour cette opération était matériel et la programmation des opérations spontanées, requérant que la MONUC se greffe pendant les opérations. Les FARDC et les Casques bleus restaient séparés, les derniers couvrant les premiers en cas de complication »*[113].

En juillet 2011, la politique de diligence voulue en matière de droits de l'homme (PDVDH) dans le contexte de la fourniture de l'appui par l'ONU à des forces de sécurité nationale a été officiellement adoptée et rendue publique comme une politique interne applicable à l'ensemble des missions[114]. Le but poursuivi est de s'assurer que les erreurs du passé liées à l'appui aux forces de sécurité responsables des violations des droits de l'homme ou du DIH ne se reproduisent plus jamais[115]. La politique de la conditionnalité et celle de la diligence voulue ont pour objectif principal la protection des populations civiles et secondairement de dégager l'ONU de toutes les responsabilités juridiques

---

[111] Rapport du Secrétaire général sur la protection des civils en période de conflit armé, S/2009/277, 29 mai 2009, § 34.

[112] Rapport du Secrétaire général sur la protection des civils en période de conflit armé, S/2009/277, 29 mai 2009, §5.

[113] N. DI RAZZA, *La protection des civils par les opérations de maintien de la paix de l'ONU, op.cit.*, p.409.

[114] J. LABBE et A. BOUTELLIS, « Les opérations de maintien de la paix par procuration : conséquences des partenariats de maintien de la paix de l'ONU avec les forces de sécurité non-onusiennes sur l'action humanitaire », *op.cit.*, pp.63-65.

[115] Décision n° 2011/18 du Secrétaire général de l'ONU annexée au document de l'ONU A/67/775-S/2013/110, §§20-22.

potentielles qu'elle pourrait avoir à endosser suite au comportement des forces de sécurité qu'elle appuie. Elle rappelle l'importance de préserver la légitimité, la crédibilité et l'image de l'ONU et elle justifie le retrait de son appui si l'Organisation risque d'être impliquée dans des violations massives des droits humains. L'importance croissante de mandat incluant la stabilisation et la protection des civils crée des défis supplémentaires dans la relation déjà complexe qu'entretient le maintien de la paix robuste et l'action humanitaire. Cette pratique aux potentielles conséquences juridiques et politiques pour la force de maintien de la paix dicte aux acteurs humanitaires une approche pragmatique plutôt que rigide. Les risques de cette alliance FARDC/MONUSCO peuvent être limités grâce à la politique de diligence voulue en matière de droit de l'homme de l'ONU, à la politique de conditionnalité du soutien et à la mise en place d'une procédure de contrôle de la régularité de la conduite opérationnelle assurée par une instance indépendante susceptible de sanctionner toute inconduite des Casques bleus. Tout ce développement garantit aux Nations Unies une chance réelle de s'engager de manière proactive aux cotés de l'État hôte pour protéger les civils et le mandat[116]. Le nouveau partenariat du maintien de la paix de l'ONU en RDC recourant aux forces non onusiennes en appui aux FARDC pour un désarmement forcé des groupes armés représente une tendance grandissante résultant des évolutions et des limites de l'outil de maintien de la paix actuel et la nature changeante des conflits et des menaces qui pèsent sur la sécurité et la paix internationales exposant les Casques bleus à une possible qualification des combattants.

[116] *Ibid*

Conclusion du chapitre VIII

La mise en œuvre de la force dans les OMP conduites par les Casques bleus est encadrée par certains textes relevant du droit international, notamment la circulaire du Secrétaire général du 6 août 1999 et la Convention sur la protection du personnel onusien et le personnel associé de 1994, qui déterminent les règles d'engagement. Cependant, aucun des textes précités ne constitue un corps de règles adapté et complet pour déterminer les conditions et circonstances dans lesquelles la force armée peut être licitement et régulièrement mise en œuvre. Ils n'en déterminent pas non plus clairement le degré, l'intensité et les moyens à utiliser. La reconnaissance de l'applicabilité du DIH aux opérations de maintien de la paix robuste soulève encore des questions non résolues par les instances onusiennes. S'agissant les Casques bleus participant activement aux opérations militaires comme la BI, les Nations Unies conservent le statut homogène des Casques bleus quel que soit la situation ou le comportement adopté par les Casques bleus quel que soit le mandat robuste ou non. La Circulaire du Secrétaire général des Nations Unies consacre l'application du DIH aux opérations de maintien de la paix, mais elle ne résout que partiellement la question relative à l'usage de la force dans les OMP. Elle impose des obligations et interdictions aux Casques bleus, indépendamment de la qualification juridique de la situation. Mais, elle ne constitue pas un corps des règles susceptibles de déterminer les règles encadrant l'usage de la force dans la conduite des opérations de maintien de la paix. Les conditions et les circonstances de la mise en œuvre de l'autorisation d'user de la force ne sont pas déterminées non plus. La Convention de 1994 relative à la protection du personnel onusien et associé en ne faisant référence qu'au droit de légitime défense, sans en déterminer les conditions matérielles de sa mise en œuvre ne règle pas non plus la question du droit applicable. À ce jour, le statut des Casques bleus reste variable selon les circonstances et son comportement dans la conduite opérationnelle dépend de l'analyse fournie par les États. Il appartient donc, aux Nations Unies de clarifier le cadre normatif de l'emploi de la force dans les opérations de maintien de la paix. Ce cadre pourra intégrer le DIH, le droit de l'homme, le droit interne de l'État hôte. Il aura pour vocation à se substituer aux diverses législations nationales, auxquelles les contingents déployés sur le terrain des opérations continuent à se référer en tant que palliatif au vide juridique persistant en la matière.

Conclusion du titre IV

L'examen de la conduite des opérations militaires par les Casques bleus en RDC offre un cadre juridique évolutif mais défavorable pour protéger les civils et défendre le mandat car limité dans sa mise en œuvre. Il est lié à l'indétermination préalable des objectifs politiques, militaires et opérationnels. Si par principe, les Casques bleus ne sont pas autorisés à imposer la paix, ni à participer aux hostilités, ils créent par la force (rés.2098) des conditions d'une solution politique. Cependant, certaines circonstances d'interventions peuvent laisser évoluer son statut comme combattants. Cette évolution qui résulte de l'approche robuste du mandat traduit le nouveau repositionnement des Nations Unies pour la gestion des crises et l'adaptation des principes de maintien de la paix aux conflits contemporains. Le recours à la force devient un moyen d'action parmi tant d'autres. Il n'est pas automatique mais il trouve sa justification lorsque tous les moyens existants sont épuisés et que les perspectives raisonnables des succès sont évidentes. La position des Nations Unies considérant les Casques bleus de non combattants même dans le cas de leur participation active aux hostilités à l'instar de la Brigade d'intervention de la MONUSCO maintient une grande ambiguïté. Celle-ci rend incompatible le statut homogène des Casques bleus au droit international humanitaire et occulte toute réflexion tendant à compléter la circulaire du Secrétaire général de 1999 en termes des règles matériellement applicables à la conduite des opérations militaires. Elle renvoie à l'approche empirique du système de maintien de paix des Nations Unies qui consiste à appliquer des méthodes anciennes aux conflits contemporains. En outre, cette réticence onusienne empêche l'organisation à tirer les conséquences juridiques des évolutions des OMP robustes en termes des responsabilités. Tout cela traduit les ambiguïtés, les vides juridiques naissants ou avérés et le caractère insatisfaisant de la pratique des Nations Unies dans le domaine du maintien de la paix robuste. Pour améliorer la pratique, les Nations Unies doivent élaborer un code militaire unifié imposable à tous les contingents, déterminer les circonstances dans lesquelles, les Casques bleus deviennent combattants conformément au DIH, renforcer les mécanismes internes de contrôle de ses activités par la mise en œuvre des tribunaux *ad hoc* susceptible de juger les

Casques bleus, auteurs des délits dans les pays de commission d'infraction que de les renvoyer dans les pays d'origine et conditionner le soutien par le respect effectif des droits humains. Plutôt que de recourir aux enquêtes internes en cas d'inaction fautive, celles-ci devront être confiées à des instances internationales indépendantes. Cette perspective permettra aux Nations Unies de se préoccuper davantage de la question de l'effectivité juridique et de la régularité de la conduite des opérations en vue de tirer les conséquences juridiques des opérations menées sous son commandement et dont dépend également la crédibilité de son image et la légitimité de son action.

Conclusion de la partie II

La surexposition du mandat robuste, la pratique du chapitre VII de la Charte des Nations Unies et l'exercice de l'interprétation des résolutions du Conseil de sécurité et des règles d'engagement n'ont pas répondu à toutes les questions relatives à la conduite opérationnelle des Casques bleus dans le conflit congolais, ni à traduire la robustesse du mandat à ses objectifs réels : la protection des civils et rétablissement de la paix. Si le mandat robuste a permis de donner un peu d'épaisseur au Conseil de sécurité et limiter la pratique auto interprétative des mandats par ses destinataires, le recours à la force pour protéger les civils et défendre le mandat n'a pas transformé la mission en une force d'imposition de la paix, bien que chargée à neutraliser les groupes armés hostiles à la paix(rés.2098). L'analyse du mandat des Nations Unies en RDC démontre que le *jus ad bellum* et le *jus in bello* constituent des catégories des normes juridiques applicables par les Casques bleus dans la conduite opérationnelle mais dont l'applicabilité par ses destinataires ont été aléatoires par moment. Cependant, ils intègrent la responsabilité de protéger par son contenu et ses conséquences. Dans les opérations militaires, ces deux corps de règles, loin de s'opposer se complètent et se renforcement mutuellement tout en conservant leur champ d'application propre. Résultant de l'autorisation explicite du Conseil de sécurité, le *jus ad bellum* a permis le déploiement de la force en vertu de la résolution du Conseil de sécurité en RDC alors que le *jus in bello* qui s'applique à tout emploi de la force qui par, son intensité et la qualité de ses acteurs traduit l'expression d'un conflit armé. Ainsi, les Casques bleus participant aux hostilités (rés.2047) sont soumis au DIH et que le mandat décidé par le Conseil de sécurité n'a aucune influence sur les conditions d'applicabilité du *jus in bello*. Toutefois, le *jus in bello* permet d'influencer le *jus ad bellum* dans certaines circonstances. À titre d'exemple, si la rés. 2098 du Conseil de sécurité autorise les Casques bleus à neutraliser les groupes armés pour protéger les civils, elle ne permet pas de déduire que le *jus ad bellum* remettrait en cause le principe d'égalité des belligérants en DIH. La légalité même du recours à la force est ainsi déterminée par le DIH qui oblige les parties belligérantes à protéger les civils devient l'objet même du *jus ad bellum*, donc, du mandat. Cependant, l'applicabilité insatisfaisante de ces normes par les Casques bleus pourrait engendrer des responsabilités des États contributeurs des troupes en termes d'erreurs ou négligence, des organisations internationales pour des faits internationalement illicites ou des responsabilités individuelles pour les crimes de DIH qui renvoient à la compétence de la CPI ou des tribunaux internes des États. Encadrée par les dispositions de la Convention de 1994 et la Circulaire du Secrétaire général de l'ONU de 1999 dans la conduite opérationnelle, la participation active de la Brigade d'intervention de la MONUSCO dans le conflit n'a pas permis les Nations Unies à modifier le statut des Casques bleus à des combattants. L'ambiguïté entretenue par les Nations Unies rend incompatible le statut homogène des Casques bleus au droit international humanitaire. Cette position empêche également toute réflexion tendant à tirer les conséquences juridiques résultant de cette évolution résolutoire en termes de responsabilité. L'absence d'un organe habilité par la Charte à contrôler l'effectivité du respect de DIH par les agents de maintien de la paix soulève des interrogations. La posture robuste permet de corriger les défaillances constatées par une action plus déterminée que la Mission disposait jusque-là en termes de clarté du mandat, de son contenu que des moyens disponibles. Cependant, ce mandat, au tant qu'il clarifie certaines questions relatives à l'application du droit international humanitaire aux OMP, au tant il soulève des questions jusque-là irrésolues notamment le statut des Casques bleus participant aux opérations robustes ainsi qu'à leur responsabilité devant les juridictions pour inaction fautive. Si le droit international humanitaire s'applique désormais aux opérations robustes, il convient d'admettre que les Nations Unies refusent toujours de tirer les conséquences juridiques de cette reconnaissance. Pour l'efficacité de la Mission, il appartient donc aux instances onusiennes de définir un corpus juridique susceptible de conférer un cadre normatif précis et uniformisé dans la conduite des opérations. Celui-ci pourrait se situer entre le DIH et le droit national des États hôte et contributeurs des troupes. Il intègrera les normes du DIH, de droits de l'homme et constituera un code militaire unifié et imposable aux contingents indépendamment de leurs législations et règlementations nationales. Sur le terrain, l'usage de la force par les Casques bleus n'a pas fondamentalement changé le mandat de protection en termes d'efficacité. La recrudescence du conflit à l'Est de la RDC illustre bien qủ'il est un élément dans un ensemble du processus qui reste précaire et complexe.

Conclusion générale

Les opérations de maintien de la paix contemporaines des Nations Unies dans lesquelles s'inscrivent la MONUSCO connaissent une évolution notable. Instrument *ad hoc* de gestion des conflits et des crises par les Nations Unies, elles sont structurées au tour de trois principes fondamentaux : consentement des parties, impartialité et l'interdiction de recours à la force sauf cas de légitime défense. En RDC, l'empirisme du système des opérations de maintien de la paix a garanti l'adaptabilité de la mission de paix en permettant l'évolution du sens même de ces principes au regard du contenu du mandat et du contexte du déploiement de la Mission. L'évolution de ces principes s'est produite dans le renouvellement des pratiques civiles de protection que dans le contenu du recours à la force offensive par les Casques bleus en cas de menace physique imminente. Si les nouveaux moyens civils de protection marquent la normalisation du maintien de la paix. L'autorisation de recourir à la force offensive par la Brigade d'intervention de la MONUSCO consacre une nouvelle légitime défense dite fonctionnelle. Proposée par le Secrétaire général des Nations Unies et validée par la résolution 2098(2013) du Conseil de sécurité sous chapitre VII, elle permet de renforcer le mandat en contenu, en équipement et en clarté pour répondre efficacement à l'environnement opérationnel de la mission de paix. Toutefois, cette évolution ne s'est pas opérée à travers une réflexion théorique ou opérationnelle visant à conceptualiser le sens et la finalité stratégiques, militaires et politiques de l'autorisation même de l'usage de la force armée.

Elle relève de la pratique des instances onusiennes sans aucune analyse pouvant déterminer au préalable les implications juridiques, opérationnelles, les règles de sa mise en œuvre et les mécanismes d'établissement de responsabilité. L'action onusienne attachée au mandat robuste en RDC résulte toujours de cette approche empirique, laquelle ne relève pas d'une analyse juridique permettant de tirer profit des expériences passées pour les adapter aux opérations en cours. Le processus de planification de la MONUSCO par exemple ne préserve pas l'analyse des moyens nécessaires et disponibles y compris leur adéquation à la fois à la résolution du conflit qu'à l'exécution même du mandat. Le recours à la force armée implique que les Nations Unies élaborent une doctrine d'emploi de la force qui s'imposera à tous les contingents et qui aura pour vocation d'améliorer les capacités militaires des Casques bleus en opération. Ce qui induit un partenariat entre les décideurs des opérations, les contributeurs des troupes et l'État hôte de la mission. En outre, la posture robuste du maintien de la paix doit dépasser les seules questions de faisabilité politique et opérationnelle pour s'étendre à la finalité des objectifs stratégiques, politiques et militaires dans lesquels reposent à la fois la décision de déployer une opération de maintien de la paix que celle d'autoriser tous les moyens nécessaires pour exécuter le mandat. Cette approche permettrait de rationaliser le processus de déploiement et de planification des opérations et de garantir l'adaptation et l'adéquation de la mission de paix en termes de mandat, des moyens et d'effectifs en vue de répondre efficacement à la crise et à son évolution sur le terrain.

Au-delà des limites capacitaires des Nations Unies en termes d'efficacité sur le terrain, le cadre juridique de l'action onusienne en République Démocratique du Congo dans la conduite des opérations que du règlement du conflit reste évolutif et largement insatisfaisant en raison de l'empirisme du système des opérations, de la réticence traditionnelle des Nations Unies d'être liées par des règles précises, obligatoires et déterminées ainsi que de l'absence de volonté politique des Etats contributeurs des troupes d'appliquer les résolutions du Conseil de sécurité des Nations Unies. Bien que les pratiques de protection des civils et du mandat développé sur le terrain soient innovantes à certains points, les Nations Unies s'opposent à ce que les actions militaires des Casques bleus soient soumises aux mécanismes de contrôle de leur régularité. Ainsi, les solutions proposées par la MONUSCO dans sa pratique actuelle des opérations demeurent largement lacunaires et sur certains cas relèvent d'un vide juridique. La pérennité de l'action onusienne sous chapitre VII et sa légitimité requièrent que l'Organisation des Nations Unies tire les conséquences juridiques des limites de son action et prenne en compte les aspects critiques de la pratique contemporaine. S'agissant du statut des Casques bleus participant activement aux opérations militaires par exemple, les Nations Unies doivent combler le vide juridique qu'elles entretiennent en occultant la question relevant de l'incompatibilité de la pratique robuste du maintien de la paix et le principe d'égalité des belligérants structurant le DIH.

L'intervention active et déterminante de la Brigade d'intervention de la MONUSCO dans la défaite militaire du M23 en 2013 constitue une circonstance dans laquelle, les Casques bleus se comportent en combattants et donc, soumis au droit international humanitaire. L'analyse de ce cadre juridique a permis d'identifier aussi les carences de l'ordre juridique onusien et des ordres juridiques nationaux. Ce qui nécessite pour les Nations Unies de prendre en compte les normes intégrées au sein des autres ordres juridiques nationaux en raison de son autonomie qui est limitée. Cette perfidie juridique est très remarquée dans le statut des Casques bleus, l'engagement de la responsabilité des Nations Unies, des États contributeurs des troupes et de la responsabilité individuelle des agents agissant sous commandement onusien. Les règles du droit international humanitaire, du droit international des droits de l'homme et la responsabilité de protéger ont été intégrées dans le mandat de la MONUSCO mais l'impulsion donnée n'a pas été suffisante pour que se dégage un corps des règles et normes applicables par tous les destinataires pour maintenir la paix, protéger les civils congolais et les Casques bleus sous menaces physiques. En outre, l'absence d'un organe de contrôle de l'application des résolutions du Conseil de sécurité par des entités non étatiques emporte également les limites de l'action onusienne en vue de son efficacité.

S'agissant des dommages subis par les tiers en raison d'activités de maintien de la paix, les juridictions nationales et internationales tiennent compte de l'autonomie des Nations Unies et rendent souvent les procédures d'indemnisations arbitraires. L'engagement de la responsabilité individuelle des agents de maintien de la paix et le système judiciaire onusien sont à ce sujet incomplets. Les Nations Unies sont incapables d'adopter des règles claires pour lutter contre l'impunité que caractérise les acteurs du conflit en RDC. Le caractère extraterritorial de l'infraction fait qu'un tel engagement de responsabilité de l'agent ne peut être envisagé que par son État d'envoi, en tant que titulaire du pouvoir organique et de la procédure disciplinaire complète. L'insuffisance d'États contributeurs des troupes ne permet pas à l'ONU de prendre des mesures décisives sous peine de se priver de son bras armé. Le fait que les Nations Unies et les États contributeurs des troupes agissent en faveur de la paix et de la sécurité internationales y compris par des actions militaires complexifient le régime juridique en limitant tout engagement de responsabilité des Casques bleus dans l'ordre juridique interne.

Toutes ces difficultés peuvent être dépassées par le mouvement de réforme de l'administration de justice initié dans le cadre de maintien de la paix et qui doit se prolonger par l'application du droit international à l'action des Nations Unies. Cette réflexion pourra favoriser la détermination du statut des Casques bleus ainsi que le régime de la responsabilité interne des Nations Unies et mettre fin à l'ambiguïté qui caractérise la position traditionnelle des Nations Unies à ce sujet. Partant du postulat que la MONUSCO a été déployée pour protéger les civils et rétablir la paix, l'effectivité de son cadre juridique ne paraît pas satisfaisante, dans la mesure où sa mise en œuvre est liée à des contraintes financières, logistiques, opérationnelles et à l'autonomie fonctionnelle de l'Organisation des Nations Unies qui engendre une application étendue de ses résolutions. La faiblesse de l'action onusienne en RDC résulte également de l'indétermination préalable de son cadre juridique et opérationnel, répondant souvent à l'urgence plutôt qu'à une stratégie prédéfinie. Dépourvu des moyens correspondants à ses objectifs, le mandat de la MONUSCO emporte deux insatisfactions notables : un rétablissement de la paix inachevé et une protection des civils défaillante malgré quelques avancées à impact limité. La recrudescence de crise humanitaire, la résurgence des groupes armés, le renouvellement régulier de son mandat, l'exécution relative des résolutions du Conseil de sécurité par les parties en conflit marquent un cadre juridique évolutif, largement insatisfaisant et inadapté au point que le conflit devienne une aporie de droit.

Bibliographie

Manuels, Monographie et Thèses

-A-

ASCENSO A., *L'autorité de la chose décidée en droit international*, Thèse de Doctorat, Université Paris X-Nanterre, 1997, 690p.

AUTESSERRE S.. , *Le problème avec le Congo : la violence locale et l'échec de la consolidation de la paix internationale*, Cambridge, UK : Cambridge University Press, 2010, 311p

AYOUB K.., *L'ONU face à l'irrationnel en RDC*, éd. L'Harmattan, 2011, 265p.

-B-

BANNELIER. K. et **PISON C.** (dir), *Le recours à la Force autorisé par le Conseil de sécurité*, Ed. Paris. Pedone, 2014, 279p.

BERGHEZAN G. et **ZEEBROEK X.**, *Armes légères dans l'Est du Congo, Enquête sur la perception de l'insécurité*, édition. GRIP, 2011, 188p.

BEULAY M., *L'applicabilité des droits de l'homme aux organisations internationales*, Thèse de doctorat, Université Paris Ouest Nanterre La Défense, 2015. 713p.

BODEAU-LIVINEC P., *Gouvernement de l'État du point de vue du droit international*, Thèse de doctorat, Université Paris X-Nanterre, 2008, 682p.

B**OTHE M.**, *Le droit de la guerre et les Nations Unies, A propos des incidents armés au Congo,* Genève, Institut universitaire de hautes études internationales, Études et travaux n° 5, 1967, 107p.

BRAEM Y., de H**OOP SCHEFFER** A., **OLSSON** C. et **POUYE** R., *Le rôle des militaires dans la reconstruction d'États après les conflits,* Paris, 2007, 306p.

-C-

COMBACAU J., *Le pouvoir de sanction de l'ONU. Étude théorique de la coercition non militaire,* Paris, Pedone 1974, 394p.

COMBACAU J., **SUR S.**, *Droit international public* 9e édition, éd LGDJ-Montchrestien 2009, 820p.

CORTEN O., *La rébellion et le droit international : le principe de neutralité en tension,* Académie de droit international de la Haye, 2016, 374p.

-D-

DAVID C.P., *La guerre et la paix. Approches contemporaines de la sécurité et de la stratégie,* Paris, Presses de Sciences Pô, 2000, 391p.

DAVID E., *Principes de droits de conflits armés,* 5è édition, Bruyant 2012, 1151p.

DEYRA M., *Le droit dans la guerre,* Gualino LGDJ-Montchrestien, Paris, 2009, 283p.

DI RAZZA N., *La protection des civils par les opérations de maintien de la paix de l'ONU : cas de la MONUC/MONUSCO en République Démocratique du Congo (1999-2015),* Thèse de doctorat, Institut d'Études Politiques de Paris, 2016, 618p.

-E-

EMANUELLI C., *Les Casques bleus : policiers ou combattants ?* Collection Bleue, Montréal, Wilson et Lafleur 1997, 130p *; même auteur, Les actions militaires de l'Organisation des Nations Unies et le droit international humanitaire,* Montréal, Wilson et Lafleur, 1997, 112p.

-F-

FLEURENCE O., La réforme du Conseil de sécurité, l'État du débat depuis la fin de la guerre froide, éd. Bruxelles 2000, 372p

-H-

HATTO R., *Le maintien de la paix, L'ONU en action,* éd. Armand Colin, 2015, 205p.

HOUDET C., *Réussir avec l'Organisation des Nations Unies ? L'exemple du Congo-Kinshasa,* Paris, ès Stratégies Éditions, Coll. Chercheurs militaires, 2008, 130p.

JORAM F., *Les opérations de paix et l'obligation de respecter le droit international humanitaire,* Thèse de doctorat, Université Paris II, Panthéon -Assas, 2007, 392p.

-K-

KAMTO M., *L'agression en droit international,* éd. A.Pedone, 2010, 464p. *; Le droit international de la gouvernance,* éd, Pedone 2013, 340p.

KERBRAT Y., *La référence au Chapitre VII de la Charte des Nations Unies dans les résolutions à caractère humanitaire du Conseil de sécurité,* LGDJ, 1995, 120p.

KOLB R., *Droit international humanitaire et opérations de paix internationale,* 2è éd., Bâle, Helbring et Lichtehahn 2006, 139p.

KONE Gninlnanwognan, *La problématique du désarmement et de la sécurité régionale au Congo Oriental : processus, enjeux, contraintes, perspectives et résultats,* Thèse de doctorat, Université Jean Moulin (Lyon III), 2014, 689p.

-L-

LAGRANGE E., *Les opérations de maintien de la paix et le chapitre VII de la Charte des Nations Unies,* Paris, Montchrestien -CEDIN -Paris XIII, Coll. Perspectives internationales n° 16, 1999, 181p.

LANOTTE O., *La France au Rwanda : entre abstention impossible et engagement ambivalent,* Bruxelles : Peter. Lang, 533p. *; La Guerre sans frontières en République Démocratique du Congo,* Bruxelles, GRIP, éd. Complexes, 264p.

LE BRIS C., *L'humanité saisie par le droit international public,* éd. 2012, LGDJ, Paris, 667p.

-M-

MACLET N., *La normalisation d'un tabou : La Brigade d'intervention de la MONUSCO et l'usage de la force offensive pour maintenir la paix (1999-2013),* Mémoire de Master, Institut d'Études Politiques de Paris, 2014, 124p.

MEYROWITZ H., *Le principe d'égalité des belligérants devant le droit de la guerre*, Paris, Pedone, 1970, 418p.

MILLET-DEVALLE A., *L'usage de la force dans les relations internationales, aspects de droit international et européen,* éd. Scientifica, 2018, 400p.

MVE ELLA L., *La responsabilité de protéger et l'internationalisation des systèmes politiques,* Thèse de doctorat en droit, Université de Lorraine, 2018, 725p.

MWAYILA TSHIYEMBE, *Géopolitique de la paix en Afrique médiane : Angola, Burundi, RDC, R. Congo, Ouganda, Rwanda*, Paris L'Harmattan 2003, 220p.

-N-

NOVOSELOFF A., *Le comité d'état -major des Nations Unies : histoire d'une institution en sommeil,* Paris, LGDJ, Global Under standing Series, 2008, 114p. ; *Le Conseil de sécurité des Nations Unies et la maîtrise de la force armée. Dialectique du politique et du militaire en matière de paix et la sécurité internationales,* Bruxelles, Bruylant, 2003, 657p. ; *La paix par la force ? Pour une approche du maintien de la paix robuste,* Athénas Éditions, 2011, 223p.,

NZE EKOME M., *Le rôle et la contribution de l'ONU dans la Résolution pacifique des conflits en Afrique, Cas de l'Afrique Centrale, Essai*, éd. Mare & martin, 2007, 317p.

-P-

PETIT Y., *Le droit international du maintien de la paix*, LGDJ, 2000, 216p.

POULIGNY B., *Ils nous avaient promis la paix, Opération de l'ONU et populations locales*, Presses des Sciences Po, 2004, 356p. ; *Les anciens combattants aujourd'hui. Désarmement, démobilisation et réinsertion,* CERI/SGDN, 2004. 154p.

-R-

REMACLE E, ROSOUX V, et SAUR L., *L'Afrique des Grands Lacs, Des conflits à la paix,* éd. P.I.E. PETER LANG, Bruxelles 2007, 289p.

REYNTJENS F., *La Guerre des Grands Lacs. Alliances mouvantes et conflits extra territoriaux en Afrique centrale*, Paris, l'Harmattan, 1999, 255p.

-S-

SAIGET M., *L'ONU face aux violences sexuelles de son personnel : crise de crédibilité et changements en organisation internationale*, Paris, éd. L'Harmattan 2012, 223p.

SUR S., *Le Conseil de sécurité dans l'après 11 septembre*, Paris, LGDJ, 2005, 162p.

SVETLANA Z., *Le cadre juridique de l'action des Casques bleus*, Publications de la Sorbonne, 2014, 586p.

-T-

TEIXERIRA P., *Le Conseil de sécurité à l'aube du XXIe siècle. Quelle volonté et quelle capacité a-t-il de maintenir la paix et la sécurité internationales* ? Genève, Nations Unies, UNIDIR, 2002, 107p.

THIELEN O., *Le recours à la force dans les opérations contemporaines*, éd. LGDJ, 2013, 437p.

THOME N., *Les pouvoirs du Conseil de sécurité au regard de la pratique récente du Chapitre VII de la Charte des Nations Unies*, Aix-en-Provence, PUAM, 2005, 438p.

TSHIBANGU KALALA., *Les résolutions des Nations Unies et les destinataires non étatiques*, Bruxelles, Larcier eds, 2009, 352p

-W-

WEIL-SIERPINSKI B., *L'intervention d'humanité : un concept en mutation*, Thèse de doctorat en droit, Université de Montpellier, 1995, 586p.

WILLAME J.C., *« les faiseurs de paix au Congo », la gestion d'une crise internationale dans un état sous tutelle,* Belgique « les livres du GRIP », éd. Complexe n° 288-289, 2007, 217p. ; même auteur, *Banyarwanda et Banyamulenge. Violences ethniques et gestion de l'identitaire au Kivu,* Tervuren, Institut africain Paris, L'Harmattan, 1997, 156p.

-Z-

ZANETTI V., *L'intervention humanitaire. Droits des individus, devoirs des États*, Labor et Fides, 2008, 326p.

ZOBEL T., *Les retombées du génocide rwandais : Analyse géopolitique de l'instabilité perpétuelle du Nord-Kivu*, Thèse de doctorat, Université Paris 8, 2015, 489p.

Articles

-A-

AMSELEK P., « L'étonnement devant le droit », *APD*, 1968, pp.163-183.

AUTESSERRE S., « Construire la paix : conceptions collectives de son établissement, de son maintien et de sa consolidation ». *Critique internationale*, 2011, pp. 153-167. ; "

-B-

BOUTELLIS A., « In the DRC communications war, rebels learn PoC language », in Global Observatory, 12 juillet 2012. p) pCivilians in the Democratic Republic of the Congo Stability. *International Journal of Security and Development* 2(3) :48, September 2013. pp. 1-11.

BALCERSKI G., « Le Conseil juridique opérationnel : comment pense-t-on le droit des conflits armés lors de la planification et la conduite des opérations militaires ? L'exemple de la Libye », in Karine BENNELIER et Cyrille PISON (dir), *Le recours à la Force autorisé par le Conseil de sécurité,* ed. Pedone 2014, pp.189-194.

BOTHE M., « Les limites du pouvoir du Conseil de sécurité », in *Le développement du rôle du Conseil de sécurité, colloque de l'Académie de droit international,* La Haye, 21-23 juillet 1992

BORE EVENO V., « Le contrôle juridictionnel des résolutions du Conseil de sécurité : vers un constitutionnalisme international ? », *RGDIP*, 2006, pp.826-858.

BANNELIER K., « Qui gardera les gardiens ? Les interventions militaires autorisées par le Conseil de sécurité entre légalité et légitimité », in Karine BANNELIER et Cyrille PISON (dir), *Le recours à la Force autorisée par le Conseil de sécurité*, éd. A. Pedone, 2014, pp.5-23.

BENVENUTI P., « Le respect du droit international humanitaire par les forces des Nations Unies : la circulaire du Secrétaire général », *R.G.D.I.P.*, 2001, pp. 355-372.

BROUARD G., TISSERON A., « Les règles d'engagement, un objet juridique ? », *Revue de la défense nationale*, 5, 2010 pp.35-41.

BETTATI M., « L'usage de la force par l'ONU », Pouvoirs, 2004/2, n° 109, pp. 111-123. ; « Du droit d'ingérence à la responsabilité de protéger », *Outre-Terre*, vol. 20, no. 3, 2007, pp. 381-389.

BOUTROS-Boutros G., « Peut-on réformer les Nations unies ? », *Pouvoirs*, 2/2004 (n° 109), pp.5-14

BERGHEZAN G., « Groupes armés actifs en République Démocratique du Congo, situation dans le Grand Kivu au 2éme semestre 2013, GRIP novembre 2013, 36p. « Le cancer des groupes armés au cœur de l'instabilité au Congo », GRIP 2013, 13p.

BRAECKMAN C., « Guerre sans vainqueurs en République Démocratique du Congo », in *Le Monde diplomatique,* avril 2001, 4p

BODEAU-LIVINEC P., « Responsabilité pour faits illicites commis au cours d'opérations autorisées par le Conseil de sécurité : remarques sur quelques problèmes d'attribution », in

-C-

CHAUVANCY F., « Quel avenir pour les opérations de maintien de la paix ? », *Défense nationale*, 1997, n° 8-9, pp. 147-151.

CONDORELLI L., « De la « responsabilité de protéger », ou d'une nouvelle parure pour une notion déjà bien établie », *R.G.D.I.P*, 2006, p.11-18.

CHRISTAKIS T. et BANNELIER K., « Acteur vigilant ou spectateur impuissant ? Le contrôle exercé par le Conseil de sécurité sur les États autorisés à recourir à la force », RBDI, 2004, pp.498-527.

COULON. J et NOVOSSELOFF. A, « Quel maintien de la paix « robuste » pour quel maintien de la paix efficace ? Vers une approche réaliste de la robustesse, in Jocelyn COULON, Alexandra NOVOSSELOFF, (dir), *La paix par la force ? Pour une approche réaliste du maintien de la paix « robuste »,* Athéna Éditions, 2011, pp.10-19.

CHRISTAKIS. T, « L'encadrement juridique des opérations militaires autorisées par le Conseil de sécurité et le concept de « responsibility while Protecting » (RwP), in K. BANNELIER et C. PISON (dir), *Le recours à la Force autorisé par le Conseil de sécurité*, éd. A. Pedone 2014, pp.135-146.

CAMMAERT. P, « Learning to Use Force on the hoof in peacekeeping, Reflexions on the experience of MONUC's Eastern Division », *Institut for Security Studies*, Situation Report, Avril 2007, 10p.

-D-

De JONGE OUDRAAT. C, « L'ONU, les conflits internes et le recours à la force armée », *AFRI*, 2000, pp.817-830.

De HEMPTINNE. J, « La définition de la notion de « population civile » dans le cadre du crime contre l'humanité, commentaire critique de l'arrêt Martic, *RGDIP*, 2010, pp.93-104.

DAILLIER. P, « Les opérations en vue du rétablissement de la paix », *RCADI*, vol.314, 2005, pp. 237-431.

De LACHARRIERE. G, « La polémique sur les opérations de maintien de la paix des Nations Unies », *Politique étrangère*, 1966, pp. 319-334.

DURIEUX. B, « Le soldat et le policier », Inflexions, civils et militaires : *pouvoir dire*, n° 4, 2006, pp.35-45.

DAVID. E, « Le droit international applicable aux organisations internationales », *in Mélanges en hommage à Michel Waelbroeck,* vol.I, Bruxelles, Bruylant, 1999, pp.3-22 ; « L'excuse de l'ordre supérieur et l'état de nécessité », *RBDI,* 1978-1979, pp.65-84.

DELCOURT. B, « L'introduction de la notion de responsabilité de protéger dans les autorisations données par le Conseil de sécurité : enjeux politiques et paradoxes », in K. Bannelier et C. Pison (dir), Le recours à la force autorisé par le Conseil de sécurité, éd. A. Pedone 2014, pp.57-59

-E-

EMANUELLI. C, « La convention sur la sécurité du personnel des Nations Unies et du personnel associé : des rayons et des ombres », *RGDIP*, 1995, pp. 849-880. ; « Le respect du droit international humanitaire par les forces des Nations Unies : circulaire du Secrétaire, *RGDIP*, 2001, pp.355-562.

-F-

FINDLAY. T, « La problématique de l'utilisation de la force dans le cadre des opérations de paix », *Guide du maintien de la paix* 2007, 2006, pp. 113-126.

FORTEAU. M, « La situation juridique des contingents militaires français chargés d'assurer le maintien de l'ordre public sur le territoire d'un État étranger », *RGDIP*, 2003, pp.635-676.

FLORENT. J-L, « Les destinataires non étatiques des résolutions du Conseil de sécurité », *SFDI*, colloque du Mans, le sujet en droit international Paris, Pedone 2005, pp.105-116.

-G-

GUEHENNO. J-M, « Maintien de la paix : les nouveaux défis pour l'Organisation des Nations Unies et le Conseil de sécurité », *politique étrangère*, 2003, pp.689-700.

GOSSIAUX. C, « Les règles d'engagement, norme juridique nouvelle ? », *in Société internationale de droit militaire et de droit de la guerre*, Journée d'étude du 4 mai 2001, pp.5-6

GLUME. G, « La responsabilité de protéger. Une réalité croissante, sous condition », *Guide du maintien de la paix*, 2006, 2005, pp.117-138.

GUELLALI. À, « Lex specialis, droit international humanitaire et droits de l'homme : leur interaction dans les nouveaux conflits armés », *RGDIP*, 2007, pp.539-574.

GUILLAUME. G, « L'introduction et l'exécution dans les ordres juridiques des États des résolutions du Conseil de sécurité des Nations Unies prises en vertu du Chapitre VII de la Charte » *RIDC*, 1998, pp.539-549.

GAUDIN. B, « Pour un droit opérationnel incontestable », Défense nationale et sécurité collective, n° 6, 2008, pp. 167-174

GUEHENNO. J-M, « Le maintien de la paix : obtenir un consensus politique et renforcer la structure du commandement et de contrôle », Bulletin du maintien de la paix, n° 98, mars 2010, 4p.

-H-

HAMPSON. F-J, « La protection des Casques bleus en droit international », *RDMDG*, 1997, pp.211-219.

HOUDET. C, Réussir avec l'Organisation des Nations Unies ? L'exemple du Congo-Kinshasa, *ès Stratégie Éditions, Coll. Chercheurs militaires* 2008, pp 51-63. ?

HAMANT. H, « L'évolution profonde du fondement juridique des opérations de maintien de la paix des Nations Unies *»,* dans les menaces contre la paix et la sécurité internationale, Nouveaux défis et nouveaux enjeux, Publication de *l'IREDIES* n° 1, Université Paris 1 Panthéon-Sorbonne, 34p.

HATTO. R, « L'innovation institutionnelle des Nations Unies. L'exemple du Département des opérations de maintien de la paix », *Guide de maintien de la paix* 2010, 2009, pp. 59-75.

HOUDET. B, « Le contrôle des foules », Inflexions, civils et militaires : *pouvoir dire*, n° 4, 2006, pp.27-33.

HOLT. V.K, TOBIAC BERKMAN. C, « Protecting Civilians on the ground: MONUC and the Democratic Republic of Congo » *in* the Impossible Mandate? Military Preparedness, The Responsability to Protect an Modern Peace Operations, *Stimson Center*, septembre 2006.

HARDY. T « L'organisation des Nations Unies : l'éternel recommencement ? », *in Gestion de crise, maintien et consolidation de la paix : acteurs, activités, défis,* De Boeck, Bruxelles, 2009, pp. 55-92.

-J-

JORAM. F, « Le cadre juridique des opérations militaires de l'Union européenne. L'exemple de l'opération " Artémis" en République Démocratique du Congo », *Doctrine*, n° 4, septembre 2004, pp. 50-52.

JANSSENS. B, « Les règles d'engagement pendant les opérations des Nations Unies en Somalie », *RDMDG*, 1996, pp.209-217.

-K-

KAMTO. M, « Le rôle des accords et organismes régionaux en matière de maintien de la paix et de la sécurité internationale à la lumière de la Charte des Nations Unies et de la pratique internationale », *RGDIP* n° 4, 2007, pp.771-802. ; « Le cadre juridique des opérations de maintien de la paix des Nations Unies », *International Law Forum du droit international*, volume3, No 2, June 2001, pp.95-104.

-L-

LEGAULT. À, « Organisation et conduite des opérations de maintien de la paix », *Politique étrangère*, 1967, pp.369-396.

LANOTTE. O, « République Démocratique du Congo : Guerres sans frontières », éd. *Complexes*, 2012, p. 76-82, « La guerre en République Démocratique du Congo *(1998-2004)* », in REMACLE (E), ROSOUX

(V) et SAUR (L) (dir), *L'Afrique des Grands Lacs, Des conflits à la paix*, éd. P.I.E. Peter Lang, Bruxelles, 2007, pp.41-62.

LOHMANN. T, « German participation in international peacekeeping: Now free of constitutional constraints? », *International Peacekeeping*, juin-août 1994, pp. 78-80

LAGRANGE. E, « Le Conseil de sécurité des Nations Unies peut-il violer le droit international ? », *RBDI*, 2004, pp.568-591.

LAUCCI. C, « La France adhère au protocole 1 relatif à la protection des victimes des conflits armés internationaux », *RGDIP*, 2001, pp.677-704.

LECOURTOIS. S, « Exploitation et abus sexuels par le personnel des Nations Unies, le cas de la MONUC », *Bulletin du maintien de la paix,* n° 93, mars 2009, 4p.

LAGRANGE. P, « Responsabilité des États pour les actes accomplis en application du Chapitre VII, *RGDIP*, 2008, pp. 85-110.

LEJBOWITCZ. À, « Usage de la force et culture de la paix », *Inflexions, civils et militaires : pouvoir dire*, n° 2, 2006, p.63-89.

LABBE. J et BOUTELLIS. À, « Les opérations de maintien de la paix par procuration : conséquences des partenariats de maintien de la paix de l'ONU avec les forces de sécurité non-onusiennes sur l'action humanitaire », *Revue Internationale de la Croix-Rouge*, volume 95 Sélection française 2013/3 et 4, pp.47-70.

-M-

MANSSON. K, «Use of Force and Civilian Protection: Peace Operations in the Congo », *International Peacekeeping*, vol. 12, n° 4, 2005, pp.503-519.

MEGRET. F, « La pente glissante de l'usage de la force par le Conseil de sécurité : quelles contraintes au niveau du jus ad bellum ? », in K. BANNELIER et C. PISON (dir), *Le recours à la Force autorisé par le Conseil de sécurité*, Paris, Pedone, 2014, pp.159-170.

MOISI. D, « Les Nations Unies entre paix incertaine et justice sélective », *Ramsès* 2002, 2001, pp. 61-70.

MANSSON. K, « Integration of human rights in peace operations: Is there an ideal model? », *International Peacekeeping*, vol. 13, n° 4, 2006, pp. 547-563 ; « The forgotten agenda: human rights protection and promotion in cold War peacekeeping », *JCSL*, 2005, pp. 379-403 ; « Use of force and civilian protection: Peace operations in the Congo », *International Peacekeeping*, vol. 12, n° 4, 2005, pp.503-519.

-N-

NOVOSSELOFF. A et SARTRE. P, « L'emploi de la force dans les opérations de maintien de la paix des Nations Unies, fondements juridiques et organisation politico-militaire », *AFRI*, 2006, pp. 740-754., « La pratique de l'usage de la force. Réflexions sur le maintien de la paix robuste », *Guide du maintien de la paix* 2010, 2009, pp.77-93.

NOVOSSELOFF. A, « Le Chapitre VII, le recours à la force et le maintien de la paix », *Guide du maintien de la paix* 2008, 2007, pp.85-102. ; « Les opérations de maintien de la paix des Nations Unies. Les normes fixées par le rapport Brahimi mises à l'épreuve », *Guide du maintien de la paix* 2007, 2006, pp. 49-61. ; « Chapitre VII et le maintien de la paix : une ambiguïté à déconstruire », *Bulletin du maintien de la paix*, n° 100, octobre 2010, « Les opérations de maintien de la paix des Nations Unies en 2009 : crise de croissance ou crise de maturité ? », *Bulletin du maintien de la paix*, n° 92, janvier 2009, 4p

-P-

PISON. C, « Outils et méthodes opérationnels d'encadrement de l'usage de la force », in K. BANNELIER et C. PISON (dir), *Le recours à la Force autorisé par le Conseil de sécurité*, Ed. À Pedone, 2014, pp. 171-182.

POURTIER. R, « Les camps du Kivu ou la gestion de l'éphémère », *in Déplacés et réfugiés : la mobilité sous contrainte,* sous la dir. LASSAILLY (J), Marchal (J-Y), QUESNEL (A), IRD éditions, 1999, pp.451-477. ; « Le Kivu dans la guerre : acteurs et enjeux », *Échos Géo sur le vif* 2009, 39p ; « La guerre au Kivu : un conflit multidimensionnel », *Afrique contemporaine*, numéro spécial, l'Afrique face aux conflits, 1996, pp.15-38. ; « Le Congo et la poudrière du Kivu, Géopolitique d'une périphérique à haut risque », *Café géographique*, Mulhouse, 19 mars 2009. ; « L'Afrique centrale dans la tourmente, les enjeux de la Guerre et de la paix au Congo et alentour », *Hérodote*, numéro 111, Tragédies africaines, 4ème trimestre 2003. ; « Reconstruire le territoire pour reconstruire l'État : la RDC à la croisée des chemins », Afrique contemporaine, 2008/3, numéro 227, pp.23-52., « Les enjeux miniers de la guerre au Kivu », in Béatrice GABLIN (Dir), *Les conflits dans le monde, approche Géopolitique*, éd. Armand colin 2011, pp.235-248., « Introduction thématique. L'Afrique centrale entre incertitudes et renouveau », *Afrique contemporaine*, 3/2005 (n° 215), pp. 21-27. ; « Justine Brabant. " Qu'on nous laisse combattre, et la guerre finira ". Avec les combattants du Kivu », *Afrique contemporaine*, 1/2016 (n° 257), p. 154-156

PIERRY. L, « Du chapitre VI au chapitre VII : vers des OMP robustes ? », in K. BANNELIER et C. PISON (dir), *Le recours à la Force autorisé par le Conseil de sécurité*, éd. A. PEDONE 2014, pp.77-102.

POULIGNY. B, « Les casques bleus sont là, mais on ne voit pas ce qu'ils font », *Guide de maintien de la paix*, 2006, 2005, pp. 171-186.

PINTO. R, « Les règles du droit international concernant la guerre civile », *RCADI*, vol.114, 1965-1, pp.522-523.

PETIT. Y, « Nouvel horizon », les casques bleus et des opérations de maintien de la paix de l'ONU : Quelques réflexions sur l'évolution et l'avenir du maintien de la paix », *in l'homme dans la société internationale, mélanges en hommages au Professeur Paul TAVERNIER sous la coordination générale de Jean- François Akandji- Kombé*, éd. Groupe Larcier, Bruylant Bruxelles 2013, pp. 295-327.

PAUWELS. N., « L'économie de guerre en RDC. Un défi pour la paix et la reconstruction », in E. REMACLE, V. ROSOUX et L. SAUR (dir), l'Afrique des grands lacs. Des conflits à la paix. Editions scientifiques internationales, Bruxelles, 2007, pp.159-186.

PINESCHI. L « L'emploi de la force dans les opérations de maintien de la paix des Nations Unies « robustes » : conditions et limites juridiques », in J. COULON et A. NOVOSSELOFF (dir), *La paix par la force ? pour une approche réaliste du maintien de la paix « robuste »*, éd.Athéna, 2011, pp. 147-182.

-R-

RAMACLE. E et MARTELLI. M, « La RDC, laboratoire des actions militaires et de police européennes », in E. REMACLE, V. ROSOUX et L. SAUR (dir.), *L'Afrique des Grands Lacs. Des conflits à la paix ? Éditions scientifiques internationales,* Bruxelles, 2007, pp.203-239.

REYNAERT. J, MONUC/MONUSCO and Civilian protection in the Kivus, *IPIS*, février 2011, 47p.

RYNIKER. À, « Respect du droit international humanitaire par les forces des Nations Unies, quelques commentaires à propos de la Circulaire du Secrétaire général des Nations Unies le 6 août 1999 », *Revue internationale de la Croix -Rouge*, 1999, n° 836, pp.795-805.

-S-

SICILIANOS. L-A, « L'autorisation par le Conseil de sécurité de recourir à la force : une tentative d'évaluation », *RGDIP*, 2002, pp.5-50. ; « L'ONU, la consolidation de la paix et l'édification de la démocratie » in Mélanges en l'honneur de N. VALTICOS, *Droit et justice*, Paris, A. Pedone, 1999, p. 217.

SUR. S « Le Conseil de sécurité : blocage, renouveau et avenir », *Pouvoirs*, 2/2004, n° 109, pp.61-74 ; « Vers la marginalisation de l'ONU dans le domaine du maintien de la paix », *Arès*, octobre 1998, n° 41, pp.11-23. ; « Quelques observations sur les normes juridiques internationales », *RGDIP*, 1985, p. 905 ; « Sur quelques tribulations de l'État dans la société internationale », *RGDIP*, 1993, pp.881-900.

SOREL. J-M, « Le caractère discrétionnaire des pouvoirs du Conseil de sécurité : remarques sur quelques incertitudes partielles », *RBDI,* 2004, pp.462-483. ; « La responsabilité des Nations Unies dans les opérations de maintien de la paix », *Forum du droit international*, volume 3, No 2, June 2001, pp.127-138

SEBAHARA. P, « MONUC : les défis d'une mission », *Note d'analyse du GRIP*, G4582, août 2005, 7p. ; « La réforme du secteur de la sécurité en RD Congo », *Note d'Analyse du GRIP*, 13 mars 2006. 12p. « CIRGL : enjeux et impacts sur le développement de la RDC », Bruxelles, Rapport *GRIP*, Février 2006, 27p.

SARTRE. P, « Consolidation de l'État et transformation du secteur de sécurité : une harmonisation délicate », *in États et sociétés fragiles : entre conflits, reconstruction et développement,* S/dir de J-M Châtaigner et H. MAGRO, Paris, Karthala, 2007, pp. 164-176.

STELIOS PERRAKIS, « Le droit international humanitaire et ses relations avec les droits de l'homme. Quelques considérations », in Paul TAVERNIER et Jean-Marie HENCKAERTS (Dir), *Droit international humanitaire : enjeux et défis contemporains*, Bruyant Bruxelles 2008, pp.115-137.

-T-

TZANAKOPOULOS. A, « L'intervention du Conseil de sécurité dans les conflits internes », in K. BANNELIER et C. PISON (dir), *Le recours à la Force autorisé par le Conseil de sécurité*, éd. A. PEDONE 2014, pp.67-76.

TSHIBANGU KALALA, « les requêtes de la RDC dans l'affaire des activités armées sur le territoire du Congo contre le Rwanda, le Burundi et l'Ouganda devant la Cour Internationale de Justice : analyse et premier commentaire *», in Revue de Droit Africain*, Bruxelles, n° 13, 2000, pp.96-109.

TSHIYEMBE - Mwayila, « Les principaux déterminants de la conflictualité africaine », *in La prévention des conflits en Afrique*, Karthala, Paris, 2001. « Transition à hauts risques au Congo-Zaïre », *in Le Monde diplomatique*, juillet 2003, 22p.

THIEBLEMONT. A, « Culture de la paix et emploi de la force armée », *Le Débat*, n° 142, novembre 2006, pp.19-31 ; « Opérations de paix et dévoiement de la pensée militaire », *Défense et stratégie*, n° 19, février 2007, pp.15-23.

TOMUSCHAT. C, « les opérations des troupes allemandes à l'extérieur du territoire allemand », *AFDI*, 1993, pp. 451-467.

TEIXEIRA. P, « Un nouveau défis pour le Conseil de sécurité : comment traiter les États déliquescents ou déchirés par des conflits internes », *AFRI* 2005, pp.105-110. ; « Le Conseil de sécurité à l'aube du XXIeme siècle. Quelle volonté et quelle capacité de gérer les opérations de paix *? », Guide du maintien de la paix* 2004, 2003, 36p.

THOME. N, « Les pouvoirs du Conseil de sécurité au regard de la pratique du Chapitre VII de la Charte des Nations Unies », Aix-en-Provence, *PUAM,* 2005, pp.229 -235.

TARDY. T, « L'ONU et le recours à la force ou le mariage de la carpe et du lapin », *Études Raoul-Dandurand*, n° 12, Montréal, 2006., pp.4-31 ; « Quel maintien de la paix « robuste », pour quel maintien de la paix efficace ? Vers une approche réaliste de la robustesse », in J. Coulon, A. Novosseloff (dir), *La paix par la force ? Pour une approche réaliste du maintien de la paix « robuste »,* Athéna Éditions 2011, pp.21-53.

TERRIE. J., « The use of force in United Nations peacekeeping : The experience of MONUC », African Security Revue, 2009, pp.21-34.

THOUVENIN. J-M, « Le statut juridique des forces de maintien de la paix des Nations Unies », *International Law-Forum du droit international*, volume 3, n° 3, june 2001, pp.105-113.

THIBAULT. J-F, « Protection des civils et responsabilité de protéger : les enjeux humanitaires d'une séparation du jus in bello et du jus ad bellum », *Bulletin du maintien de la paix*, n°94, mars 2009, 4p.

-V-

VOJDIK. V.K, « Sexual abuse and exploitation of Women and girls by UN Peacekeeping Troops », *Michigan State Journal of International Law*, vol. 15, n° 1, pp.157-168.

VITÉ. S, « Typologies des conflits armés en droit international humanitaire : concepts juridiques et réalités » dans *international Reviews of the Red Cross*, vol.91 n°873, mars 2009, pp.69-94

VIRCOULON. T, « La guerre sans fin des Kivus, les limites de la diplomatie de la paix », *Annuaire français des relations internationales*, 2009, pp. 807-823. ; « Le maintien de la paix, version ONU : radiographie d'une impuissance », *JeuneAfrique. com* 2017, 12p ; « After MONUC, should MONUSCO continue to support Congolese military Campaigns? », Bolg of *the International Crisis Group*, 19 juillet 2010, « Ambiguïtés de l'intervention internationale en République Démocratique du Congo », *AFRI*, 21p. ; « Réformer le ''peace making'' République Démocratique. Quand les processus de paix deviennent des systèmes d'action internationaux », *Notes de l'IFRI*, février 2009, 28p.

-W-

WECKEL. P, « Le chapitre VII de la Charte et son application par le Conseil de sécurité », *AFDI*, 1991, pp.165-202.

WILLIAMS. P.D, « Renforcer la protection des civils dans les opérations de maintien de la paix : regard sur l'Afrique ». *Papier de recherche du Centre d'études stratégiques de l'Afrique n° 1, National Defense University Press Washington*, D.C, septembre 2010, p.16-18.

-Z-

ZORGBIBE. C, « Peut-on sous-traiter le maintien de la paix ? », *Géopolitique africaine*, n° 17, 2005, pp. 59-73.

ZACKLIN. R, « Le droit applicable aux forces d'interventions sous les auspices de l'ONU », *in le chapitre VII de la Charte de l'ONU, colloque de la SFDI,* Rennes, Pedone, Paris, 1995, pp.191-207.

ZEEBROEK. X, « La mission des Nations Unies au Congo. Le laboratoire de la paix introuvable », *Les rapports du GRIP*, n° 5, 2008, 27p. ; « Protection des populations et opérations robustes en République Démocratique du Congo », *Note d'analyse du GRIP*, 4 avril 2007, 8p. ; « Restons calmes, la situation est désespérée. Quelques idées reçues sur le conflit en République Démocratique du Congo », *Note d'analyse du GRIP*, 4 novembre 2008, 6p. ; « « Le paradoxe de l'expertise Belge au Congo », *Note d'analyse du GRIP*, 29 septembre 2009, Bruxelles, 7p. « Un premier pas vers une doctrine des opérations robustes » *Rapport de GRIP*, 2008 ? « La difficile mise en œuvre de l'intégration au sein des missions de paix », *Guide du maintien de la paix* 2006, 2005, pp.81-97. ; « Un premier pas vers une doctrine des opérations robustes ? », *Studia diplomatica*, n° 3, 2007, pp.5-16.

Centre d'actualités des Nations Unies

« Abus sexuels : la MONUC appuie les poursuites du Maroc contre ses Casques bleus », 14 février 2005.
« La MONUC envoie des patrouilles blindées pour faire cesser des combats au Nord-Kivu », 29 août 2008.
« Nord-Kivu : la MONUC utilise la force contre les rebelles du CNDP », 19 septembre 2008.
« République Démocratique du Congo, M. Le Roy appelle à une enquête sur les massacres des civils par les forces armées congolaises », 3 novembre 2009.
« République Démocratique du Congo : Le chef de la MONUC demande des orientations claires au Conseil de sécurité », 16 décembre 2009.
« République Démocratique du Congo : La MONUC rejette les accusations d'un responsable congolais », 14 avril 2010.
« Les Casques bleus ramènent le calme et rassurent la population dans l'est du pays », 15 septembre 2010.
« Un rapport décrit la sauvagerie des viols début août dans l'est », 24 septembre 2010.
« Arrestation d'un présumé responsable des viols de masse », 5 octobre 2010.
« RDC : l'ONU entend accélérer la neutralisation des groupes armés », 14 juillet 2015.

Documents relatifs à la conduite des opérations

Problèmes et opportunités identifiés dans le cadre des opérations de paix menées par l'Organisation des Nations Unies, Inter office Mémorandum, MONUC/FCOS, 11 novembre 2006.
Opérations de paix dans le cadre des Nations Unies et violations des droits de l'homme, Inter office Mémorandum, MONUC Kinshasa, MONUC/FCOS, 18 décembre 2006.
Le Représentant spécial du Secrétaire général en République Démocratique du Congo explique devant les membres du Conseil de Sécurité le "

dilemme'' de la mission », Département de l'information, CS/9820, 16 décembre 2009.
MONUC News, Bulletin d'Information de la Mission de l'Organisation des Nations Unies en République Démocratique du Congo, n° 77, 16 juin 2003.
MONUC News, n° 213, 16 octobre 2009
MONUC News, n° 215, 20 octobre 2009
MONUC News, n° 222, 7 novembre 2009
MONUC News, n° 225, 12 novembre 2009
MONUC News, n° 243, 17 décembre 2009
MONUC News, n° 248, 30 décembre 2009
MONUC News, n° 249, 7 janvier 2010
« La MONUC présente les grandes lignes de la coopération avec les FARDC dans l'opération Amani Léo », Communiqué de presse de la MONUC, Kinshasa, 7 janvier 2010
Échos de la MONUSCO, n° 2, 11 août 2010
Échos de la MONUSCO, n° 3, 31 août 2010
Échos de la MONUSCO, n° 4, 30 septembre 2010

Rapports des organisations non gouvernementales

OXFAM (2014), Un difficile équilibre. Enquête de protection dans l'est de la RDC. Document d'information de l'OXFAM, 27 janvier 2014.
Oxfam International, « Réveiller le démon : Impact du désarmement forcé sur les civils dans les Kivu », Juillet 2009, 32p.
GRIP, MISSAKA KASONGO et Pamphile SABARAHA, le DDR des combattants en RDCongo, Bruxelles, GRIP, 11 août 2008, 14p..
Human Rights Watch, Opération Likofi, « meurtres et disparition forcées aux mains de la police à Kinshasa », RDC, 17 novembre 2014.
Human Rights Watch (2013), DRCongo : M23 rebels kill, Rape Civilians:New Evidence of Rwandan support for M23, News Release, 22 july 2013.
Human Rights Watch (2012), DRCongo : Bosco Ntanganda Recruits Children by Force. News release, 16 May 2012.
Human Rights Watch (2012), DRCongo : Rwanda should stop aiding War Crimes Suspect. New release, 4 June 2012.
Human Rights Watch (2009), DRCongo:Civilians const of Military Operations is Unacceptable, 13 october 2009.
Human Rigjts Watch, « *Vous serez punis » : Attaques contre les civils dans l'est du Congo* », 13 décembre 2009.
Human Rights Watch, Les soldats violents, les commandants ferment les yeux : violences sexuelles et refonte militaire en République Démocratique du Congo, juillet 2009.
Human Rights Watch (2008), Massacres de Kiwanja : l'incapacité de l'ONU à protéger les civils. Décembre 2008.

Human Rights Watch (2008), On va vous écraser : la restriction de l'espace politique en RDC. Novembre 2008, 113p.
Human Rights Watch (2003), Ituri : Covered in blood. Ethnically Targeted violence in Northeastern DRCongo, Juillet 2003.
Human Rights Watch (2002), the war within the war: Sexual violence Against Women and Girls in Eastern Congo, 20 Juin 2002.
Human Rights Watch (2001), Uganda in Eastern DRC: Fueling Political and Ethnic Strife, Mars 2001.
International Crisis Group (2013) : Comprendre les conflits dans l'Est du Congo : la plaine de la RUZIZI, Rapport Afrique n° 206 du 23 juillet 2013, 37p.
International Crisis Group (2012), L'est du Congo : pourquoi la stabilisation a échoué. Briefing Afrique n° 91, 4 octobre 2012, 24p.
International Crisis Group (2012), Est du Congo, la rébellion perdue des ADF-Nalu, Briefing Afrique, n° 93, Nairobi / Bruxelles, 19 décembre 2012, 20p.
International Crisis Group (2012), Goma, RDCongo : éviter une nouvelle guerre régionale, Alerte, Bruxelles/Nairobi, 20 novembre 2012
International Crisis Group (2012), L'or noir du Congo : risque d'instabilité ou opportunité de développement ? Rapport Afrique, n° 188, juillet 2012, 43p.
International Crisis Group (2010), Congo : pas de stabilité au kivu malgré le rapprochement avec le Rwanda, Rapport Afrique, n° 165, 16 novembre 2010, 44p.
International Crisis Group (2009), Congo : une stratégie globale pour désarmer les FDLR. Rapport Afrique n° 151, 9 juillet 2009, 46p.
International Crisis Group (2008), Congo : Quatre priorités pour une paix durable en Ituri, Rapport Afrique n° 140, 13 mai 2008, 43p.
International Crisis Group (2004), Maintenir le cap au Congo, le problème de l'Ituri, rapport, n° 84, 26 Août 2004, 32p.
International Crisis Group (2003), Les rebelles hutus rwandais au Congo : pour une nouvelle approche du désarmement et de la réintégration, Bruxelles, rapport Afrique, n° 63, 23 mai 2003, 42p.
International Crisis Group (2001), Le dialogue inter congolais. Poker menteur ou négociation politique ? Bruxelles n° 37, 16 novembre 2001, 43p.
International Crisis Group (2000), Uganda an Rwanda : Friends or ennemies ? Rapport Africa, n° 14, 4 mai 2000, 38p.
Comité International de la Croix-Rouge (2000), combat à Kisangani : le CICR demande instamment de respecter les civils. Communiqué de presse 00/19, 8 juin 2000.
Amnesty International (1998), UN Security Council shamefully abandons victims in Democratic Republic of Congo, 15 juillet 1998.

Documents du Secrétaire général de l'ONU

a) Rapports du Secrétaire général sur la protection des civils

Rapport du Secrétaire général sur les causes des conflits et la promotion d'une paix et d'un développement durables en Afrique, S/1998/318, 13 avril 1998.

Rapport sur la protection des activités d'assistance humanitaire aux réfugiés et autres personnes touchées par un conflit, S/1998/883, 22 septembre 1998.

Rapport sur la protection des civils en période de conflit armé, S/1999/957, 8 septembre 1999.

Rapport sur la protection des civils en période de conflit armé, S/2001/331, 30 mars 2001.

Rapport sur la protection des civils en période de conflit armé, S/2002/1300, 26 novembre 2002.

Rapport sur la protection des civils en période de conflit armé, S/2004/431, 28 mai 2004.

Rapport sur la protection des civils en période de conflit armé, S/2005/740, 28 novembre 2005.

Rapport sur la protection des civils en période de conflit armé, S/2007/643, 28 octobre 2007.

Rapport sur la protection des civils en période de conflit armé, S/2009/277, 29 mai 2009.

Rapport sur la protection des civils en période de conflit armé, S/2010/579, 11 novembre 2010.

Rapport sur la protection des civils en période de conflit armé, S/2012/ 376, 22 mai 2012.

Rapport sur la protection des civils en période de conflit armé, S/2013/689, 22 novembre 2013.

Rapport sur la protection des civils en période de conflit armé, S/2015/453, 18 juin 2015.

Rapport sur la protection des civils en période de conflit armé, S/2016/447, 13 mai 2016.

b) Rapports du Secrétaire général sur la MONUC

Rapport du Secrétaire général sur le déploiement préliminaire des Nations unies en République Démocratique du Congo, S/1999/790, 15 juillet 1999

Rapport du Secrétaire général sur la Mission de l'Organisation des Nations Unies en République Démocratique du Congo, S/2000/30, 17 janvier 2000

Deuxième rapport du Secrétaire général sur la Mission de l'Organisation des Nations Unies en République Démocratique du Congo, S/2000/330, 18 avril 2000

Troisième rapport du Secrétaire général sur la Mission de l'Organisation des Nations Unies en République Démocratique du Congo, S/2000/566, 12 juin 2000
Quatrième rapport du Secrétaire général sur la Mission de l'Organisation des Nations Unies en République Démocratique du Congo, S/2000/888, 21 septembre 2000
Cinquième rapport du Secrétaire général sur la Mission de l'Organisation des Nations Unies en République Démocratique du Congo, S/2000/1156, 6 décembre 2000
Sixième rapport du Secrétaire général sur la Mission de l'Organisation des Nations Unies en République Démocratique du Congo, S/2001/128, 12 février 2001
Septième rapport du Secrétaire général sur la Mission de l'Organisation des Nations Unies en République Démocratique du Congo, S/2001/373, 17 avril 2001
Huitième rapport du Secrétaire général sur la Mission de l'Organisation des Nations Unies en République Démocratique du Congo, S/2001/572, 8 juin 2001
Neuvième rapport du Secrétaire général sur la Mission de l'Organisation des Nations Unies en République du Congo, S/2001/970, 16 octobre 2001
Dixième rapport du Secrétaire général sur la Mission de l'Organisation des Nations Unies en République du Congo, S/2002/169, 15 février 2002
Onzième rapport du Secrétaire général sur la Mission de l'Organisation des Nations Unies en République du Congo, S/2002/621, 5 juin 2002
Rapport spécial du Secrétaire général sur la Mission de l'Organisation des Nations Unies en République du Congo, S/2002/1005, 10 septembre 2002
Douzième rapport du Secrétaire général sur la Mission de l'Organisation des Nations Unies en République du Congo, S/2002/1180, 18 octobre 2002
Treizième rapport du Secrétaire général sur la Mission de l'Organisation des Nations Unies en République du Congo, S/2003/211, 21 février 2003
Quatorzième rapport du Secrétaire général sur la Mission de l'Organisation des Nations Unies en République du Congo, S/2003/1098, 17 novembre 2003
Quinzième rapport du Secrétaire général sur la Mission de l'Organisation des Nations Unies en République du Congo, S/2004/251, 25 mars 2004
Seizième rapport du Secrétaire général sur la Mission de l'Organisation des Nations Unies en République du Congo, S/2004/650, 16 août 2004
Dix-septième rapport du Secrétaire général sur la Mission de l'Organisation des Nations Unies en République du Congo, S/2005/167, 15 mars 2005
Dix-huitième rapport du Secrétaire général sur la Mission de l'Organisation des Nations Unies en République du Congo, S/2005/506, 2 août 2005

Dix-neuvième rapport du Secrétaire général sur la Mission de l'Organisation des Nations Unies en République du Congo, S/2005/603, 26 septembre 2005
Vingtième rapport du Secrétaire général sur la Mission de l'Organisation des Nations Unies en République du Congo, S/2005/832, 28 décembre 2005
Rapport spécial du Secrétaire général sur les élections en République Démocratique du Congo, S/2005/320-S/2005/320/Add.1, 26 mai 2005
Vingt-et-unième rapport du Secrétaire général sur la Mission de l'Organisation des Nations Unies en République du Congo, S/2006/390, 13 juin 2006
Vingt-deuxième rapport du Secrétaire général sur la Mission de l'Organisation des Nations Unies en République du Congo, S/2006/759, 21 septembre 2006
Rapport du Secrétaire général sur les enfants et les conflits armés en République Démocratique du Congo, S/2006/389, 13 juin 2006
Vingt-troisième rapport du Secrétaire général sur la Mission de l'Organisation des Nations Unies en République du Congo, S/2007/156, 20 mars 2007
Rapport du Secrétaire général sur les enfants et les conflits armés en République Démocratique du Congo, S/2007/391, 28 juin 2007
Rapport établi par le Secrétaire général en application du paragraphe 8 de la résolution 1698 (2006) concernant la République Démocratique du Congo, S/2007/68, 8 février 2007
Vingt-quatrième rapport du Secrétaire général sur la Mission de l'Organisation des Nations Unies en République du Congo, S/2007/671, 14 novembre 2007
Rapport du Secrétaire général sur les enfants et les conflits armés en République Démocratique du Congo, S/2008/693, 10 novembre 2008
Vingt-cinquième rapport du Secrétaire général sur la Mission de l'Organisation des Nations Unies en République du Congo, S/2008/218, 2 avril 2008
Vingt-sixième rapport du Secrétaire général sur la Mission de l'Organisation des Nations Unies en République du Congo, S/2008/433, 3 juillet 2008
Vingt-septième rapport du Secrétaire général sur la Mission de l'Organisation des Nations Unies en République du Congo, S/2009/160, 27 mars 2009
Vingt-huitième rapport du Secrétaire général sur la Mission de l'Organisation des Nations Unies en République du Congo, S/2009/335, 30 juin 2009
Vingt-neuvième rapport du Secrétaire général sur la Mission de l'Organisation des Nations Unies en République du Congo, S/2009/472, 18 septembre 2009
Trentième rapport du Secrétaire général sur la Mission de l'Organisation des Nations Unies en République du Congo, S/2009/623, 4 septembre 2009
Rapport du Secrétaire général sur les enfants et les conflits armés en République Démocratique du Congo, S/2010/369, 9 juillet 2010

Trente et unième rapport du Secrétaire général sur la Mission de l'Organisation des Nations Unies en République du Congo, S/2010/164, 30 mars 2010

C) Rapports du Secrétaire général sur la MONUSCO

Rapport du Secrétaire général sur la Mission de l'Organisation des Nations unies pour la stabilisation en République Démocratique du Congo, S/2010/512, 8 octobre 2010

Rapport du Secrétaire général sur la Mission de l'Organisation des Nations unies pour la stabilisation en République Démocratique du Congo, S/2011/20, 17 janvier 2011

Rapport du Secrétaire général sur la Mission de l'Organisation des Nations unies pour la stabilisation en République Démocratique du Congo, S/2011/298, 12 mai 2011

Rapport du Secrétaire général sur la Mission de l'Organisation des Nations unies pour la stabilisation en République Démocratique du Congo, S/2011/656, 24 octobre 2011

Rapport du Secrétaire général sur la Mission de l'Organisation des Nations unies pour la stabilisation en République Démocratique du Congo, S/2012/65, 26 janvier 2012

Rapport du Secrétaire général sur la Mission de l'Organisation des Nations unies pour la stabilisation en République Démocratique du Congo, S/2012/355, 23 mai 2012

Rapport du Secrétaire général sur la Mission de l'Organisation des Nations unies pour la stabilisation en République Démocratique du Congo, S/2012/838, 14 novembre 2012

Rapport du Secrétaire général sur la Mission de l'Organisation des Nations unies pour la stabilisation en République Démocratique du Congo, S/2013/96, 15 février 2013

République Démocratique du Congo et la région des Grands Lacs, S/2013/119, 27 février 2013

Rapport du Secrétaire général sur la mise en œuvre de l'Accord-cadre pour la paix, la sécurité et la coopération en République Démocratique du Congo et dans la région, S/2013/387, 28 juin 2013

Rapport du Secrétaire général sur la Mission de l'Organisation des Nations unies pour la stabilisation en République Démocratique du Congo, S/2013/388, 28 juin 2013

Rapport du Secrétaire général sur la mise en œuvre de l'Accord-cadre pour la paix, la sécurité et la coopération pour la République Démocratique du Congo et la région, S/2013/569, 24 septembre 2013

Rapport du Secrétaire général sur la Mission de l'Organisation des Nations unies pour la stabilisation en République Démocratique du Congo, S/2013/581, 30 septembre 2013

Rapport du Secrétaire général sur la mise en œuvre de l'Accord-cadre pour la paix, la sécurité et la coopération pour la République Démocratique du Congo et la région, S/2013/773, 23 décembre 2013

Rapport du Secrétaire général sur la Mission de l'Organisation des Nations unies pour la stabilisation en République Démocratique du Congo, S/2013/757, 24 décembre 2013

La mise en œuvre de l'Accord-cadre pour la paix, la sécurité et la coopération en République Démocratique du Congo et dans la région, S/2014/153, 5 mars 2014

La Mission de l'Organisation des Nations unies pour la stabilisation en République Démocratique du Congo, S/2014/157, 5 mars 2014

Rapport sur la Mission de l'Organisation des Nations unies pour la stabilisation en République Démocratique du Congo, S/2014/450, 30 juin 2014

Rapport sur le sort des enfants en temps de conflit armé en République Démocratique du Congo, S/2014/453, 30 juin 2014

Rapport sur la mise en œuvre de l'Accord-cadre pour la paix, la sécurité et la coopération pour la République Démocratique du Congo et la région, S/2014/697, 24 septembre 2014

Rapport sur la Mission de l'Organisation des Nations unies pour la stabilisation en République Démocratique du Congo, S/2014/698, 25 septembre 2014

Déclaration du Président du Conseil de sécurité, la situation concernant la République Démocratique du Congo, S/PRST/2015/1, 8 janvier 2015.

Rapport sur la Mission de l'Organisation des Nations unies pour la stabilisation en République Démocratique du Congo, S/2015/172, 10 mars 2015

Rapport sur la mise en œuvre de l'Accord-cadre pour la paix, la sécurité et la coopération pour la République Démocratique du Congo et la région, S/2015/173, 13 mars 2015

Rapport sur la Mission de l'Organisation des Nations unies pour la stabilisation en République Démocratique du Congo, S/2015/486, 26 juin 2015

Rapport sur la Mission de l'Organisation des Nations unies pour la stabilisation en République Démocratique du Congo, S/2015/741, 28 septembre 2015

Rapport sur la mise en œuvre de l'Accord-cadre pour la paix, la sécurité et la coopération pour la République Démocratique du Congo et la région, S/2016/840,4 octobre 2016

Rapport sur la Mission de l'Organisation des Nations unies pour la stabilisation en République Démocratique du Congo, S/2016/833, 3 octobre 2016

Rapport sur la Mission de l'Organisation des Nations unies pour la stabilisation en République Démocratique du Congo, S/2016/579, 28 juin 2016

Rapport sur la Mission de l'Organisation des Nations unies pour la stabilisation en République Démocratique du Congo, S/2016/233, 9 mars 2016

Rapport sur la mise en œuvre de l'Accord-cadre pour la paix, la sécurité et la coopération pour la République Démocratique du Congo et la région, S/2016/232, 9 mars 2016

*Rapport sur la Mission de l'Organisation des Nations unies pour la stabilisation en République Démocratique du Congo, S/2016/1130, 29 décembre 2016*Rapports d'enquête des Nations Unies relatifs à l'exécution des missions et à la situation des droits de l'homme en République Démocratique du Congo

Rapport consolidé sur les enquêtes par le bureau conjoint des Nations Unies des droits de l'homme sur les graves abus des droits de l'homme commis à Kiwanja, Nord-Kivu, en novembre 2008, MONUC-Bureau du Haut-Commissariat aux droits de l'homme, Rapport spécial, 7 septembre 2009.

Rapport d'enquête consolidé du bureau conjoint des Nations Unies pour les droits de l'homme suite aux vastes pillages et sérieuses violations des droits de l'homme commis par les FARDC à Goma et Kanyabayonga en octobre et novembre 2008, MONUC-Bureau du Haut-Commissariat aux droits de l'homme, Rapport spécial, 7 septembre 2009.

Rapport préliminaire de la mission d'enquête du bureau conjoint des Nations Unies aux droits de l'homme sur les viols massifs et autres violations des droits de droits de l'homme commis par une coalition de groupes armés sur l'axe kibua-Mpofi, en territoire de walikale, province du Nord-kivu, du 30 juillet au 2 août 2010, MONUSCO-Bureau du Haut-Commissariat aux droits de l'homme, 24 septembre 2010.

Rapport de la Mission de l'Organisation des Nations Unies pour la stabilisation en République Démocratique du Congo sur les avancées et obstacles dans la lutte contre l'impunité des violences sexuelles en République Démocratique du Congo, MONUSCO-Bureau du Haut-Commissariat aux droits de l'homme, avril 2014.

Annexes

Évolution du mandat de la MONUC/MONUSCO aux regards des évènements diplomatiques et militaires (1999-2015)

Dates	**Résolutions**	**Effectifs des Casques bleus autorisés**	**Mandats et règles d'engagement**	**Appui à la gouvernance, consolidation des institutions et appui au développement, évènements importants et observations.**
6 août 99. 5 nov.99.	S/RES/1258 (1999) S/RES/1273 (1999)	90 militaires	Prise de contact et évaluation technique des modalités d'une intervention de l'ONU	Accord de paix de Lusaka (10/7/1999).
30 nov.99	S/RES/1279 (1999)	500 observateurs militaires	Création de la MONUC Observation du cessez-le-feu et du dégagement des forces étrangères.	Plan d'action DDR/DDRRR
24 fév.00	S/RES/1291 (2000)	5.537 militaires dont 500 observateurs.	Observation du cessez-le-feu et du retrait des troupes étrangères, faciliter l'acheminement de l'aide humanitaire, protection des civils sous la menace imminente de violence, appui au	Bataille de Kisangani entre les soldats rwandais et ougandais en territoire congolais (mai-juin 2000), la MONUC n'intervient pas.

			respect des droits de l'homme et protection des enfants.	
15 juin 01	S/RES/1355 (2001)	inchangé	Retrait des forces namibiennes, création de la composante civile de la police. Opération de désarmement, démobilisation, rapatriement, réinstallation et réinsertion des groupes armés étrangers (DDRRR)	Assistance au DDRRR volontaire, création de Radi okapi, Assassinat de Laurent -désiré Kabila, Président de la République le 16 janvier 2001. Premier rapport du Groupe d'expert sur l'exploitation des ressources naturelles (12/4/2001.
9 nov.01	S/RES/1376 (2001)	inchangé	Plan de retrait des forces ougandaises et Zimbabwéennes, déploiement des casques bleus à l'est du Congo, démilitarisation de Kisangani	Appui au DDRRR volontaire, dialogue inter congolais, appel à la tenue d'une conférence de paix dans les pays des grands lacs.
4 Déc.02	S/RES/1445 (2002)	8.700 personnes	Retrait de 23 400 soldats rwandais, renforcement du programme DDRRR	Poursuite des hostilités et violences contre les civils dans les Kivu et en Ituri, massacres des civils à Bunia par les milices armées.
30 mai 03	S/RES/1484 (2003)	inchangé	Création d'une force multinationale d'urgence en Ituri (Artémis, 1850 hommes	
28 juil.03	S/RES/1493 (2003)	10.800 militaires	Embargo sur les armes en destination de l'est de la RDC, la MONUC en vertu du chapitre VII est autorisée à utiliser tous les moyens nécessaires en Ituri et aux Kivu pour protéger la	Appui à la préparation des élections, appui à la reforme de service de sécurité, à la formation de la police nationale, assistance au rétablissement de l'État de droit. Promulgation de la

			population et empêcher la reprise des hostilités. Assister le gouvernement de transition dans ses différents programmes, retrait des forces ougandaises (7/5/03	constitution de transition 4/4/03
12 mars 04	S/RES/1533 (2004)	inchangé	Monuc autorisée à saisir ou recueillir les armes et matériels connexes en violation de l'embargo, création d'un groupe d'expert sur les armes	Prise de Bukavu par le général Nkunda 06/04, la MONUC n'intervient pas
1er octobre04	S/RES/1565 (2004)	16.700 personnes dont 730 observateurs militaires et 341 policiers	Assurer la protection des civils et des agents humanitaires menacés, surveillance de l'embargo sur les armes, établir des relations de collaboration avec la mission des Nations Unies au Burundi, appuyer le gouvernement congolais dans les actions de DDRRR et DDR	Faciliter la lutte contre l'impunité, Assister à l'élaboration de la constitution et des lois essentielles, formation et supervision de la police nationale. Création du mécanisme conjoint de vérification (MCV, 22/9/04), Accord de Kigali entre la RDC, Rwanda et Ouganda (26/10/2004)
30 mars05	S/RES/ 1592 (2005)	inchangé	Utiliser tous les moyens nécessaires pour dissuader toute tentative de recours à la force qui menacerait le processus politique et pour assurer la protection des civils sous la menace de violence (Art.7).	Utilisation par la MONUC des techniques d'encerclement et de recherche pour prévenir les attaques contre les civils. 12.000 miliciens désarmés en Ituri par des actions « search and cordon », scandale d'abus sexuels au sein de la MONUC

			Autorisation explicite de la force pour lutter contre les groupes armés irréguliers.	
18 avril 05	S/RES/ 1596 (2005)	Inchangé	Elargissement de l'embargo sur les armes à l'ensemble de la RDC sauf les FARDC, premier rapport du groupe d'expert de l'ONU sur les armes. Sanctions individuelles et ciblées	Assistance aux douanes de la RDC, création de EUSEC-RDC 5 8/6/05, création de l'EUROPOL-Kinshasa (Avril.05-juin 07).
6 sept.05 28 oct.05 7 avril 06 22 déc.06	S/RES/1621 (2005) S/RES/1635 (2005) S/RES/1669 (2006) S/RES/1736 (2006)	+841 militaires +625 policiers +300 militaires +300 militaires +50 Observateurs militaires +1 hôpital militaire +916 personnes	Deux prolongations successives de la transition politique (jusqu'à déc.05, puis juin 07 ont justifié cette augmentation d'effectif militaire en provenance du Burundi (ONUB) pour la sécurité du processus électoral et des civils.	
21 déc. 05	S/RES/1649 (2005)	inchangé	Dissuader toute tentative de recours à la force de la part de tout groupe armé étranger ou congolais, extension des sanctions individuelles aux responsables des groupes armés congolais et étrangers (avec la résolution 1698)	Referendum sur la nouvelle Constitution (18-19 décembre 2005). Assister le gouvernement de transition à rédiger une stratégie DDRRR.
25 avril 06	S/RES/1671 (2006)	inchangé	Autorisation du déploiement de l'EUFOR RD Congo (2000 hommes avril-	Elections présidentielles à 2 tours (30/7 et 24/10/06, Attaque du CNDP sur Saké

			nov. 2006) pour le soutien au processus électoral.	et Bukavu (nov. 06), joseph Kabila investi président de la République (6/12/06, signature du pacte régional de sécurité et de stabilité (CIRGL, Nairobi, 15/12/06, Dissolution de la CONADER (14/7/06 et création de l'unité de gestion du PNDDR.
15 mai 07	S/RES/1756 (2007)	17.030 militaires. 760 observateurs militaires. 750 policiers. 391 Formateurs.	Assurer la formation des FARDC aux bases du DIH, renforcer les institutions nationales, favoriser la réconciliation nationale et le dialogue, renforcer les capacités du système judiciaire et pénitentiaire, promouvoir les enquêtes sur les droits de l'homme, appui aux élections locales, contribuer au PNDDR, appui à l'élaboration d'une justice transitionnelle.	Antoine GIZENGA nommé Premier ministre, Affrontements violents à Kinshasa entre les miliciens de Bemba et la garde présidentielle (22-23/3/07. Création d'EUPOL-RDC (juillet 2007), Accord de Nairobi entre la RDC et le Rwanda (9/11/07).
31 mars 08	S/RES/1807 (2008)	Inchangé	Mandat du groupe d'expert sur l'embargo sur les armes. Nouvel exposé détaillé des mesures d'embargo.	Acte d'engagement de Goma sur la cessation des hostilités au Kivu (23/1/08), Lancement de programme Amani au Kivu (3/4/08), Révolte de la secte Bundu dia kongo au Bas-Congo (fév.08), Arrestation de BEMBA.

20 nov.08	S/RES/1843 (2008)	+2 785 militaires +300 policiers.	Demande de la reconfiguration de la structure de la MONUC, demande de redéploiement des casques bleus	Offensive FARDC contre CNDP (juil.08. Contre-offensive victorieuse du CNDP au Kivu (oct.-déc.08. Adolphe MUZITO nommé premier ministre (10/10/08).
22 déc.08	S/RES/1856 (2008)	19.815 personnes dont 760 observateurs militaires, 391 formateurs et 1050 policiers	Priorité absolue à la protection des civils contre les violences de toutes les parties au conflit, établir des règles d'engagement robustes, rapports plus étroits avec la population civile, désarmement des groupes armés étrangers et congolais	Opération conjointe FARDC – UPDF « Lighting Thunder » (14/12/08), opération conjointe FARDC6rdf3Umoja Wetu » (janv.-fév.09), arrestation de Nkunda, intégration accélérée de CNDP dans les FARDC (janv. Avril 09).
7 déc.09	S/RES/1896 (2009)	Inchangé	Extension de l'embargo sur les armes, opération FARDC-MONUC « Kimia II » contre FDLR (juin 09), Opération FARDC-MONUC « Rudia II » contre la LRA (mai 09)	Kabila demande le plan de retrait progressif de la MONUC (fin 09), demande au groupe d'expert de fixer les directives sur l'acquisition des minerais en RDC, demande aux pays de la région des statistiques d'import-export de minerais.
23 déc.09	S/RES/1906 (2009)	inchangé	Annonce reconfiguration du mandat de la MONUC, annonce retrait progressif de la MONUC, conditionnalité de l'appui MONUC aux unités FARDC, Opération FARDC – MONUC « Amani	Lancement de 5 comptoirs régionaux assurant la traçabilité des minerais congolais.

			Leo » contre FDLR (janv. 10).	
28 mai 10	S/RES/1925 (2010)	-2000 militaires	Création de la MONUSCO, développement d'opérations unilatérales des casques bleus « Shop Windows » au Nord Kivu et « Protection Shield » au Sud Kivu (sept.-nov.2010). Assistance à la mise en place d'une administration civile dans l'est de la RDC, assistance au plan stratégique de réforme de la justice et appui au plan de stabilisation STAREC, appui aux élections présidentielles et législatives du 27 /11/2011.	Sommet spécial de la Conférence internationale sur la région des Grands lacs consacrée à la certification des ressources naturelles (15/12/2010). Adoption de six outils de gestion des ressources naturelles. Adoption de la loi sur l'organisation des FARDC (5/1/11. Fête des 50 ans d'indépendance de la RDC, viols de 303 femmes dans 13villages du Kivu (30/7/-2/8/10) et 260 autres femmes au Kivu (août2010).
29 nov.11	S/RES/2021 (2011)	Inchangé	Reconduction de l'embargo sur les armes et sur les activités économiques et commerciales illicites des ressources naturelles. Mise en place d'un régime des sanctions et surveillance d'embargo sur les armes en destination de l'est de la RDC.	

28 juin11	S/RES/1991 (2011)	Inchangé	Prolongation du mandat de la MONUSCO jusqu'au 30 juin 2012, concours de la MONUSCO dans le processus électoral.	Amélioration de la situation sur le plan de la paix et de la sécurité. Entrée de M23 dans la capitale provinciale (Goma), violations du DIH et atteinte aux droits de l'homme.
20 nov.2012	S/RES/2076 (2012)	Inchangé	Condamnation de la reprise des attaques par le M23. Régime des sanctions contre les dirigeants du M23 et de ceux qui leur fournissent appui, protection de la population civile.	
27 juin 12	S/RES/2012 (2012)	Inchangé	Prolongation de la MONUSCO jusqu'au 30 juin 2013, la protection des civils devient la priorité de la mission, la stabilisation et la consolidation de la paix font partie du mandat, appui technique et logistique pour les élections locales et provinciales	
28 nov.12	S/RES/2078 (2012)	Inchangé	Reconduction de l'embargo sur les armes et la mission du groupe d'experts.	
28 mars 13	S/RES/2098 (2013)	19.815 hommes 760 observateurs militaires. 391 policiers. 1050 membres d'unité de polices constituées.	Mandat de la MONUSCO prolongé jusqu'au 31 mars 2014. Création de la brigade d'intervention avec mandat de neutraliser les groupes armés. Protection civile, surveillance de l'embargo sur les armes, surveillance par les drones. Appui au DDR.	
28 mars 14	S/RES/2147 (2014)	Inchangé	Mandat de la MONUSCO et de la brigade d'intervention prorogé jusqu'au 31 mars 2015. Autorisée à utiliser tous les moyens nécessaires pour s'acquitter de ses tâches : protection des civils, neutraliser les groupes armés	
30janv.14	S/RES/2136 (2014)	Inchangé	Mandat de la MONUSCO reconduit jusqu'à janvier 2015, reconduction de	

			régime des sanctions ciblées (rés .1807(2008)
29 janv.15	S/RES/2198 (2015)	Inchangé	Aider les autorités congolaises à s'acquitter des engagements souscrits dans le cadre de l'Accord –cadre de paix, sécurité et coopération régionale, surveiller l'application de l'embargo sur les armes en coopération avec le groupe d'expert de l'ONU au moyen des drones. Reconduction du mandat de la mission du groupe d'expert jusqu'au 1er Août 2016, appui de la MONUSCO aux opérations militaires contre les groupes armés.
26 mars15	S/RES/2211 (2015)	- 2000 soldats	Mandat de la MONUSCO et de la brigade d'intervention reconduit jusqu'au 31 mars 2016. Appui au groupe d'expert des Nations Unies, soutien logistique au processus électoral

Table des matières

Préface 7

Avant-propos 11

Liste des abréviations et sigles annuaires, recueils, revues et textes 13

Introduction générale 17

I. Les aspects historiques des opérations de maintien de la paix en République Démocratique du Congo, leurs évolutions et contributions dans la pratique des Nations Unies 25

II. Intérêt et problématique de l'étude 32

PARTIE I : LA CONDUITE DE L'ACTION ONUSIENNE SOUS CHAPITRE VII DE LA CHARTE DES NATIONS UNIES EN VUE DU MAINTIEN DE LA PAIX 39

TITRE I : La mission de l'organisation des Nations Unies en République Démocratique du Congo : laboratoire du maintien de la paix ? 41

CHAPITRE I : La protection des civils dans le mandat de la MONUC/MONUSCO 43

SECTION 1. La faillite de l'obligation de protéger les civils par la MONUC/MONUSCO 44

§1. MONUC/MONUSCO : La garantie d'une protection minimale 45

A. La sécurité des civils mise à l'épreuve du conflit 46

B. Les échecs de protection des civils : crimes de guerre et crimes contre l'humanité 48

§2. La normalisation de la protection des civils et la portée organisationnelle de la MONUC/MONUSCO 50

A. La professionnalisation du personnel de protection 51

B. La formalisation de la stratégie de protection des civils dans le mandat de la MONUC/MONUSCO 52

SECTION 2. La protection des civils comme outil de légitimation du mandat de la MONUC/MONUSCO 54

§1. La communication de la MONUSCO au service de la protection des civils 54

A. Le caractère ostensible de la Mission au cœur du dispositif de protection 55

B. Protection des civils, prétexte pour masquer l'impuissance et les insuffisances de la Mission de paix 56

§2. La promotion de la protection des civils à l'épreuve du dynamisme opérationnel et de la mobilisation des fonds 58

A. L'image des Casques bleus et de leurs activités mises en scène 58

B. Protection des civils, concept fédérateur et légitimant les activités de la Mission 60

Conclusion du chapitre I 63

CHAPITRE II : La définition de nouvelles pratiques de protection ...65

SECTION 1. Le renouvellement organisationnel de la Mission après les échecs de protection : analyse des outils et mécanismes civils de protection 66

§1. Les outils d'évaluation et d'analyse des besoins de protection 66

A. La matrice de protection des civils ou la vision commune des Casques bleus et des humanitaires pour la protection 67

B. Les équipes de protection conjointes ou Joint Protection Tream (JPT) 69

§2. Les outils de dialogue, d'information et de communication 70

A. Les assistants de liaison communautaire (CLA) 71

B. Le réseau d'alerte communautaire (CAN) 72

SECTION 2. Analyse des risques et défis liés aux mécanismes et outils nouveaux de protection 74

§1. Défis liés aux outils de communication et d'analyse 74

A. Les assistants des liaisons communautaires vus de la MONUSCO 74

B. Les limites des outils d'analyse et de communication 75

§2. La problématique des outils de dialogue et de liaison communautaire 76

A. Le bilan contrasté de réseau d'alerte communautaire (CAN).....76

B. Difficile prise en compte du principe de distinction entre alerte et renseignement par les belligérants 77

Conclusion chapitre II 79

Conclusion du titre I 81

TITRE II : La posture robuste ponctuelle de protection ou le modèle de protection sur mesure 83

CHAPITRE III : Stratégies et méthodes opérationnelles d'encadrement de la protection des civils 85

SECTION 1. L'usage ponctuel de la force militaire par les Casques bleus 86

§1. La dissuasion et la démonstration de la force au centre de la nouvelle modalité de déploiement des Casques bleus 86

A. La mobilité permanente des troupes de la MONUC attachée au mandat de protection des civils 87

B. La démonstration dissuasive de la force des Nations Unies 88

§2. Le développement des brigades intégrées dans la conduite des opérations militaires offensives conjointes 90

A. Le désarmement forcé des groupes armés pour protéger les civils 90
B. La dynamique militaire de protection des civils incarnée par la Brigade d'intervention de la MONUSCO 91
SECTION 2. Le glissement subreptice de stratégie : de la protection par la présence passive à la protection militaire offensive des civils 93
§1. Avènement des brigades MONUC/MONUSCO 93
A. La brigade d'intervention de la MONUSCO au mandat offensif 94
B. Les contours de la Brigade d'intervention et les limites persistantes dans la protection des civils au sein des troupes de la MONUSCO 95
§2. La possible remise en cause du caractère intégré du mandat de la MONUSCO 96
A. La perte d'un levier de négociation et de dialogue pour les humanitaires : les groupes armés considérés forces négatives et acteurs non légitimes 97
B. L'accentuation de la passivité de la force de paix et le dépassement des capacités de la Brigade d'intervention 99
Conclusion du chapitre III 101
CHAPITRE IV : Le chapitre VII et la mise en œuvre du mandat robuste 103
SECTION 1. La conception asymétrique du chapitre VII dans la pratique du Conseil de sécurité 104
§1. L'usage ponctuel de la force contre une des parties au conflit 104
A. L'application à géométrie variable du chapitre VII par les destinataires des résolutions du Conseil de sécurité 105
B. Le chapitre VII et l'affirmation du contenu spécifique du mandat robuste 107
§2. Le recours aux moyens ou mesures nécessaires autorisés par le conseil de sécurité 108
A. La MONUC et l'autorisation de tous les moyens ou mesures nécessaires 109
B. L'interprétation de l'expression mesures nécessaires dans la conduite opérationnelle de la MONUC/MONUSCO 110
SECTION 2. L'influence de droits de conflits armés dans la conduite des opérations militaires décidées par le Conseil de sécurité 111
§1. Le droit international humanitaire et la notion de menace contre la paix, rupture de paix et acte d'agression 112
A. Les résolutions de caractère général adoptées par le Conseil de sécurité relatives à la menace contre la paix 112

B. Les résolutions du Conseil de sécurité relatives aux précédents conflictuels 113
§2. Le respect du jus in Bello par les opérations conduites sous le chapitre VII 114
A. Les aspects entourant la qualification des conflits armés conduits dans le cadre de maintien de la paix 114
B. L'interprétation du mandat d'une opération des Nations Unies et le droit international humanitaire 115

Conclusion chapitre IV 117

Conclusion de la partie I 119

PARTIE II : L'INTENSITE DU CONFLIT ARME ET SON INFLUENCE DANS LA DETERMINATION DE L'AUTORISATION DE RECOURS A LA FORCE SOUS CHAPITRE VII 121

TITRE III : L'usage de la force et de la contrainte armées dans les opérations de paix conduites sous le chapitre VII 123

CHAPITRE V : Le recours à la force armée au secours du maintien de la paix des Nations Unies 125
SECTION 1. Réflexion autour de la problématique de l'usage de la force armée dans le mandat de la MONUC/MONUSCO 126
§1. La dynamique interprétative des résolutions du conseil de sécurité et des règles d'engagement 127
A. L'obligation d'agir des Casques bleus en conformité des résolutions du Conseil de sécurité 128
B. La nécessité d'une interopérabilité dans la mise en œuvre des autorisations 130
§ 2. La coexistence des autorités d'interprétation des résolutions du conseil de sécurité 132
A. Le Secrétaire général de l'ONU et l'interprétation des résolutions du Conseil de sécurité 132
B. Le rôle des États contributeurs des troupes dans l'interprétation des résolutions du Conseil de sécurité 134
SECTION 2. La nécessité d'une interprétation uniforme du mandat et des règles d'engagement 136
§1. L'articulation du processus d'interprétation des résolutions du conseil de sécurité entre les autorités d'intervention 137
A. L'inclusion des contingents au processus d'interprétation des résolutions du Conseil de sécurité 137
B. Les commandements, les contingents et les moyens de protection : les risques calculés 139
§2. La recherche de cohérence et d'efficacité de l'action onusienne .. 142

A. La participation des États contributeurs des troupes à la planification opérationnelle 142
B. La procédure administrative de contrôle interne dans la conduite des opérations 145

Conclusion du chapitre V 149

CHAPITRE VI : La normalisation du recours à la force dans une opération de maintien de la paix 151

SECTION 1. Le développement des méthodologies d'encadrement de l'usage de la force dans la conduite opérationnelle de paix 152
§1. L'apport des règles d'engagement au concept de légitime défense dans le cadre du recours à la force 153
A. Les règles d'engagement dans la pratique des Nations Unies .. 153
B. Les règles d'engagement, stratégie militaire et opérationnelle. 155
§2. Le condensé des principes de droit des conflits armés applicables aux agents de maintien de la paix 156
A. Le principe de la compatibilité descendante dans les opérations militaires 156
B. L'affirmation du principe de proportionnalité et de précaution dans l'attaque pour l'exécution du mandat de la MONUC/MONUSCO 158
SECTION 2. Les limites et évolutions des principes gouvernant le recours à la force 160
§1. Les contraintes propres au Jus ad Bellum 160
A. La prise en compte des limites liées à l'usage de la force 161
B. Les limites de l'usage de la force imposées par le droit 163
§2. Les modalités d'intégration des règles d'engagement dans la conduite des opérations militaires 164
A. La modélisation des règles d'engagement dans les opérations onusiennes de paix 164
B. L'adaptation des règles d'engagement aux dispositions nationales des États contributeurs des troupes 166

Conclusion du chapitre VI 169

Conclusion du titre III 171

TITRE IV : Le cadre normatif de l'action des casques bleus dans les opérations militaires offensives 173

CHAPITRE VII : La brigade d'intervention de la MONUSCO : partie au conflit ? 175

SECTION 1. La soumission des Casques bleus au droit international humanitaire 176
§1.L'incapacité des nations unies d'adhérer aux conventions du DIH confrontée à la pratique robuste du maintien de la paix 177

A. Le recours au formalisme, entrave à l'applicabilité du droit international humanitaire dans les opérations de maintien de la paix robustes 178
B. Applicabilité conditionnelle du droit international humanitaire aux forces de maintien de la paix des Nations Unies : l'exemple de la Brigade d'intervention de la MONUSCO 180
§2. Vers la fin de l'impossible adhésion des Nations Unies aux conventions de Genève 182
A. Vers la reconnaissance de la belligérance 183
B. De la cobelligérance non belligérante 185
SECTION 2. De l'évolution postérieure à la consécration du droit international humanitaire aux opérations de maintien de la paix 187
§1. Le respect des normes du droit international humanitaire aux forces de maintien de la paix 188
A. La Convention sur la protection du personnel des Nations Unies et du personnel associé de 1994 189
B. L'applicabilité de la circulaire du Secrétaire général des Nations Unies du 6 août 1999 par les forces des Nations Unies 191
§2. Les violations du DIH par les forces de maintien de la paix 193
A. Le non-respect des droits de l'homme dans la conduite du personnel du maintien de la paix de l'ONU en RDC 193
B. L'application de la politique de tolérance zéro pour les Casques bleus de l'ONU 195

Conclusion du chapitre VII 199

CHAPITRE VIII : Le statut des casques bleus au regard de la posture robuste du maintien de la paix 201
SECTION 1. Le renouvellement du statut des Casques bleus à la lumière des textes encadrant la conduite des opérations militaires 202
§1. Les casques bleus et la convention du 9 décembre 1994 202
A. Du champ d'application de la Convention de 1994 203
B. Notion d'opération des Nations Unies au croisement des textes encadrant la conduite opérationnelle des Casques bleus 205
C. La participation active des Casques bleus au conflit et la Convention de 1994 208
§2. Les casques bleus et la circulaire du secrétaire général de l'ONU du 6 août 1999 210
A. La Circulaire du Secrétaire général et son insertion dans le statut des Casques bleus au mandat robuste 211
B. L 'analyse du Jus ad Bellum et de Jus in Bello au soutien du statut des forces de maintien de la paix 214
C. Le statut variable des Casques bleus et le caractère relatif de la légitime défense 217

SECTION 2. L'encadrement du soutien des Casques bleus au profit de l'État hôte de la mission de paix....219
§1. Problème d'attribution et de répartition de responsabilité entre les nations unies et les États autorisés....220
A. Le risque du copier-coller de la responsabilité des États à l'organisation internationale....221
B. L'ambiguïté de la responsabilité des Nations Unies envers les tiers....224
§2. Les mécanismes de contrôle du respect de l'usage de la force par les Casques bleus....226
A. La mise en place des mécanismes internes de contrôle de la régularité de la conduite opérationnelle....226
B. La politique du soutien conditionnel des Casques bleus et de la diligence voulue en matière de droits de l'homme et du droit international....228
Conclusion du chapitre VIII....231
Conclusion du titre IV....233
Conclusion de la partie II....235
Conclusion générale....237
Bibliographie....241
Centre d'actualités des Nations Unies....255
Annexes....265

Structures éditoriales du groupe L'Harmattan

L'Harmattan Italie
Via degli Artisti, 15
10124 Torino
harmattan.italia@gmail.com

L'Harmattan Hongrie
Kossuth l. u. 14-16.
1053 Budapest
harmattan@harmattan.hu

L'Harmattan Sénégal
10 VDN en face Mermoz
BP 45034 Dakar-Fann
senharmattan@gmail.com

L'Harmattan Cameroun
TSINGA/FECAFOOT
BP 11486 Yaoundé
inkoukam@gmail.com

L'Harmattan Burkina Faso
Achille Somé – tengnule@hotmail.fr

L'Harmattan Guinée
Almamya, rue KA 028 OKB Agency
BP 3470 Conakry
harmattanguinee@yahoo.fr

L'Harmattan RDC
185, avenue Nyangwe
Commune de Lingwala – Kinshasa
matangilamusadila@yahoo.fr

L'Harmattan Congo
219, avenue Nelson Mandela
BP 2874 Brazzaville
harmattan.congo@yahoo.fr

L'Harmattan Mali
ACI 2000 - Immeuble Mgr Jean Marie Cisse
Bureau 10
BP 145 Bamako-Mali
mali@harmattan.fr

L'Harmattan Togo
Djidjole – Lomé
Maison Amela
face EPP BATOME
ddamela@aol.com

L'Harmattan Côte d'Ivoire
Résidence Karl – Cité des Arts
Abidjan-Cocody
03 BP 1588 Abidjan
espace_harmattan.ci@hotmail.fr

Nos librairies en France

Librairie internationale
16, rue des Écoles
75005 Paris
librairie.internationale@harmattan.fr
01 40 46 79 11
www.librairieharmattan.com

Librairie des savoirs
21, rue des Écoles
75005 Paris
librairie.sh@harmattan.fr
01 46 34 13 71
www.librairieharmattansh.com

Librairie Le Lucernaire
53, rue Notre-Dame-des-Champs
75006 Paris
librairie@lucernaire.fr
01 42 22 67 13

www.ingramcontent.com/pod-product-compliance
Lightning Source LLC
LaVergne TN
LVHW011302061026
849535LV00005B/1364
* 9 7 8 2 3 3 6 4 3 4 6 0 5 *